中传学者文库编委会

主　任： 廖祥忠　张树庭
副主任： 蔺海波　李　众　刘守训　李新军　王　晖
　　　　　杨　懿　柴剑平

成　员（按姓氏笔画排序）：

王廷信　王栋晗　王晓红　王　雷　文春英
龙小农　付　龙　叶　龙　刘东建　刘剑波
任孟山　李怀亮　李　舒　张绍华　张　晶
张根兴　张毓强　林卫国　郑　月　金　炜
金雪涛　周建新　庞　亮　赵新利　徐红梅
贾秀清　高晓虹　隋　岩　喻　梅　熊澄宇

中传学者文库

1954-2024

主编／柴剑平
执行主编／龙小农
副主编／张毓强　周建新

传播即不舍不得

隋岩自选集

隋岩 著

中国传媒大学出版社
·北京·

图书在版编目（CIP）数据

传播即不舍不得：隋岩自选集 / 隋岩著 . -- 北京：中国传媒大学出版社，2024.8.

（中传学者文库 / 柴剑平主编）.

ISBN 978-7-5657-3699-5

Ⅰ. G206-53

中国国家版本馆 CIP 数据核字第 2024D6U514 号

传播即不舍不得：隋岩自选集
CHUANBO JI BUSHE BUDE: SUI YAN ZIXUANJI

著　　者	隋　岩		
责任编辑	于水莲		
封面设计	锋尚设计		
责任印制	李志鹏		
出版发行	中国传媒大学出版社		
社　　址	北京市朝阳区定福庄东街1号	邮　编	100024
电　　话	86-10-65450528　65450532	传　真	65779405
网　　址	http://cucp.cuc.edu.cn		
经　　销	全国新华书店		
印　　刷	北京中科印刷有限公司		
开　　本	710mm×1000mm　1/16		
印　　张	18.25		
字　　数	280 千字		
版　　次	2024 年 8 月第 1 版		
印　　次	2024 年 8 月第 1 次印刷		
书　　号	ISBN 978-7-5657-3699-5/G · 3699	定　价	91.00 元

本社法律顾问：北京嘉润律师事务所　郭建平

总　序

　　媒介是人类社会交流和传播的基本工具。从口语时代到印刷时代，再经电子时代至今天的数智时代，媒介形态加速演变、融合程度深入发展，媒介已然成为现代社会运行的基础设施和操作系统。今天，人类已经迈入媒介社会，万物皆媒、人人皆媒，无媒介不社会、无传播不治理。今天，无论我们怎么用力于信息传播的研究、怎么重视信息传播人才的培养都不为过。

　　中国传媒大学（其前身为北京广播学院）作为新中国第一所信息传播类院校，自1954年创建伊始，即与媒介形态演变合律同拍、与国家发展同频共振，努力探索中国特色信息传播人才培养模式、构建中国信息传播类学科自主知识体系，执信息传播人才培养之牛耳、发信息传播研究之先声，被誉为"中国广播电视及传媒人才摇篮""信息传播领域知名学府"。

　　追溯中传肇始发轫之起源、瞩望中传砥砺跨越之未来，可谓创业维艰而其命维新。昔日中传因广播而起，因电视而兴，因网络而盛，今天和未来必乘风破浪、蓄势而上，因人工智能而强。在这期间，每一种媒介兴起，中传均吸引一批志于学、问于道、勤于术的

学者汇聚于此，切磋学术、传道授业，立时代之潮头，回应社会需求，成为学界翘楚、行业中坚，遂有今日中传学术研究之森然气象，已历七秩而弦歌不断，将传百世亦风华正茂。

自新时代以来，中传坚守为党育人、为国育才初心，励精图治、勠力前行，秉承"系统治理、创新图强、交叉融合、特色发展"的办学理念，牢牢把握高等教育发展大势、传媒业态发展趋势，瞄准"智能传媒"和"国际一流"两大主攻方向，以世界为坐标、以未来为向度，完成了全面布局和系统升级，正在蹄疾步稳、高质量推动学校从传统高等教育向未来高等教育跨越、从传统传媒教育向智能传媒教育跨越、从国内一流向世界一流跨越，全力建设中国特色、世界一流传媒大学。

中国特色、世界一流，在于有大先生扎根中国大地，汇聚古今、融通中外；在于有大先生执教黉门，学高为师、身正为范；在于有大先生躬耕杏坛，敦品积学、启智润心。习近平总书记更强调，高校教师要立志成为大先生，在教书育人和科研创新上不断创造新业绩。中传广大教师素来以做大先生为毕生职志，努力成为新时代"经师"与"人师"的统一者，做真学问、立高品行，践履"立德树人"使命。

2024岁在甲辰，欣逢中传建校70华诞，学校特邀约部分学者钩玄勒要、增删批阅，遴选已公开刊发的论文汇编成集，出版"中传学者文库"，意在呈现学校在学科建设、科学研究、服务行业实践等方面的最新成果，赓续中传文脉，谱写时代新声。

文库汇聚老中青三代学者，资深学者渊渟岳峙、阐幽抉微；中年学者沉潜蓄势、厚积薄发；青年学者踌躇满志、未来可期。文库与五十周年校庆所出版的"北广学者文库"相承接，大致可勾勒中传知识生产薪火相传、三代辉映之概貌，反映中传在构建中国特色新闻传播类、传媒艺术类、传媒技术类学科体系、学术体系和话语体系方面的耕耘与收获，窥见中国特色信息传播类学科知识体系构建的发展脉络与轨迹。

这一构建过程，虽筚路蓝缕，却步履铿锵；虽垦荒拓野，亦四方辐辏。一批肇始于中传，交叉融合、具有中国特色的学科，如播音主持艺术学、广播电视艺术学、传媒艺术学、数字媒体艺术学、政治传播学等，从涓涓细流汇入滔滔江河，从中传走向全国，展现了中传学者构建中国自主知识体系的学术想象力和创新力。文库展示的虽然是历史，实则是呈现今天；看似是总结过去，实则是召唤未来。与其说这套文库的出版，是对既有学术成果的展示，毋宁说是对未来学术创新的邀约。

回首过往，七秩芳华。我们深知，唯有将马克思主义基本原理与中华优秀传统文化相结合，才能推动中华学术创造性转化和创新性发展，推动中国自主知识体系的构建。我们深知，唯有准确把握媒介形态演变的脉动、深刻认知媒介形态变革所产生的影响，才能推动中国信息传播类学科自主知识体系的构建与时俱进。

展望未来，星辰大海。我们深知，以人工智能为代表的产业和科技革命正迅疾而来，媒介生态正在加速重构，教育形态正在全面重塑，大学之使命与价值正在被重新定义；我们深知，唯有"胸怀国之大者"、面向世界科技前沿、面向经济主战场、面向国家重大需求，才能确保中传始终屹立于中国乃至世界传媒教育发展之潮头。

如何应对人工智能带来的深刻变革，对中传而言是一场要么"冲顶"、要么"灭顶"的"兴亡之战"。我们坚信，不管前方是雄关漫道，还是荆棘满途，唯有勇敢直面"教育强国，中传何为？"这一核

心命题,奋力书写"智能传媒教育,中传师生有为!"的精彩答卷,才能化危为机,奋力开创人工智能时代中传智能传媒教育新纪元。

功不唐捐,芳华七秩;风帆正举,赓续创新。

是为序。

第十四届全国政协委员,中国传媒大学党委书记、教授、博士生导师

序　言

校庆70周年，蒙学校抬爱幸入"中传学者文库"，择旧作重刊之机反思所谓学术过往，深感惭愧和不安。

20年来在三个领域里踽踽独行：

第一个领域是"媒介文化"。这个阶段借助与文化相关的理论认识媒介、认识媒介与文化的关系、认识文化的媒介化和媒介化的文化等问题，浅涉了结构主义、现代主义、后现代主义、消费主义、新历史主义等学说，也轻触了主体哲学、社会学、心理学、符号学、叙事学、阐释学、现象学等学科理论与上述认识对象相关的一些边角。始初学得云里雾里，后来逐渐产生了对这些理论的互文性理解，如阅读结构主义时对读不懂的叙事学有了点感觉，读伯明翰学派时加深了对法兰克福学派的理解，等等。懵懵懂懂，跌跌撞撞，互文性的阅读和理解，算是帮了我一点忙，留下了有量无质的几篇所谓论文。

第二个领域是"符号传播理论"。这个阶段是在跟叙事学较劲时偶然接触到符号学，执拗地转向了僻字涩句的符号学，竟偏执地於在里面好几年。彼时互联网研究已经很沸腾了，而符号学佶屈聱牙，连基本概念都沉滞隐晦，使我的所谓学术夜晚寂寥孤独。坚持了一段时间后还是找到了乐趣，因为佶屈聱牙艰涩隐晦揭示的其实是生活中无所不在、无时不在且有趣又意味深长的符号传播现象，感受到了符号传播就在身边,就在日常。再坚持了一段时间后提出了几种符号传播模式:从含指项发现了"借力传播模式";从能指的丰富性发现了"选择性传播模式";从元语言发现了"部分传播整体的模式";从微观能指系统与宏观能指系统发现了"协同传播模式";从同构发现了"霸权式传播模式"和符号价值的生产机制;发现了"含蓄意指与隐喻共建传播的自然化机制"和"元语言与换喻共谋传播的普遍化机制";发现了"能指的丰富性与欺骗性",尤其是数字时代虚拟能指的丰富性与欺骗性;通过企业传播策略发现了"元语言共振机制"。这几个草莽的小认知在本书收录的几篇早期论文中并没能说得详尽明白,倒是后期在境外出版的两本拙著 *The Patterns of Symbolic Communication* 和 *China in Symbolic Communication*(除英文版外,亦有俄文、韩文、法文版)中解释得稍微清晰些。符号传播的研究作为论文发表很难被读者接受,因为被称为"艺术科学"(其实是倾向于逻辑推理)的符号学如前所述连基本概念都过于艰涩。且概念的理解一定要有先后顺序,打个比方,得先明白加减法,才能去学习乘除法,横断式地阅读和理解是难入其门的。如此,任何一篇文章不把晦涩的基本概念说清楚,就很难让读者明白接下去要讨论的问题。比如,要讨论含指项,就得先说明白能指、所指、直接意指、含蓄意指、元语言;要阐释同构,就又得先把能指、所指、直接意指、含蓄意指、元语言的介绍作为前奏,否则不仅读者读不明白,连编辑都弄不懂,如此阶段性的、横断面式的文章就不能被理解,加之我才短思涩,就很难发表。

第三个领域是"互联网群聚传播"。这个阶段的研究始于发表在《北京大学学报》2012年第5期的《论群体传播时代的莅临》,但一直被误解为"互联网社群传播"等,所以在2021年的一篇短文《用时间征服空间的传播趋势对信息生产方式的影响》中,我将"互联网群体传播"改为了"互联网群聚传播"。正如阿多诺在《关于文化工业的再思考》中对文化工业并非大众文化要做一个解释，我在2023年出版的小书《互联网群聚传播》的绪论中也不得不再阐释我对互联网本质的认识是群聚传播。怪不得读者，责任当然是我当初表述概念时的一字之差而引误解。

学术之路，要找到一个有意思又有意义、有前景又少走弯路的研究方向，是挺费劲的，至少于我是曲折不堪的。观点幼稚倒不怕，焦虑的是唯恐对不起读者和学生，唯恐读过我论文的读者和听过我讲课的学生也因我走了弯路，好在应该是极少的人。以上算是给有可能翻开拙著的读者的一点提醒，也算是尽一点作者的责任。由此，读下去与否，也就由读者自行决定了。

传播是有趣的现象，也是凶险的游戏。一些被凸显，另一些必然被遮蔽；一些被遮蔽，另一些也就自然被凸显，充满了辩证法，可谓不舍不得。而生命又何尝不辩证、何尝不是不舍不得呢？这是这个专业带给我的最大启悟，小书故名之。

放眼望去，学术研究确实是在进步并不失华丽，但还是不免有点浮躁，十年磨一剑早已少见。一种板凳要坐十年冷的职业是寂寞的，把阳光、鲜花、绿草让位给点灯熬油，于生命或许是个错误；但把寂寞当成宁静，也就心静身安。

感谢学校爱重，给我回首和反思的机会。能在传媒大学做老师，于我是幸运和庆幸的，这里滋养学术和学人。

祝我钟情的中国传媒大学跨越式的发展勃然奋励。

隋岩
2024年6月2日

目 录

群聚传播篇

论群聚传播中传播主体的文本化及文本间性 ………………………… 003
群聚传播：互联网的本质 ……………………………………………… 023
群体传播时代：信息生产方式的变革与影响 ………………………… 033
网络叙事的生成机制及其群体传播的互文性 ………………………… 060
加速社会与群聚传播：信息现代性的张力 …………………………… 081
用时间征服空间的传播趋势对信息生产方式的影响 ………………… 105

符号传播篇

论含指项中的意义移植和借力传播 …………………………………… 111
符号传播意义的机制
　　——对自然化和普遍化的深度阐释 ……………………………… 126
从符号学解析传媒言说世界的机制 …………………………………… 139
从能指与所指关系的演变解析符号的社会化 ………………………… 148
强符号国际传播的途径研究 …………………………………………… 156

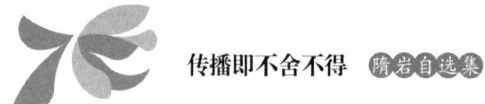

从符号学解析电视的"真实性" ……………………………………… 163
元语言与换喻的对应合谋
　　——符号传播意义的深层机制之一 …………………………… 171

媒介文化篇

受众观的历史演变与跨学科研究 ………………………………… 189
大众文化观与大众传播观的并行应和 …………………………… 212
媒介·生活·艺术·异化 ………………………………………… 238
媒介文化研究的三个路径 ………………………………………… 259

群聚传播篇

论群聚传播中传播主体的文本化及文本间性*

互联网中的主体常被称为"用户",但"用户"到底是谁?是活生生的肉体,还是流动着的文本?是屏幕后敲击键盘的具身的人,还是由像素点建构的文本符号?对互联网中主体的理解是关乎互联网本质的重大问题。以往关于互联网传播的研究,多聚焦于媒介技术与传播效果,主体作为信息的发出者,则长期被看作一个信息传输的端口、一种先验且稳固的存在。这种倾向不仅遮蔽了人们对互联网本质的认识,也掩盖了主体问题的复杂性和演变性。

互联网传播虽兼具了人际传播、社群传播、组织传播、大众传播等多种传播形态的属性与特征,但它的本质属性与本质特征是互联网群聚传播(以下简称"群聚传播")[①]。在群聚传播中,具身主体无法显现自身,必须以文本化的方式被呈现,即群聚传播中具身的传播主体被文本化了,并产生了文本主体。文本主体在被建构后就像被击出的台球,在互联网场域中弹射与碰撞,其间不断产生意义的增殖与播撒。台球的运动遵循力学规律,可被计算与预测,但文本主体的行为和关系却是随机且非理性的。本文从具身主体与文本主体之间的关系出发,探讨群聚传播中的主体文本化现象,以期揭示文本主体的主体性特征及文本主体间的文本间性。这为理解群聚传播何以能够

---

* 本文原载于《中国社会科学》2024 年第 4 期,与杨超合作,收入本书时略有删改。
① 互联网群聚传播是指在互联网空间中,极其多元的网络主体因事自发聚集,以去结构的方式展开的传播活动,使原本非常态的社会集合行为在互联网传播中常态化。隋岩.互联网群聚传播[M].北京:科学出版社,2023:1.

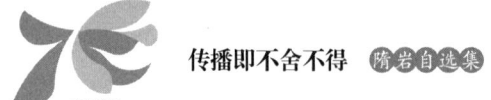

迸发巨大的能量提供了主体视角的解释，也为洞悉互联网的本质提供了一个新的入口。

一、从"具身"到"化身"：群聚传播中传播主体的文本化

对于主体的问题，中西方文化传统中有着不同的理解。中国哲学奉行"天人合一"的思想，主张人与天地万物相通相融，不将主体与世界割裂对立。孟子主张人秉承天道，人性是"天之所与"，人与天相通。庄子在《齐物论》中说："天地与我并生，而万物与我为一。"在这样的观念下，主体与世界共存于一个有机的整体中，因此主体问题并没有被单独划分出来讨论。这种思想与西方文化中的"主客二分"观念有着明显差异。在西方，主体问题被看作最基础的哲学问题。早在古希腊时期，主体意识就已经萌芽。普罗泰戈拉认为"人是万物的尺度"，将人与世界的关系思考纳入主体内在向度。苏格拉底哲学强调"认识你自己"，意在说明哲学思考要回到对自身主体性的审思。在之后的柏拉图哲学中，主体之思开始被对象化为一种客观精神，柏拉图称之为"理念"，他认为理念是一切实在的来源。亚里士多德通过系动词"是（be）"来隐晦地表达他的主体思想。实体是系动词"是（be）"的主语，因此实体作为主体统治着其他属性。虽然主体并不单指人，也可以是其他任何物体，但是亚里士多德认为要认清事物的本质，就需要借助人的思考能力。因此，人作为特殊主体的地位得到了凸显。这一时期对主体的认知尚处于萌芽状态，强而独立的主体意识尚未觉醒，主体还不是"大写的人"，它可以是任何实体。

在漫长的中世纪，人成为神的奴仆，在掌握绝对威权的上帝面前，主体意识的萌芽彻底寂灭。直到近代文艺复兴后，被压抑的主体意识才重新得到释放。笛卡尔继承并发展了古希腊思想遗产，认为作为"我思"的主体是事物存在的基础。"我思主体"不容置疑，所有外界的经验都需要通过它来查验，它是第一性存在，是世界的基点。自此，有着绝对权威的主体形象就被塑造了出来。笛卡尔迈出的这一步给西方思想史带来了历史性变革。黑格尔

评价笛卡尔是"彻底从头做起、带头重建哲学基础的英雄人物,哲学在奔波了一千年之后,现在才回到这个基础上面"①。"我思主体"在思考世界时,必然要把其他实体都归为客体。这面临着一个难题:主体与客体属于完全不同的两类实体,二者如何连接呢?在笛卡尔理论的基础上,康德通过一场哲学上的"哥白尼式的革命"回答了这个问题。他将笛卡尔所言的思维实体改造成具有先验统觉的主体,又将对象实体划分为现象界与物自体。主体可以通过先验统觉去认识现象界,但物自体不可知。客体不再是具有普遍客观性的实在,而是经过主体先验改造后的对象。由此,康德认为人是理性的主体,要用"理性为自然立法"。然而,康德的思想并没有真正填补主客体之间的鸿沟。在康德将现象界与物自体二分之后,这种主客二分的思维反而愈加强化了。黑格尔对主客二分的问题也有着清晰的认识。为了化解主客体之间的矛盾,黑格尔将主客体都统一于"绝对精神"当中。这在一方面肯定了作为主体的人的能动性,但在另一方面,黑格尔认为人的精神是"绝对精神"的自我呈现。主客体的统一是在"绝对精神"中实现的。这就意味着人作为主体的能动作用是有限的,它受限于"绝对精神"。

意识哲学都将人看作主体,但是对于主体与身体和心灵的关系,意识哲学中却又存在分歧。以笛卡尔为代表的意识哲学推崇的是一种心灵主体观。在他看来,主体是指人的意识与思维,而身体被他当作外在客体加以贬斥。笛卡尔在《第一哲学沉思集》中直接宣称:"我把人的肉体看成是由骨骼、神经、筋肉、血管、血液和皮肤组成的一架机器一样,即使里边没有精神,也不妨碍它跟现在完全一样的方式来动作。"②这种心灵主体观将身体看作从属于心灵的机械化客体。直至尼采提出"一切从身体出发",身体才得以突破重压,逐渐摆脱被心灵宰制的地位。胡塞尔将身体区分为 Leib(身体)与 Körper(躯体),他认为 Leib 是一种活的身体,Körper 是物质的躯体。胡塞尔看到了身体中包含着对原初意义的感受,但他对身体如何参与意识构成的问

---

① 黑格尔.哲学史讲演录(第4卷)[M].贺麟,王太庆,译.北京:商务印书馆,1978:63.
② 笛卡尔.第一哲学沉思集[M].庞景仁,译.北京:商务印书馆,2012:92.

题则语焉不详。这是由于胡塞尔虽然认为身体和意识的构成有关,但是在他的观念中更高的构成还是一种先验主体性。梅洛·庞蒂沿着胡塞尔这一思路,对身体的先在性作了进一步的阐明,形成了一种具身主体观。梅洛·庞蒂革除了胡塞尔现象学中最高层的先验主体性,认为身体是意义发生的原初场域,它与意识从来都是结合在一起的。身体是存在于身体场之中的身体,并没有高于身体存在的先验主体性。具身主体观强调认知不是脱离身体的抽象思维过程,而是与身体相互交织的,与身体紧密相关。

心灵主体观与具身主体观关注的是主体的认知和体验,终究未跳出意识哲学的思考框架。在这之后,社会建构主体观开始形成。社会建构主体观也承认身体对于主体的先在性,但主张将具身主体从意识哲学中释放,探讨社会对于主体性的建构作用。马克思认为人是类存在物,但他反对费尔巴哈将"类"理解为个体间的普遍性,而是认为"类活动"即自由自觉的实践活动,这种实践活动是建构人本源存在的方式。马克思的"类主体观"超越了纯粹理性优先的思维,确立了实践在先的原则。① 阿尔都塞认为主体是在特定的政治制度、经济结构与社会文化等框架下被塑造的。拉康从精神分析的角度指出,主体是在自我与他人之间的镜像序列当中被建构的。同样注重主体与他者关系的还有美国芝加哥学派的米德与库利。米德将自我分为"主我"与"客我",二者通过符号互动共同构建了社会中的主体。库利的"镜中我"理论强调主体通过对他人态度的想象,在与社会互动的过程中形成了自我。福柯从结构主义的视角,通过知识考古分析了主体在不同时期的知识类型下是如何被建构的。社会建构主体观关注主体的多样性,认为主体性因文化和社会因素而异,不再是无根、封闭、与生俱来的。相反,是社会建构了主体。

纵观以上历程可以发现,人们对主体的认识经历了一个由封闭心灵到具身知觉,再到社会建构的发展过程。现代性语境下的主体具有以下特性:

第一,从存在的角度来看,主体不是漂浮于物质现实之外的思维现象,

---

① 贺来,徐国政.从"我思主体"到"类主体":马克思对主体性观念的变革[J].学术研究,2020(1):23-30.

而是需要以物质的身体为基础。纵使笛卡尔主张的心灵主体观强调将"我思"与物质世界二分，也无法否认"我思"必须以物质身体为载体。具身主体观与社会建构主体观也认为身体是主体存在的基础。二者的区别在于：具身主体观带有更明显的意识哲学色彩，更加强调身体作为知觉发生场对于认知起着基础性的作用。身体感官不仅是知觉工具，还构成了主体认知世界的方式。社会建构主体观则将身体看作社会话语的交汇场域。身体既是动态可塑的社会化对象，又是展示自我与社会交往的首要媒介。社会建构的主体观通过批判性地探讨身体如何在不同社会关系话语中被理解和构建，揭示了主体是社会建构的产物。

第二，从认识的角度来看，主体是认识行为的发出者，客体是被主体认识的对象，由此形成了主客二分的思维模式，这是西方现代性困境产生的重要原因。当这种哲学上的主客二分逻辑被应用于传播学时，便形成了一个以传播者为主体、受众为客体的传受二元线性关系。传播者不仅是传递信息的端口，更被看作思想与观念的塑造者。传播者与受众的这种分工，在早期传播理论中有着鲜明的体现。如香农与韦弗的信息传输模型就将信息传播表现为线性的流动过程，这一模型忽略了受众对信息的主动解码能力及其在解读过程中所展现的主体性。受众作为客体被置于传播行为的终端，进而成为沉默的、缺乏互动手段的被动接受者。

第三，从伦理的角度来看，主体只有在连续时间流中保持自身同一性，才能成为背负道德责任的主体。主体的存在并不冻结在孤立的瞬间，而是寓居于时间连续性当中。这不仅构成了主体的道德历史，也铺展出其未来的道德轨迹。在连续的时间当中，主体不仅是肉身意义上的实体，还需要是道德伦理意义上的实体。主体既要对自己的行动负责，也要对他人守诺。因此，主体的稳定性与其道德行为的一致性紧密相连。在时间流中保持一致性是成为道德行动者的必要条件，只有这样的主体才能在决策中运用理性、明辨是非，并自觉遵循伦理原则。

在互联网中，这种具身主体的关系仍旧存续，如熟人之间的微信联系就是一种具身主体关系。但是在微博或短视频平台产生的群聚传播现象中，具有同一性的具身主体被解构了，转而出现了多重异质的文本主体。文本主体拒不承认意识哲学中先验的主体观，也不认为社会能够建构稳定的主体身份。文本主体之间彼此共存，没有结构，"因为任何结构或统一性都是强加上去的一个额外向度"。①相较于西方现代哲学语境下的主体观念，本文提出的文本主体具有以下差异性特征：

第一，主体不再是具有稳定身份的肉身，而是可裁切复制的文本"化身"。文本主体通过数字影像取代现实身体，通过兴趣标签昭示个人品位，通过网络展演建构自我身份。文本主体并不是具身主体的投影，而是具身主体的"化身"。投影是具身主体的直接延伸，其动作和存在是对具身主体的模仿，"化身"则是相对独立的、自主性的存在，文本主体虽根源于具身主体，却拥有超越具身限制的再传播、再阐释与被阐释的行动能力。当重大事件发生时，平时互不相识的具身主体会聚集并生产出大量的文本主体。西方现代性话语中理性的、身份稳固的具身主体成为具有多重异质性的文本主体。文本主体没有伦理意义上的稳定身份，不能真正承担起对自我和他者的责任。在群聚传播中，文本主体可以随意创建、修改，甚至编造自身形象，可以对过去的言行一键删除。文本主体无须对自我责任做出应答，对他者也无法做到守诺。

第二，主体不再存在于具身场域中，而是在临时聚合的文本场域中直接遭遇。就具身主体而言，身体是意义发生的结构场，围绕身体存在着一种不可替代的场域性，如舒斯特曼所说，身体是"活生生的、敏锐的、动态的、具有感知能力的"②。具身主体的日常交流除了借助语言外，还要依靠具身场域中的肢体形态、面部表情、场合气氛等因素来传达意义。例如，《红楼梦》中，林黛玉在对王熙凤没有了解的情况下，通过身体场域中其他人的神情与体态，就已经猜到来人身份的重要性。具身主体的身体场域性不仅影响着熟人间的直接交流，对陌生人之间的意义传达也同样重要性。现代社会中陌生

---

① 霍兰德.导读德勒兹与加塔利《千高原》[M].周兮吟，译.重庆：重庆大学出版社，2016：41–42.
② 舒斯特曼.身体意识与身体美学[M].程相占，译.北京：商务印书馆，2011：1.

人间的身体相遇被霍夫曼称为"世俗的不经意"。"世俗的不经意"是陌生人间一种最基本的承诺,"它不仅是人使用自己的面部表情,而且是包括他在大街上、公共场所里……对整个体态和姿势的灵活运用,它在发出你们可以相信我没有敌意的信息"①。在互联网中,具身主体的场域性消失了。因为肉身无法进入互联网空间,所以生活世界的"人—人"的关系被转换为"人—文本—人"的关系,具身主体以一种文本化的形式呈现并成为文本主体,这就导致了具身场域被剥离。文本主体之间的距离在群聚传播中可以被迅速拉近。在近距离的直接遭遇中,"所有数字化的文字长得都一样。最重要的是,数字媒体磨平了他者的'相对'。实际上它们夺走了我们思念远者、触摸邻人的能力。它们用无距离代替了切近和疏远"②。群聚传播中的文本主体没有具身场域,人们只能把他人当作文本去认识,也不得不用文本来呈现、表达自我。

第三,文本主体与他者之间并不是主客二分的关系,而是多元主体间的共在。在主客二分思维主导的"传者—受众"模式下,主体被视为具有主动性和支配性的存在,客体则处于从属和被动的位置。在群聚传播中,海量的文本主体是彼此陌生的,它们在网络空间中因具体事件而聚集,在去中心化的环境中交互。文本主体同时具备信息的创造者、评论者或接受者的身份。这种身份的流动性和互换性引发了对文本主体的新理解。文本主体不是孤立的个体,而是文本关系和互动过程中的节点。文本主体的行为和意义的构建不仅取决于个体,也深受其他主体的影响。主体与客体之间并没有明确二分,而是多元共构。

从以上三点可见,文本主体在虚拟空间中形成了一种独特的存在形态。这种存在超越了物理实体的限制,创造了一种新的自我实现方式与交流方式,塑造了群聚传播中文本主体的主体性。

---

① 吉登斯.现代性的后果[M].田禾,译.南京:译林出版社,2011:71-72.
② 韩炳哲.他者的消失[M].吴琼,译.北京:中信出版社,2019:79-80.

二、"凝固一瞬"又"永恒在场":多元文本主体的主体性

具身主体身份是通过现实场域中的行为和社会角色来定义的。这些角色在社会结构中有明确的位置和可预期的行为模式。文本主体的身份则是在一个去中心化的、非线性的群聚关系中形成的。因此,文本主体的主体性不是稳固不变的,而是变动不居的。具体而言,其文本主体性体现在三个方面。

首先,文本主体性是多重异质的。互联网中的一个账号、一条短视频、一则留言都可以被看作文本主体的显像。这些文本主体既可能来自具身主体,也可能是由机器生成的。它们被弹射出之后,就与初始来源切断了联系。具身主体可以用多个 ID 账号创建各异的文本形象,裂变出多重文本主体。人工智能更是可以根据场景需求,建构仿真的文本主体。文本主体失去了作为根基的现实场域,但又需要扮演稳固同一的主体形象。其间的悖论在于,文本主体尽管并不具备道德伦理上的身份,也无法为自己的行为真正完全负责,但仍旧可以影响公共话语,塑造社交互动,甚至对世界产生巨大影响。文本主体的多重异质性反映了数字时代主体身份的流动性和模糊性。这要求我们在伦理和道德责任上重新构思主体性,并对网络环境中文本主体的真实性、责任归属等问题进行深入思考。

其次,文本主体被凝固在当下的一瞬。文本主体不是形成于历史线性的时间流中,而是凝固在被创造的瞬间。社交媒体上的一个帖子或一条评论成为文本主体后,就如琥珀一般被凝固,之后会在互联网中转运漂移,并在各种临时聚合的场景中折射不同色彩。碎片化的文本主体缺乏历史深度,不像具身主体能够在时间的推移中获得稳固持存的主体性,而是被定格在一系列孤立的瞬间。这些孤立的瞬间并不承载连续的语境,所以它们会在不同的语境中不断被重新解释和塑造。一个在特定公共事件中发表的网络评论,在未来可能被解读为一种历史见证或一种艺术和文化的象征,但其原始的语境和目的可能被忽略或遗忘。这就对历史的客观性造成了挑战,因为文本主体所反映的历史视角往往是断裂的、非线性的,甚至是随机的,它们无法做到历

史地、全面地、客观地看问题。

最后，文本主体是永恒在场的。文本主体像琥珀一样定格保存在具体的历史时刻，但这个保存的状态不是静止的，而是充满潜在活力的。文本主体时刻处于一种待激活的状态，即使表面上看来被遗忘了，但也拥有被重新发现和解读的潜力。即使它们此刻看似黯淡无光，也一直等待着再次被发现和赋予新的意义。文本主体永恒在场的特性将互联网转变为一个多维的历史记录器，这种记录不再受限于事件的线性时间序列，而是将互联网变成了空间化的展演平台。在这个平台上，时间不再被看作关于过去、现在、未来的线性流逝，它是一个空间化的概念。多元化的文本主体在互联网空间中并不缺席，它们永恒在场。但是这些文本主体并不汇入线性的宏大历史叙事当中，而是不断"生成"着差异化的小叙事，这就对历史哲学中的线性史观造成了挑战。

时空视角是分析文本主体性特质之根源的重要入口。从历时性角度来看，不同的时代塑造了不同的主体。从共时性角度来看，不同社会空间中的主体，内涵也完全不同。由此可见，时空是深嵌于主体形塑过程中的构成要素。古希腊时期，客观均质的时空孕育了原始混沌的主体观。柏拉图将空间当作承载理性的容器，亚里士多德将时间看成一种运动变化，但与其他变化不同，时间的变化匀速且单向，"变化有快慢，而时间没有快慢"[①]。在这一阶段，时间与空间被认为是纯粹外在的形式。人与其他能在时空中显现本质的"是在"之物尚未有明显的区分，作为"大写的人"的主体尚处于混沌中。到了近代，时间与空间被捕获进主体的先验意识中，这就塑造了空前强大的理性主体。笛卡尔将时间看作一种思维方式，认为它是心灵自有的属性。霍布斯则认为时间是一种观念，在这个观念中，一个空间可以持续不断地过渡到另一个空间。康德认为时空并不是如容器式的客观实在，而是我们把握客观世界的先天综合能力。正是因为作为主体的人能将时间与空间都收聚于先验意识中，所以才能成为"为自然立法"的纯粹理性主体。黑格尔认为，时空是被包裹

---

① 亚里士多德.物理学[M].张竹明，译.北京：商务印书馆，1982：123.

进"绝对精神"这个至高主体中,被看作"绝对精神"在现实世界外化后的产物。在这一阶段,随着人的主体性觉醒和"我思"主体的空前强大,时空不再被看作外在的客观实在,而是成为人所具有的先验能力,被纳入人的主体性当中。

现代社会之后,时间与空间终于从"我思"主体中被释放,被看作社会结构的一部分,成为主体性的构成性要素。尼采认为线性时间观和机械空间观剥夺了个体的自由和创造性。他提出了"永恒回归"的时间观,强调时间并非线性的,而是循环的。尼采批判基督教的线性时间造成了主体目光都投注于未来,并鼓励人们用肯定的态度在"永恒的当下"进行生命创造。同时,尼采认为空间也非机械的物理性实在,它与人的存在密切相关。尼采强调身体是人存在的基础,而身体活动又受到空间中的权力关系影响。海德格尔在《存在与时间》中通过"存在的时间性"概念指出,时间塑造了人的存在方式,人在时间的引导下发展和变化,完成自我实现和自我超越。马克思从历史唯物主义的角度出发,区分了自然时空和社会时空。自然时空是物质自在运动的时空,社会时空是人类通过实践创造的时空,社会时空会对自然时空进行吸纳和整合。在这个过程中,人的实践活动起着决定性的作用。人在时空改造的实践活动中建构着自身主体性。在马克思的启发下,时空因素成为诊断当代主体问题的重要角度。列斐伏尔富有创造性地提出了空间方法论,认为资本主义社会中的空间生产与权力关系密不可分,这在无形中规范和塑造着主体的思维与行为方式。大卫·哈维指出,时空压缩的过程中释放出的异质性与不确定性让科学、美学、道德都受到冲击,这使建构主体的形式变得分裂而混乱。卡斯特认为在技术支撑下的空间呈现为流动形态。在"流动空间"中事件可以并存,这就消解了时间的先后次序,使时间成为"无时间的时间"。这种时空变化将人从集中的实体变为分散差异化的个体。与哈维和卡斯特关注时空与物质的关系不同,吉登斯更关注时空连接与社会系统间的关系问题,认为现代社会的时空分离与重组让社会从恒定性束缚中解脱,这造成了自我存在性焦虑,建构了新的现代性自我认同方式。

以上西方学者的理论,不管是"时空压缩""时空分离""无时间的时间",还是"流动空间",都仅是从技术视角分析时空变化带来的主体"异化",并未真正触及互联网中"具身主体到文本主体"的主体性转变这一根源问题,也自然无法对"互联网时空如何塑造文本主体之特质"这一前沿问题做出回答。实际上,互联网最深层、最本质的时空特性是"时空断点",互联网时空中的"压缩""分离"与"流动"都是建立在时空断点之上的外在显象。"时空断点"[1]这一概念指的是:互联网中的时间不受线性进程的约束,它可以被任意断开,并与其他时间进程关联;在时间断点中,过去与现在成为共铺于平面上点击即达的一瞬。同时,互联网中的空间分布也不受统一的秩序支配,这些由文本建构的空间可以随机断开并相互指涉;在空间断点中,分散的文本空间可以即时集聚并裂变增殖。时空断点使得互联网中的时空可以在任意一处断开,并与其他时空进行自由装配,产生一种不断"生成"的去结构化的力,文本主体正是从时空断点当中涌现出来的。

首先,时间断点使文本主体既"凝固一瞬"又"永恒在场"。具身主体的主体性就像钟乳岩,在时间的绵延中沉淀形成。柏格森认为,"绵延"是一种内在连续的时间流动,强调时间是一个整体,不能被分割成一系列独立的瞬间或事件,每一刻都蕴含着过去和未来。绵延的时间就是这样将具身主体的过去和未来连接,要求其"姓名"承载稳定人格,赋予其"脸孔"以道德意义,就此塑造具身主体的社会角色和文化身份。因此,具身主体不允许时间断点存在。精神分裂作为一种病症,其实质就是具身主体的时间体验发生了断裂、开叉,无法形成同一稳定的人格。在互联网中,文本主体的时间体验呈点状分布。点状时间既非柏格森所说的绵延时间,又非海德格尔论及的作为"存在者内在属性"的时间,点状时间之间没有话语等级秩序,也不存在先后预设的关系,它们彼此之间独立。一条视频评论被发出后,文本主体即在点状时间中即刻凝固,这个过程就像给文本主体照了张"快照"。点状时间无法承担连续意义,其中的文本主体亦无法被编制进整体性与同一性当中,

---

[1] 笔者在这里使用"时空断点"而非"时空断裂"这术语,是因为"断裂"一词仍旧隐喻着一种层级化与结构化的思维,而"断点"隐喻的是一种分散的、块茎化与去层化的思维。

更无法汇聚、沉淀为稳定的伦理主体。它只能对产生的一瞬负责,并将阐释权完全让渡给他者。但是它又不会真正消失,而是一直在互联网场域中漂浮,在黯淡中等待被其他文本再次唤醒。

其次,空间断点释放了文本主体间多重异在的差异。在结构化的现实空间中,具身主体能保持相对稳固的自身同一性。正如巴赫金所说,主体之中始终存在着"内在的吞不进吃不掉的核心"。具身主体不可能有分身,他只能是同一且唯一的自我,并对自我负有不可推卸的责任。由于具身主体与他者都是空间中稳定的存在,这就要求具身主体必须审慎地处理自我与他者之间的空间距离,以同一性来弥合差异性,在"求同存异"中维持主体间关系的张力。在互联网当中,空间并不是结构化的,而是呈去结构化的均质点状分布。文本主体也不具有稳固且唯一的身份,它们是多重异在的文本"化身"。文本主体能同时兼有多个账号,通过不同账号在无数个点状空间当中显现自身,并在任意空间中与其他文本主体速聚速散。多重异在的文本主体并不需要被整合进连贯稳定的空间,不需要回归稳定的主体身份,也不需要与其他文本主体保持"求同存异"的张力。由于"同一"与"差异"是一组相对的力量,同一性张力消失就必然导致差异性释放。

在时空断点中,文本主体展现出一种极大程度地脱离了具身主体的主体性特质,它们并不是"无人"(Niemand),而是"某人"(Jemand)。韩炳哲认为,大众传播时期的受众呈现为一种"无人"的状态,他们并不被他人看到,也不寻求他人的关注。在互联网中的用户则是"某人","某人"虽然是匿名的,但是他们需要展示自己,需要被关注。① 因此,作为"某人"的文本主体拒绝被编织进线性化的宏大叙事模式中,也拒绝被总体性的"我们"所指代。它们在群聚传播中书写着源于自我生命体验的叙事,呈现出一个看似具有历史连续"生命轨迹"的"文本化身体",并以此完成主体性的重构。

文本主体的主体性重构是通过在选择轴与结合轴中对文本进行叙事化编

---

① 韩炳哲.在群中:数字媒体时代的大众心理学[M].程巍,译.北京:中信出版集团,2019:18.

排实现的。雅各布森认为，选择轴的功能是文本间的比较与选择，结合轴的功能是文本间的邻接黏合。结合索绪尔提出的共时性和历时性来看，选择轴指的是在共时性状态下对文本进行比较和选择后的呈现，结合轴则指在历时性中对邻近文本进行黏合。通过在共时性状态下对文本进行选择，主体得以建构文本化的身体形象。通过历时性的文本组合，文本主体才有连贯的"生命轨迹"，得以成为有"生命历史的人"。

群聚传播中陌生的文本主体要向他者显示自身，首先需要在选择轴上对文本进行叙事化编排来建构一个文本化身体。具身的身体与文本化身体之间的差别在于：具身的身体是意义发生的原初场域，它是先验的、第一性的存在，文本化身体则是在选择轴上对文本进行叙事化编排后呈现的结果。人们对文本进行选择的过程，伴随着对不符合想象的文本进行舍弃。互联网中呈现自我的照片、网名、自我介绍，皮肤装扮等文本都经历了选择与修饰，被塑造成"更加光滑、更加完美、更具功能"[①]的文本化身体。

除了在选择轴上对文本进行选择塑造文本化形象，文本主体还需要在结合轴上将文本粘连，形成关于"我"的生命叙事情节。一个文本主体如果只有文本形象，那么它还仅是纸片化的角色。这个纸片化的角色在时间流中并没有连续地行动，无法展开关于自我的叙事，也并不背负对过去的债务。只有文本主体将关于自我的文本行为黏合进时间流后，它才能将过去与现在的事件情节化，展现出一个有生命历史的主体形象。文本主体在时间流中将文本组合成情节的方式有两种：一是用日记的方式记录，如人们用社交媒体发布个人生活状态就是一种常见的自我情节化的形式；二是参与群聚传播的叙事过程，通过元叙述[②]的方式在结合轴上建构自我叙事。在互联网中，根据事件做出的评论、点赞、转发、模仿、引用等文本都属于元叙述文本。元叙述

---

① 鲍德里亚.消费社会［M］.刘成富，全志钢，译.南京：南京大学出版社，2008：123.
② 元叙述（Meta-narrative）这一概念早在1972年由热奈特在《叙事话语》（*The Narrative Discourse*）中提出。他认为元叙述是在其中讲述第二叙事的第一叙事。普林斯在1987年出版的《叙述学词典》中将元叙述解释为"关于叙述，描绘叙述，元叙述是以叙述作为叙述的主题"。这两位学者对元叙述的理解相近，都将元叙述看作一种"关于叙事的叙述"。

文本虽然是碎片化的，但它表明了一个人在过去对某个事件持有怎样的态度。当一个人对群聚传播中的公共事件表明态度和作出评价时，也就同时向他者呈现着自身，告诉他者自己是一个怎样的人。

文本主体在选择轴上选择文本来建构自我，使得自我成为他人故事中的角色；在结合轴上将散布于群聚传播中关于自我行为的文本粘连，使得文本主体成为看似具有生命历史的、背负着对过去债务的主体。通过文本在双轴上的建构，文本主体建构了自身形象，但是这种形象是不稳定的，可以随时被重新选择与修改，并以一种新的文本形象出现。它并不能真正地做到对自我负责与对他人守诺。

三、"算法互文"与"否定推进"：多元文本主体的文本间性

"文本间性"是后结构主义文化理论中的重要术语，最早由法国理论家克里斯蒂娃在20世纪60年代末提出。文本间性理论所批判的是以索绪尔为代表的结构主义语言学和符号学。结构主义者认为，要获取文本意义，需要研究的不是内容本身，而是对文本要素的结构关系进行解读。以克里斯蒂娃为代表的后结构主义者则认为，将文本放置在结构框架内进行解读是狭隘的，所谓文本"固定的结构"其实并不存在。克里斯蒂娃认为，文本间性是指文本与任何赋予该文本意义的知识、符码和表意行为的总和。文本词语之概念不是固定的点，而是文本空间的交汇，是若干文字的对话，任一文本都与其他文本相互关联，文本是在不断对其他文本的吸收和转化的过程中确立的。同时，文本意义也在不断地迁移与增殖。要理解文本的意义就需要打破文本的封闭结构，将文本放置在众多文本交织的开放环境中进行分析。

克里斯蒂娃的文本间性理论不仅关注文本之间的交互性，也看到了文本对于人的主体性建构作用。她将文本划分为表层文本与深层文本两个层次。其中表层文本是符号性的，它是人们在使用文本时需要遵守的结构性规范，是一种现象文本。例如，当我们面对一则新闻报道时，事件发生的时间、地点等一看就能明白的信息就是表层文本。表层文本是清晰明确的，提供的是

事实判断。深层文本是前符号性的，它与主体的潜意识语言结构相关。深层文本不反映在文本结构上，而是在抽象层面运作。人们面对同一则新闻报道会产生不同的解读方式，这就是深层文本在起作用。在克里斯蒂娃看来，深层文本构成了使用文本的主体。"我是谁""我怎么看待事物"等一系列主体性问题实际上是由深层文本决定的。同时，深层文本也是一种生殖文本，不断地与整个社会中的其他文本产生互文，并在潜移默化中构造着具身主体的主体性。文本间性正是在这种从深层到表层、从生殖过程到表层结构化过程的相互折射中运作的。

在当下的群聚传播现象中，克里斯蒂娃的文本间性理论并不完全适用。首先，克里斯蒂娃提出了一种文本主体观，即认为人的主体性是由潜意识中存在的深层生殖文本所决定的。克里斯蒂娃甚至直言要以文本间性取代主体间性，并清除主体间性。①这种极端的主体观实际上是从精神分析的视角切入的，在前结构化的层面找到了具身主体性与文本关系的接口，并将主体性建构与社会整体的大文本联系起来。但很显然，克里斯蒂娃所说的文本化主体指的仍是具身主体，她的文本化主体观本质上仍旧是一种社会建构的主体观。囿于时代因素，克里斯蒂娃并没有看到当下互联网中具身主体的文本化现象，也没有将具身主体与当下互联网中出现的文本主体做出区分。

其次，文本间性理论提供了一种新的文本观，要求将文本意义研究的关注点从封闭的框架结构关系转移到文本之间意义的增殖和播撒上，将文本置于语言材料和历史实践的整体性关系当中理解。在当下的互联网中，文本主体之间的联系确实都是在文本间性的作用下建立的，但是这种关联方式与克里斯蒂娃所说的文本间性还是有所不同。在超时空、泛连接、智能化的群聚传播环境中，多元文本主体的文本间性呈现诸多克里斯蒂娃未料及的新特点。

第一，文本主体间以全向的方式建立关联。罗兰·巴尔特曾在《S/Z》中描绘了一种理想的文本性："这种文本是能指的星系，没有所指的结构；它没

---

① 西川直子.克里斯托娃：多元逻辑[M].王青，陈虎，译.石家庄：河北教育出版社，2002：60.

有开端，它是可逆的；我们通过多个入口进入它，没有哪一个入口可以钦定为主要入口；它动态地进行编码，延展无限，穷目难尽。这些编码都是不确定的……基于语言的无限性之上。"① 巴尔特所设想的理想文本在当下已成现实。在群聚传播中，文本主体间以一种全向性的方式相互指涉。这种文本主体关联的全向性可以用德勒兹和加塔利的"织物"与"毛毡"的隐喻进行解释。德勒兹和加塔利认为："织物只能在同一个地方展开，比如说从左到右，并且只能待在由单一秩序设定的顶端和底部的边界之内。"② 织物的纹理遵循预定的秩序，但毛毡却是以一种完全不对称的方式向四面八方延展开，它没有经纬纵横的固定走向，当中的任意两条纤维之间都可以交汇，这就形成了多维、开放的文本场域。在互联网中，文本主体的文本间性就像毛毡纤维一般。这种全向性的文本间性不受限于任何单一的中心或秩序，挑战着实体的固定界限。它打破了物理空间对文本的共时性指涉造成的限制，使得分散的文本主体能在互联网中即时连接，也让历时性的文本主体被排列于共时性的平面中，新的文本主体与沉寂已久的文本主体相互关联。在这样的全向性关联中，任意文本主体的影响力都可能在全球范围内被放大。

第二，文本主体间以随机的方式聚合并裂变。群聚传播当中文本主体的关联不受限于现实世界中的地缘、文化或社会结构，而是在技术的支撑下获得的连接，其间的聚合与裂变受到连出主体之外的"逃逸线"的引导。德勒兹和加塔利将"逃逸线"看作逃离结构化规范的解构之线。他们认为"这些线不断地相互交错，在某一瞬间它们彼此交叉，在一段时间之中它们又前后相继"③。如果说现实的空间是严硬的"分割线"，将文本间性稳定在了一定的秩序当中，那么在群聚传播中产生的"逃逸线"则使得文本间性的随机性抵

---

① 麦永雄.光滑空间与块茎思维：德勒兹的数字媒介诗学［J］.文艺研究，2007（12）：75-84，183-184.
② 霍兰德.导读德勒兹与加塔利《千高原》［M］.周兮吟，译.重庆：重庆大学出版社，2016：15.
③ 德勒兹，加塔利.资本主义与精神分裂（卷2）：千高原［M］.姜宇辉，译.上海：上海书店出版社，2010：283.

御了逻辑性、不确定性取代了因果化思维。在群聚传播中，每一个文本主体的分享、跳转与链接，都相当于在互联网中创造了一条新的"逃逸线"，这些线相互交错、相互重叠，糅合成了一个随机但紧密相连的开放网络。在这个网络中，文本主体之间的聚合与裂变不再遵循任何可预测的模式。一条网络评论可能引发一场舆情危机，一篇学术论文或因为被引用而意外成为流行话题。正是这种随机性和不确定性，给互联网中的文本间性赋予了巨大的力量。它解放了文本主体之间的交流，使其不再被传统的逻辑链所限定。每个文本主体都有可能成为信息传播的关键节点，也都可能成为知识演变的起点。这是一个去中心化、非线性、随机性的关联网络，它拥有改变世界的潜力。

第三，文本主体的文本间性当中加入了算法互文性。学界对克里斯蒂娃文本间性理论最尖锐的批评在于：她忽视了具身主体在文本之间的重要作用。不管克里斯蒂娃怎样强调文本间性的作用，对文本进行引用、转发、改编的还是具身主体。如果将文本比作珍珠，将文本间性看作线，那么终究还是需要具身主体将珍珠用线串起来。没有具身主体对文本进行挑选和连接，文本间性就无法建立。克里斯蒂娃对这个问题的解决方式是将答案推向具身主体潜意识中的文本结构。但是在互联网中，对于以上问题有新的答案。文本主体的文本间性不再必须依靠具身主体进行选择、联结和整合，也可以基于算法产生。算法可以分析具身主体的行为和偏好，并基于数据模型来建立文本主体间的关联。用户仅需滑动屏幕，算法就会自动将文本主体串联起来。在此过程中，文本间性是通过对标签系统、话题分类等要素进行计算产生文本间的关联与指涉。但这种算法互文性的计算和关联是为了满足用户的即时需求，而非对深层内容的探索和批判性思考。因此，这可能导致文本的获取变得模式化，从而对具身主体的主体性造成了进一步限制。此外，算法驱动的文本间性更关注表层符号与数据，根据用户的话题偏好、浏览时长等要素来决定如何连接内容。这背后遵循的是流量逻辑，即尽可能地增加用户的使用时间，从而为平台获得更多流量。在这种算法互文性作用下，文本之间的历史性与整体性关系难以得到体现。这可能导致文本间性趋向表层化和碎片化，并弱化了深层次的文化交流。

第四，文本主体的文本间性是在否定性当中被推进的。在群聚传播的过程中，文本主体一旦离开具身主体，就会迅速地与其原有的语境发生剥离，并在持续的转载、评论过程中被赋予新的语境和含义。这些文本主体之间的关系更多的是遵从阿多诺所说的"否定—否定—再否定"模式。否定实际上是对原文本的重新解读和创造。相比肯定性而言，否定性更能够推进文本主体的增殖并带来流量，这也促进了一种以否定为中心的文化现象的产生。否定性增强了讨论的多元性，促进了创新思维的碰撞，提升了公众参与社会讨论的积极性。同时，在否定带来的解构与重构的连锁反应中，原始的文本主体常被扭曲，这会导致误解和偏见增加，极端观点被放大，文本主体倾向强调差异而非共同点。在这样的情况下，信息往往会经过多次反转，舆情也容易产生剧烈波动，形成一种不稳定的社会环境。这种不断的争议和信息过载可能造成公众的数字疲劳，持续的激烈对抗更可能进一步导致舆情危机。

文本主体的文本间性变化有多重原因，其中技术联通是直接因素。这主要体现为以下三点：第一，技术突破了文本间性的时空阻滞，使得文本关联变得实时化与常态化。技术消除了"此处"与"彼处"的差距，让文本能够即时互文，并且深度嵌入常态化的生活，对社会产生了反身性的影响。第二，技术拓展了文本间性的模态形式，将单一模态指涉变为多模态交互。互联网中的文本能够将视频、音频、文字、图片等多模态形式直接关联；以ChatGPT、Sora为代表的AI技术更是能实现文字、图片与视频之间的直接转换；这种多模态不局限在浅层的关联与转换，还加入了体感、手势等交互手段，将具身主体的动作与姿势也变成了文本。模态形式的拓宽不仅催生出海量的文本主体，还实现了真正意义上的深层多维的文本交互。第三，技术打破了文本间性的基质壁垒，实现了硅基与碳基的连接。通过物联网技术，长期被看作客体的"物"已能进行文本生产；"脑机接口"技术探索为人脑接上芯片，试图把硅基技术物嵌入具身主体，将意识作为文本传输。这种"技术入身"带来了"文本入身"，基质的融合使得人与物处于更加复杂的缠结化文本关系中。技术发展实现了文本之间的全方向、多层次关联。这种关联不按照线性逻辑，也不受结构性力量的约束，而是在算法机制与感性选择当中突变跳转，随机交缠。

资源配置方式变革是文本主体的文本间性变化的社会土壤。在互联网群聚传播时代，"整个产业环境和传播模式都以用户（消费者）的需求为主导，用户的访问量成为传播链条中最至关重要的环节"[1]。如果注意力演变为互联网中的稀缺资源，那么"按流量分配"自然成为主要的资源配置方式。而流量的本质恰是文本的流动，追逐流量也就必然要加强对文本主体的刺激。这种刺激一方面需要拓展文本关联的向度、消除文本增殖的阻碍，使得文本的流动能够全方向畅通；另一方面需要促进文本之间的碰撞，因为碰撞能直接促进文本快速增殖。正因如此，"流量帖"常采用富有争议性的标题增加流量，"流量明星"也需要更多富有争议性的话题来获得热度。这种以流量为核心的资源配置方式促进了文本的全方向流动，亦鼓励了否定性文本的生产，它是文本主体的文本间性变化的社会土壤。

群聚传播中他者的文本化是文本间性变化的深层动力。在具身场域中，"我"与他者间构成了一组辩证关系。根据列维纳斯的解释，"他者的全部存在是由其外在性，或者无如说，由其他异性构成"[2]。对于具身的"我"而言，他者是一种绝对的外部存在，因此，"我"无法将他者同一化，他者对"我"具有不可消除的否定性。由于我们无法躲避与他者的共在关系，我们必须审慎地对待他者的否定性，但这是一种"带有积极性的否定"。"我"在与他者交往的过程中，可以将他者中蕴含的否定性转化。儒家学说就特别注重从他者中汲取生命力量，其"仁、义、礼、智、信"的核心思想都聚焦于处理自我与他者间的弹性关系上。正是由于"我"与他者间存在这种弹性关系，整个社会才能拥有维持和谐的张力。在互联网群聚传播当中，他者不再以具身的面容和躯体出现，而是转化为可编辑、筛选和消费的文本。他者的外在绝对性被抹去，因为他者也被文本化了。虽然互联网中我们能够遇到无数"文本化的他者"，但令人敬重的"真正的他者"却消失了。"文本化的他者"并

---

[1] 隋岩. 群体传播时代：信息生产方式的变革与影响[J]. 中国社会科学，2018(11)：114-134，204-205.

[2] 金惠敏. 无限的他者：对列维纳斯一个核心概念的阅读[J]. 外国文学，2003(3)：46-53.

不具有"辩证式否定",它携带的常常是"脉冲式否定"。"辩证式否定"是一个批判评估的思维过程,"脉冲式否定"则是短暂瞬时的文本情感发泄。"脉冲式否定"中情感能量的瞬间爆破会导致文本的快速传播,吸引更多的文本主体卷入,并在情感的碰撞中激化、对立与分裂,加速文本的否定性推进。

互联网中的群聚传播现象使得主体间关系空前紧密,改变了社会的关系结构和运行方式,给人类带来了前所未有的变化。面对纷繁复杂的互联网,值得我们思考的问题还有很多。比如,互联网治理的对象到底是具身主体还是文本主体?因为面对不同的主体形态,需要采取的治理方式是截然不同的。又如,群聚传播中文本主体的身份是多重异质存在的,它可以随意修改、自由切换并无限增殖,这不仅消融了真实与虚构的边界,也容易导致具身主体间的不信任;在现今如此疾驰加速的社会中,当人类的具身主体性越来越多地被文本主体性覆盖和篡改时,这种反身性影响是否也会造成人的再一次异化,进而导致具身的人异化为"文本人""信息人"?再如,面对他者文本化的问题,人们该如何在"脉冲式否定"带来的文本增殖中重建整体性秩序,共建交往理性?这一切是否又将成为新的社会关系与认同模式形成的土壤,是我们必须直面并解决的问题。

群聚传播：互联网的本质*

互联网虽具有人际传播、组织传播、大众传播等多种属性，但其本质属性是传播主体极端多元的群体聚集性传播，本书称之为互联网群聚传播①（the Internet-based assembly communication），即指极端多元的网络主体因事自发聚集在互联网空间中，以去结构的方式展开的传播活动，是原本非常态的社会集合行为（collective behavior）在互联网传播中的常态化，换言之，是大众传播时代的离散社会②演变为互联网空间中的常态化社会聚集。

一、互联网传播的"群聚"本质

"群聚"即群体聚集，群体是主体，聚集是主体的行为。下面从这两个概念，即互联网的主体和主体的行为来理解互联网传播的本质。其实，主体和主体的行为是一枚硬币的两面。

首先，如何理解互联网中的"群体"？有别于传统意义上的"群体"，互联网群聚传播中的网络群体，既非首属群体，也非次属群体，还有别于所谓网络社群传播中的社群③，是原本分散但又能因事迅速聚集的离散性多元主

---

* 本文原载于隋岩著《互联网群聚传播》（科学出版社2023年版），收入本书时略有删改。
① 为表述得简洁，本文在很多情况下简称互联网群聚传播为群聚传播。
② 所谓离散社会，意指大众传播时代，民众在独处自居中接受广播、电视、报纸等传统媒介的信息传播，而缺乏民众间的信息交流交换。
③ 笔者认为，社群传播具有一定的组织性，可以被看成组织传播的初级阶段。

体的暂时性群集。这样的多元主体群集因某一事件在互联网平台自发聚集形成，主体通常具有匿名性，彼此之间联系松散，甚至可能此前此后永远不存在任何真实的社会联系和社会关系。这是一种随着被关注事件的更迭而移动不居的、暂时性的隶属群集，隶属的是被关注事件，而非组织性的群集，被关注事件冷却、淡化或结束后，群集便迅速散去。这种迅速聚集又迅速散去的群集，形式上如同"快闪"，但又与"快闪"有本质的区别——"快闪"的背后是有组织的，是一种组织传播。

"群体"的视角意味着从主体的角度来认清极端多元主体的涉入是互联网传播的本质。需要着重强调的是，互联网群聚传播中的极端多元主体，不仅包括数量庞大的网民个体，也包括自发形成的社会组织主体、政府职能部门主体以及智能化的数字主体。活跃在互联网中的各类行动者，都是互联网传播的主体，即互联网群聚传播中的主体是多类型的极端多元主体。随着元宇宙和ChatGPT等新技术的发展，包括AI虚拟人、网络机器人在内的众多数字主体，将会继续丰富互联网群聚传播的主体类型，使互联网群聚传播主体更加多元化。同时，与之伴生的问题或许是如何理解数字主体与网民主体、组织主体、媒体主体之间的复杂关系，以及如何评判前者可能对后者造成的误导乃至操控，这些都是值得关注和警惕的。

理解了互联网传播中的多元主体，再来理解多元主体的互联网传播行为——"聚集"。互联网提供的超时空、泛传播的媒介环境，让多元主体只要能连接互联网，就可以参与聚集性的传播，从而造就了互联网群聚传播的即时化、常态化。在深度媒介化的社会，所有信息传播的主体都被新的互联网传播机制捕获，或者说都可以借助互联网传播机制产生群体聚集效应。小到个体事件的聚集性评论，大到社会议题的全民参与，都在开放的互联网平台上发生碰撞、形成叠加，体现出互联网传播的"聚集"本质，可谓是以往社会生活中非常态的集合行为（collective behavior）在互联网传播中常态化了，催生出一个多元主体聚集在互联网社交媒体上生产无限量信息的互联网群聚传播时代，或者说是催生出一个互联网社交媒体所营造的信息环境时代、拟态环境时代。

值得进一步关注的是，互联网的聚集功能不仅产生了强大的传播能量，而且塑造了传播的海浪状形态。这种强大的传播能量像大海的巨浪一样，一波紧跟着一波，究其根源，是其"因事聚集"的动力机制。互联网传播中的聚集，并非无缘而聚，而是因事而聚。因事聚集的"聚"及伴随其生成的庞大参与群体或信源的高度不确定性和信息间的互文性，才是互联网传播能量的根源。一切传播皆因"聚"而来，也可因下一次"聚"的发生，阶段性结束上一次"聚"所引发的传播。例如，因"某明星逃税被罚 1.06 亿"的群聚传播，可以结束"某明星逃税被罚 13 亿"的群聚传播，因"国足失利"开启的群聚传播，也可以结束"某明星获国家精神奖"的群聚传播。换言之，因下一个事件而"聚"的传播，结束着因上一个事件而"聚"的传播。因事聚散的更迭，成为互联网的本质特征。所以，互联网传播的聚集，是暂时而又接连不断的聚集。

互联网传播的"群聚"本质，为这个时代带来了新的活力与风险。一方面，传播的自主自由形塑了新的社交场景、社交方式和信息生产与交换方式，使网络空间的社交黏性、群体聚集的活跃性、信息的丰富性得到前所未有的增强，推动了主体意识的崛起，扩展了主体性的动力机制；而且成为可增值的社会资本，催生出新的生产方式、生活方式与消费方式，创造了巨大的商业价值、文化价值和政治价值，并在一定程度上推动了时代精神的迭代更新与社会结构的嬗变。

另一方面，极端多元的传播主体的无限量生产与传播，不仅使信息数量暴增，还造成了信源的不确定性、匿名性、无序性；权威信息的非权威化及被湮没在海量信息中，使互联网中的群聚行为带有强烈的感染性和盲从性；虚拟网络连接起来的弱关系，甚至无关系在扩大聚集规模的同时，隐含着情感和情绪的爆发力，个体情感、情绪的社会化传播形成一种常态并形成一种力量，导致网络的群聚行为如蚁群行动，隐含着"千里之堤，溃于蚁穴"的巨大破坏力；在群聚传播过程中，多元传播主体聚散瞬间化、常态化的社会表达，引发舆论快速发酵；失去理性的舆论极化并多次反转，群体的共情、移情能力得到空前释放，加剧了群聚传播引发的诸多不确定性，直逼话语权

力；最终，在互联网群聚传播的狂欢中，以表征符号映射社会结构冲突、以个体情绪裹挟公共意见，逐渐成为常态，个体事件、局部问题时常扩散为整体问题，甚至发酵为舆情海啸，不仅可以绑架任何个人、机构、企业、行业，甚至可以影响任何国家的外交政策乃至战争走向和国际格局。信息环境、象征性现实僭越了客观环境、客观现实，成为民众头脑中主观性现实形成的决定性力量，给社会认知、价值判断、行为选择、社会秩序与管理带来了风险。虚、实社会结构共变共振，活力与风险并存，正是互联网传播"群聚"本质的凸显特征。

二、群聚赋予互联网传播的新内涵

互联网群聚传播看似满足了个人主体性的建构需求，也推动着社会信息的共享与意义生产。其实，在媒介技术的赋权下，主体间的聚散关系改造了互联网传播的多元主体，使其演变为情绪先行的狂欢者与意义的再生产者，并构建了一个前所未有的社会资源配置的新型平台。因此，群聚赋予了互联网传播新的内涵。

互联网群聚传播是以传播主体为核心的关系型传播。互联网媒介的连接属性与居间者的角色，使"主体关系"成为互联网传播的始基与价值所在。传播形态的变革与媒介技术的牵引密不可分，媒介技术的每一次变革，都导致传播在时间或空间维度上产生偏倚，进而对文明的走向产生影响。随着时空边界的消融，原有的时空秩序也被打破和重构，散落在世界各处的人都能在同一时间与他人共处于同一信息场，这就为大规模的主体关系聚集提供了可能，并不断推动新的主体关系实践。新的主体关系实践包括个体、群体、民众、组织、政府职能部门等多层面的生产关系、社会关系与文化关系，表明了群聚传播是以传播主体为核心的关系型传播。群聚传播关系实践中的主体不仅是流动不居、随时生成的，而且具有意向性和超越性。主体之间的关系虽是邂逅的，却是有机融合的，是情感交织互构的。

互联网群聚传播是感性化特征凸显的情感型甚至情绪型传播。互联网技术为个人情感的社会化传播创造了介质条件，互联网群聚更是为个人情感的社会化传播提供了动力机制。这里的情感既有相对稳定而持久的共有性、结构性情感，也有短暂而强烈的情境性与极化的情绪。作为一种特殊信息，情感情绪具有传染性、累积性，情感情绪的流动推动着信息在互联网中不断地生成、变化、叠加、撞击，并依靠情感情绪的关系聚拢起来。同时，群聚传播的情感情绪偏向也带来了社会整体文化生活中感性意识的彰显。群聚传播中多元主体的传播模式和媒介表达都呈现感性化特征，这使得群聚传播成为一种多元主体日常化的感性交往实践。这种感性交往所激发的社会认同力量，不仅赋予了普通个体在关系构建时的极大选择性，还意味着感性选择成为群聚传播中主体关系建构的重要机制。

互联网群聚传播是井喷式的叙事型传播。互联网是传播和叙事的喷井，并因"井喷"而产生强烈的互文性、过度阐释、无限衍义。表面上是新媒介技术使得非线性叙事结构和交互性叙事方式成为可能，本质上是网络技术带来的多元主体共同参与群体叙事、群体传播，才使得关于同一事件的众多叙事文本组合交织在网络空间中。互联网群聚叙事超越了传统叙事中本事、底本、述本的关系，形成了事件相关体、文本集合体和具体文本的三个层面。从"本事"到"事件相关体"的演变、从"底本"到"文本集合体"的演变、从"述本"到"具体文本"的演变，可以发现三组相对应但截然不同的概念演变，能够帮助我们认知网络叙事机制，揭示出正是事件相关体、文本集合体与具体文本三个层次的关联机制协同推动叙事与传播进程。首先，具体文本与文本集合体在主题建构和表达形式等方面形成彼此指涉、互为参照的互文链。在群体传播的推动下，这种互文链渗透到社会生活中，网络叙事意义的动态层累由此形成。其次，网络文本的叙事意义经历文本集合体内部文本间相互交织的共生过程，一则，形态丰富的副文本不仅能烘托语境和勾连意义，也能促进情感召唤和情绪感染，甚至会对社会事件的现实发展造成影响；二则，通过关键词搜索、主题词关联等链接方式，具体文本的正文本和副文本，以及具体文本与同步文本、前文本、后文本之间建立起比以往任何媒介环境下都更为紧密和广泛的联系，成为网络叙事中意义不断再生的关键性推手。最后，网络文本的叙事意义也源自作者与读者的双向建构，不同阶层、群体、代际在信息接触、选择、认知、表达和传播等方面存在诸多不同，导致网络叙事文本的生成与阐释也更为复杂。人人皆有叙事和阐释的权利与机会，离散的个体化叙事在群体传播系统中被链接，并发生关系、产生互文性。在具体的阐释过程中，多元主体的二次叙述作为重要的接收与阐释环节，通过还原式、转述式以及创造式的方式对文本进行再度阐释与建构，再通过转发、评论、跟帖、回帖、链接等互联网特有的传播方式，形成过度阐释和无限衍义。多元传播主体或通过解构、借题发挥等方式对具体文本、文本集合体进行多层次的无限衍义，或在解读文本前将预设意义赋予被阐释文本，从多维度进行过度阐释。这不仅会形成多元阐释间的张力，也必然影响相关事件社会舆论的演变。这一切都是随着互联网群体的聚散叙事、聚散传播而发生和演变。

互联网群聚传播是拓展社会资源分配方式的平台型传播。凸显传播主体关系的互联网群聚传播带来了新的传播格局，给人类的信息生产方式带来了前所未有的改变。新的信息生产方式改变了大众传播时代以传者为中心的线性传播模式，构建了以互联网平台为载体的传播关系结构，赋予了普通个体的认知、情感和情绪社会化传播的可能，颠覆了信息生产者的既有身份和地位，带来了社会资源分配方式的革新。新的信息生产方式挑战了大众传媒只将社会资源配置给少数"擅写会说、能演会唱"的精英群体的模式，开启了将社会资源配置给普通个体的时代。草根网红火爆的现象说明，普通个体可以通过互联网群聚传播吸引社会注意力，可以借助社交媒体获取社会资源，进而重构资源分配关系，改变社会权力格局，部分地再生产社会结构。

三、认知互联网群聚传播的价值

互联网技术的飞速发展，为人类的新型"群居"生活打开了方便之门，也在很大程度上解构了依赖身体共在与空间实存的传统群体传播方式，一种脱身、解域，依靠符号聚集与符号想象的互联网群聚传播模式逐渐被建构起来。群体聚集从传统的身体聚集转向互联网上的注意力聚合，群体传染从接触性传染转为无接触传染，群体暗示也从现实情境转为符号情境。种种变化显影了作为主体的多元参与者在互联网传播中的意义，也标志着群聚传播时代的到来。

从学理价值层面而言，对互联网群聚传播的认知，跳出了学界长期以来"重媒介、轻主体"的研究取向，打破了技术引领媒介环境的技术决定论误区，从传播学、社会学、心理学、管理学、政治学等学科中汲取养分，从信息传播主体的角度对信息传播机制与环境，及其所倚重的媒介技术进行了重新思考和总结，揭示了互联网成为当代社会最大变量的根源是传播主体的极端多元。对互联网群聚传播的认知，从参与者和行动者的主体视角出发，为探求网络社会形态的形塑机制、网民行为动机、网络社会心理、网络关系模式及其对现实社会的影响等提供了主体性视角，指出了互联网信息传播模式、格局、结构所发生的巨变，以及由此带来的社会心理、情绪、关系等一系列改变的根源，表面上看是源于媒介技术的淫威，本质上却是媒介技术带来主体关系的改变。

整体的社会传播由偏倚传统媒体转向依赖互联网平台、由偏倚大众传播转向依赖互联网群聚传播，不仅给传播生态、文化生态、经济生态、政治生态与社会管理带来了新课题，也给大众传播（传统媒体）带来了新的挑战。因此，对互联网群聚传播的认知以"人类信息生产方式颠覆式变革"[①]的宏大视野审视互联网传播及其社会影响，将互联网群聚传播上升到了人类社会信息生产方式变革这一高度，进而观照互联网中的各类传播实践及其引发的社会问题，为传播研究确立了更广阔、更具深度和高度的研究视野和目标。

从社会实践价值层面而言，对互联网群聚传播的认知揭示了普通个体信息生产社会化的根源，阐释了赋权普通个体以信息生产者的地位、多元主体对话带来多种可能的学理依据。在人人皆为自媒体的传播环境下，对互联网

---

① 隋岩.群体传播时代：信息生产方式的变革与影响[J].中国社会科学，2018（11）：114-134，204-205.

群聚传播的认知为深刻把握互联网群聚传播的本质及内涵，把握人与媒介、人与社会的复杂关系，引导舆论，缓和极化情绪，管控社会风险以及互联网治理提供了学理思路。同时，互联网群聚传播作为一种传播现象，具有群聚选择代替媒体选择、碎片化传播代替完整传播、多向传播代替单向传播的特性，以更复杂的方式影响了互联网传播实践，带来了诸多新的问题，比如多元主体聚集带来的信息海量生产使新闻传播的"社会功能"被信息传播的"社会意义"包围和淹没，而信息又被情绪控制着；又如社交媒体狂欢中的戏谑互文解构了严肃话语、宏大叙事，思想和精神被冒犯、亵渎和吞噬；再如群聚传播的海量信息，不仅可以淹没媒体的新闻，也可以淹没企业的广告乃至企业本身——哪怕是拥有核心科技的企业，都完全有可能毁在偶发事件引发的互联网群聚传播的舆情海啸中——在被群聚传播围殴后，它的产品及其本身极有可能被群聚传播的信息海洋悄无声息地、轻松地淹没。这些新问题的直观表现是传播现象缤纷万千、传播内容纷繁庞杂，深层次则是人与人、人与自身内心、人与社会关系的改变，给社会带来的焦虑感、危机感、脆弱感等诸多负面情绪被移情、被共情。群聚传播既是互联网的生命力所在，又是互联网给社会秩序、社会管理乃至社会发展带来巨大困扰的不确定因素。

四、群聚传播不过是信息现代性的注脚

"因事聚集"的群聚传播既是互联网传播的动力机制，也是互联网传播中时间碎片化与空间叠加且加速流动的信息现代性的体现，既颠覆了线性传播的时序状态，又脱离了工业化时代的信息生产与交换的结构法则，从而促使工业化时代的时间性主导原则演变为信息化时代的信息性主导原则。易言之，从工业现代化到信息现代化，现代化进程中工具理性和价值理性的博弈今天集中呈现在群聚传播的互联网上，信息现代性的张力与悖论由此凸显。

信息传播技术的发展为人们的日常生活、整个社会的生产提供了便捷与时效。"用时间征服空间"作为工业化时代的现代性信仰，的确实现了人类的"解放"，解放了双手、双脚、身体和感官等。同时，这种现代性信仰和"解

放"进一步延伸到了信息时代,特别是移动互联网和社交媒体普及后,普通个体获得了传播主体地位和社会表达的可能性。这种过度的时间追逐也带来了线性时间的崩解,集中体现在互联网信息传播的非线性、无序化方面,使得互联网群聚传播成为一种"非制度化的传播制度",并产生了"速度的群聚"。"速度的群聚"生产着脉冲式的"流文化",不断制造着"震惊体验",只留下瞬息间存在的信息价值。在这样的传播模式下,因与果时常变得具有不确定性,甚至呈现倒置状态。

从加速社会和群聚传播两种现代性体验着手,追溯伴随现代性体验变化的时间观念变迁,由此可以揭示工业现代性的运行逻辑是以时间性为原则的[①]。相较信息传播技术变革在工业现代化社会中占据的辅助性、功能性地位,在信息现代化社会中,信息性原则成为整个社会的支配逻辑和主导性原则。也即在工业现代化到信息现代化的转变过程中,信息传播也随之完成了在经济社会中的从属地位向主导地位的跃迁。这一点突出体现为,信息传播将经济、政治、社会与文化等内容均囊括在自身框架内,并于此交织交融。这种不同于工业现代性的支配逻辑以及由此引发的人的生存境况、社会结构状态、思想文化观念等层面的变化,即"信息现代性",事实上加深了工具理性与价值理性之间的鸿沟。

其中,信息性正是"用时间征服空间",进而超越自身的结果。同时,"用时间征服空间"进而超越自身,也是"信息现代性"的根本特征。"信息现代性"的视角为移动互联网时代的传播分析拓宽了理论视野;同时,虽然立足于传播视野,对于"时间征服空间"的考察却不能局限于信息传播,而是要深入信息传播引发的社会生活状态与行动方式的转变中,深入行为方式、生活方式、生产方式与社会结构的变迁中,深入这些转变带来的文化观念、价值理念的变化中。

在信息现代化的社会中,谁掌握了技术,谁就掌握了传播,这导致工具

---

① 德国社会学家马克斯·韦伯发表《新教伦理与资本主义精神》时代的流行观念"Time Is Precious"即是工业化时代普遍的时代精神。

理性的光辉被过多强调。经媒介技术强化后的工具理性，在社交媒体中猛烈冲击甚至颠覆着人类的价值理性，并借助互联网群聚传播构筑了附带诸多不确定性的网络社会结构。作为一种文化现象，互联网允许个体通过新的媒介技术创造新的文化模式，释放主体间差异的巨大力量，生成隐喻性、互文性、指涉性极强的网络舆论场域；作为一种社会现象，互联网能够最大限度地激发作为传播主体的人的潜能，建立新型社会关系，一定程度上影响和改变整个社会的运行方式；作为一种经济平台，互联网能够通过建立新型的物质交换和信息交换关系，带来共享经济模式，拓展社会资源配置途径，参与社会结构的再生产。互联网这些错综复杂的传播现象、特点、属性，使很多经典传播学理论或重获新生，或捉襟见肘、难掩局限。而群聚传播的认知视角，即关注传播中极端多元的主体聚集，或许能让我们真正接近互联网的本质，直指信息现代性①，并加以警惕。

---

① 更有甚者，互联网群聚传播已经把信息现代性的自反性送上了时代的风口浪尖，而随着AI虚拟人、网络机器人、ChatGPT等媒介技术的成熟和扩张，信息现代性的悖论与张力将会对以信息性为主导原则的信息社会呈现出更显著的多维度、多层面的冲击，或直逼技术僭越伦理，甚至让我们真的要担忧福柯喊出的"人死了"。

群体传播时代：信息生产方式的变革与影响*

习近平总书记在纪念马克思诞辰200周年大会上的讲话中指出："今天，人类交往的世界性比过去任何时候都更深入、更广泛，各国相互联系和彼此依存比过去任何时候都更频繁、更紧密。一体化的世界就在那儿，谁拒绝这个世界，这个世界也会拒绝他。"的确，媒介技术引发的交往方式的变革，不仅改变了政治生态、社会心理、社会情绪、文化关系，而且深刻地改变了生产方式、生产关系和全球化进程。生产方式的发展，不断重构着人与自然界、人与人之间的关系。随着生产方式的日益完善，产能过剩不仅成为一种标志性的特征，还对与区域地缘紧密关联的民族分工提出了新的挑战。如同马克思、恩格斯曾经预言的："各民族的原始封闭状态由于日益完善的生产方式、交往以及因交往而自然形成的不同民族之间的分工消灭得越是彻底，历史也就越是成为世界历史。"①可见，在世界逐渐走向一体化的今天，我们应当把更多的精力对焦于人与人之间关系的变化，信息生产方式则是其中的关键节点。

一、群体传播时代的来临及原因

我们赋予了这个时代很多称谓：互联网时代、新媒体时代、数字时代、

---

* 本文原载于《中国社会科学》2018年第11期，被《新华文摘》2019年第7期全文转载，获北京市第十六届哲学社会科学优秀成果奖一等奖，收入本书时略有删改。
① 中共中央马克思恩格斯列宁斯大林著作编译局.马克思恩格斯选集（第1卷）[M].北京：人民出版社，2012：168.

移动互联网时代、社交媒体时代、社会化媒体时代、自媒体时代等，这些称谓无论怎样尽述这个时代的特征，都是从传播介质即媒介工具的角度去认知、定义的，而相较于工具来说，人的角度，即从传播主体的角度来理解这个时代，也许才能真正接近时代的本质。从这个意义上说，我们已经进入一个以互联网为传播介质的、传播主体极端多元化的时代，即互联网群体传播时代。传播主体极端多元化无疑改变了人类社会的信息生产方式：过去，生产信息的是《人民日报》、中央电视台、CNN、BBC等传统媒体；今天，这些媒体与他们的读者、听众、观众一起生产信息，或者说是生存在这个世界上的每一个普通人与媒体共同生产、传播信息，因为每一个普通人都手握媒介。不仅如此，无论在数量、时效还是影响力等方面，非职业化的普通人所生产的信息，都强烈冲击着职业化的媒体。更为重要的是，信息生产方式的改变，如同经济生产方式的改变一样，给社会带来的影响是全方位的：无论是政治生态、社会关系、经济形式，还是社会情绪、社会心理的变化多端，都与传播主体极端多元化的信息生产方式密切相关。这一传播特性以及由其引发的时代特征均凸显于当代中国社会，但又不局限于中国社会，所以本文聚焦中国社会，却又难与全球社会分离孤立而论，这或许是因为互联网群体传播本身就是全球化的现象。

一个"人人生产信息、传播无处不在"的后大众传播时代的群体传播时代已经来临。[①] 究其原因，产能过剩带来的消费者主体性的凸显，是群体传播得以彰显的时代语境，媒介技术的快速发展是其直接诱因。

产能过剩提升消费者主体性是群体传播时代莅临的社会土壤。在古典经济学中，生产居于核心地位，消费被视为生产的逻辑结果，屈居次要地位。随着工业革命的深化和市场经济的繁荣，产品供应大大超过了消费者的需求，社会产品总体上显得相对过剩和饱和。[②] 社会学者齐格蒙特·鲍曼早已敏锐地

---

① 隋岩，曹飞.论群体传播时代的莅临[J].北京大学学报（哲学社会科学版），2012，49（5）：139–147.
② 张卫良.20世纪西方社会关于"消费社会"的讨论[J].国外社会科学，2004（5）：34–40.

察觉到了这一社会现象,把现代社会分为"生产社会"和"消费社会"。① 消费社会的莅临不仅是经济结构和经济形式的转变,也是一种整体性的文化转变。近年来,随着产能扩大,许多新兴产业也出现了严重的产能过剩现象,② 以消费拉动生产成为生产与消费的新型逻辑。这一现象的直接后果就是提升了中国消费者的主体地位。

产能过剩现象从实体经济领域蔓延至虚拟经济领域,尤其是信息泛滥的传播领域。大众传播时代的后期就已然形成了成熟的工业化流水线的信息生产模式,呈现了信息产品产能过剩的趋势。生产媒介产品的重要性,已经让位于对媒介产品的推销和对受众资源的争夺。从信息生产链条来看,被生产的海量信息只有成功抵达受众,才算完成了流水线的最终环节。广告业的发达也折射出受众(消费者)已成为传媒产业完整信息传播过程中最为重要的对象。因此,大众传媒时代后期消费者已经成为信息生产者争夺的重要资源,收视率、收听率、订阅数已经成为衡量传媒机构效益与影响力的重要指标。这些现象都说明,在信息交换的买方市场中,消费者的地位和主体性大为提高,取代了内容生产者,成为传播活动的中心。这一变化在理论研究领域也早有直接反映,麦奎尔等人提出的"受众中心模式"③虽一度受到冷落,但终究取代了传统的"传者中心"论,个体的使用满足需求、信息需求等从受众需求出发的研究比重不断增加。

互联网技术的发展,使人类社会从以大众传媒为传播主体的大众传播时代,进入传播主体极端多元化的互联网群体传播时代,信息产品过剩的现象更为严重,带来的直观感受就是海量信息的涌现,带来的最深刻影响就是信息生产方式的变革。依赖搜索引擎查询信息已是人人在做的平常之事,被动

---

① 鲍曼.全球化:人类的后果[M].郭国良,徐建华,译.北京:商务印书馆,2001:76.
② 国务院发展研究中心《进一步化解产能过剩的政策研究》课题组,赵昌文,许召元,等.当前我国产能过剩的特征、风险及对策研究:基于实地调研及微观数据的分析[J].管理世界,2015(4):1–10.
③ 麦奎尔,温德尔.大众传播模式论[M].祝建华,武伟,译.上海:上海译文出版社,1987:102–114.

接受信息的"受众"已不复存在,取而代之的是主动搜索、定制个性化服务的"用户"。随之而来的"互联网思维"转型中,最深刻的变化是传播活动从大众传播时代晚期的"受众中心",转向市场思维导向的"用户驱动"。整个产业环境和传播模式都以用户(消费者)的需求为主导,用户的访问量成为传播链条中最至关重要的环节。这一趋势加剧了受众(消费者)获取信息的主导性和主体性,受众(消费者)的主体地位得到进一步凸显。

互联网群体传播时代,消费者已经取代生产者成为新的传播主体,充分体现在信息获取、交流、扩散等多个环节。得益于互联网媒介的便捷、高效,互联网用户越来越积极主动地参与信息的生产与传播,以往单向的线性传播模式变成平等互动的网状传播模式。这使得生产者和消费者的角色定位日渐模糊,每个人都能成为群体传播中的传播主体和信息中转站。同时,正如阿尔都塞文化对主体性的建构论[①]所示,今天的受众(消费者)的主体性也被互联网的传播特性重构着。"随着社会媒介化程度的空前提高,无论在认识论上还是在实践论上,都对人类的主体性进行了重构。"[②]可见,产能过剩带来了从生产者到消费者主体地位的变化,这一变化随着互联网在媒介传播领域的扩张得到了进一步放大,为群体传播的常态化发展奠定了坚实的社会基础。

移动互联网技术使群体传播常态化是互联网群体传播时代莅临的外在直接表现。互联网传播活动中虽同时有人际传播、群体传播、组织传播、大众传播四种传播形态,同时具有这四种形态的属性和特征,但其本质属性和本质特征是群体传播。对于传播活动来说,传播效果是最重要的,而信源无疑是影响传播效果的诸多因素中最重要的一项,信源是否明确显然比传播人数的多寡对传播效果的影响更为重要,因此,群体传播中信源的不确定性才是它与人际传播的根本区别,较之经典传播学理论以人数多少来区分群体传播与人际传播的判断,显然更具有说服力。有些学者将组织传播与群体传播混为一谈,其实二者之间的根本区别一眼可见:组织传播有着明确的管理主体,

---

① 隋岩.媒介文化与传播[M].北京:中国广播影视出版社,2015:203-219.
② 夏德元.个体传播地位的历史变迁与传育的时代命题[J].复旦学报(社会科学版),2012(6):76-83,129.

如企业文化、学校教育中的企业和校方,而群体传播最显著的特征就是没有管理主体;大众传播的专业化、职业化、高度组织化、制度化、中心化更是与群体传播泾渭分明。可见,群体传播的非制度化、非中心化、缺乏管理主体性、自发性、平等性、交互性,尤其是信源不确定性及由此引发的集合行为中的群体盲从性、群体感染性,成为其区别于其他传播形态的凸显特征。这些特征恰恰是互联网传播的主要特性,只是互联网群体传播进一步强化、凸显了传统群体传播的这些特征:传播主体更加多元化,传播行为更加自发、平等、交互,信源更为不确定,集合行为更具传染性、盲从性。

群体传播原本是固有的一种社会传播形态,需要因事聚集的缘由和因事聚集的物理空间这两个条件才能发生。换句话说,在互联网技术普及之前,也会缘于楼倒桥塌等突发事件导致人群聚集于事发地而产生传播活动。只是在今天,转型社会无疑提供了更多因事聚集的缘由,互联网则替代了以往因事聚集所需的物理空间,较之现实物理空间的聚集更为低成本、高效率,至此,群体传播所需要的两个条件被随时随地、时时刻刻地满足着,甚至日益常态化。也就是说,移动互联网使社会处于网络无处不在的传播环境中,虚拟空间与现实世界不再有楚河汉界之分,反而彼此渗透、深度融合,网络互动成为人们真实社会生活中的重要组成部分。以微信为例,每天超过 8 亿的活跃用户通过微信进行大量的信息传播活动,不断更新的朋友圈、不停流转的资讯信息,已经成为跨越多个年龄层和覆盖各个领域的生活常态,微信成为人们获取信息、工作、娱乐、交友的重要途径,成为生活的组成部分,甚至成为日常生活本身。

多年前互联网的出现开启了信息使用的新方式,今天移动互联网的应用进一步加大了人们与网络的连接强度,突破了空间位置对传播行为的束缚,无线通信技术的不断提升和智能手机的普及,使得网络信息传播从定点连接跨越到了移动互联阶段。从 PC 互联网到移动互联网时代,几年前的"人随网走"已经变为今天的"网随人动",用户真正实现了随时随地与网络、信息、他人保持连接。手机的移动性、便携性和智能性,使得人们的日常生活发生了巨大的改变:出门可以不带报纸、不带地图、不带相机、不带通讯录,甚至不带钱包,只要确保手机时刻在手。人们的生活已经与移动互联的智能手机深度"绑定"。移动互联网在提供大量信息与服务的同时,极大地改变了时间和空间的原本意义,颠覆了人类几千年来的时空感知与生活经验。时间的划分不再按照自然变化、时区分割,而只有使用互联网和不使用互联网两种区别。空间在移动互联网时代失去了物理意义,只要条件允许,任何地点都可以接入互联网,位置在互联网交流中失去了意义。移动互联网使人类彻底处于一个可以随时随地参与传播、建立关系、沟通情感的环境中,一个以群体传播为核心特征的互动连接网络中。这些都为以互联网为"物理空间"的群体传播常态化提供了技术保证。

二、群体传播改变了媒介格局

媒介格局的改变或可归因于互联网传播主体的极端多元化。在互联网普及之前,社会传播主体主要是大众传媒,即大众传播是信息生产的主要甚至唯一方式。互联网的普及使传播主体极端多元庞杂,有观点将传播主体划分为UGC(User-Generated Content,用户生产内容)、PGC(Professionally-Generated Content,专业生产内容)和OGC(Occupationally-Generated Content,职业生产内容)三类。也即传统媒体、社会化媒体、自媒体、营销组织、兴趣小组、个人等各种主体,杂糅地参与互联网的信息传播活动,共同构成社会传播主体,从而成为媒介格局演变的根本诱因。

互联网传播主体的极端多元化,带来了密切的信息交换、认知互动、社会交往、情绪互动,成为新的信息生产和传播方式,是媒介格局改变的外在表现,从传播形态来看,则是群体传播与其他传播形态之间关系的演变。

(一)媒介格局的改变体现在大众传播与群体传播既博弈又合作的关系上

互联网技术助力下新型群体传播的强势登场,增加了新的信息生产与传播方式,颠覆了大众传播的垄断地位,蚕食了大众传播的受众市场,使传统媒体在信息垄断、市场占有和公信力等方面受到多重冲击,两种传播形态的不同属性也决定了博弈的必然性：其一，大众传播作为一种专业化的权威传播、垄断传播，必然希望大众作顺从式的解读，群体传播作为一种自发聚集的传播形态，参与者之间的解读或许是协商式，或许是对抗式，即两种传播形态的受众解读方式天然不容。其二，大众传播是一种中心化的单向传播，在传播与接受的过程中，个体是"缺场"和被动的，群体传播是一种去中心化的扩散式传播，在传播与接受的过程中，个体是"在场"和主动的，即个体在两种传播形态中的地位截然不同。其三，大众传播是居高临下的，常常给信息接受者带来审美疲劳，群体传播在信息分享中思考质疑，且不乏戏谑化的快感，即受众在两种传播形态中的感受相异。其四，大众传播追求绝对的权威性，群体传播需要一个被颠覆的权威对象，甚至预设颠覆性立场，即两种传播形态的主观出发点大相径庭。由此可见，二者的博弈在所难免。

在博弈的同时，大众传播借助群体传播增强自身的传播效果，是传统媒体普遍运用官方微博和微信公众号的主要目的，也是两种传播形态合作的明显表现。《新媒体蓝皮书：中国新媒体发展报告 No.7（2016）》显示，截至 2015 年 8 月，传统媒体的微博数量达 17,323 个；截至 2016 年 2 月，泛媒体类微信公众号超过 250 万；超过九成的传统媒体都建立了专门的"两微一端"人才队伍，[①] 借力互联网群体传播已是大众传播扩大影响力的重要手段。整体上看，大众传播在四个层面使自身的影响力、关注度和传播效率得到大幅度提升。第一，就传播模式与渠道而言，大众传播依托微博、微信搭建起一个可与用户自由交流的互动平台，激发了民众参与其中的积极性。在这个平台上发布的信息、形成的观点都可以通过"转发"功能在社交网络中扩散蔓延，借助活跃的群体传播发酵为微博上的热门话题或朋友圈中的热门事件。第二，就传播姿态而言，大众媒体在"两微一端"上不再居高临下地传播信息，而是通过活泼、亲切、接地气的"人格化"表达方式淡化其在民众心中的刻板印象（如《环球时报》自称"耿直哥"，《新京报》自称"新君"），并尽可能

---

① 中国社会科学院新闻与传播研究所.新媒体蓝皮书：中国新媒体发展报告 No.7（2016）[R].北京：社会科学文献出版社，2016.

及时、积极地与民众展开互动协商，促进了官方舆论场与民间舆论场的交融。第三，就传播形式而言，传统媒体利用图、文、音频、视频、3D动画等多媒体功能和VR、H5等新兴技术将信息传播变得新奇有趣。第四，就传播的时效与频率而言，大众媒体每日在官微多次发布信息，在微信公众号进行至少一次推送，具有及时、灵活、高频次的特点。"微传播"既帮助传统媒体突破了报刊印销时间、节目播出时间的限制，又契合了现代人快节奏的生活方式和碎片化的信息获取方式。

  传播效果分为认知改变、态度改变、行为改变三个递进的层面。大众传播虽然覆盖面广、专业化程度高，但一般只限于认知层面的传播效果。群体传播是群体成员主动参与的传播活动，在态度改变和行为改变两个层面的传播效果往往比大众传播更为成功。所以，群体传播与大众传播在不同层面发挥传播效果，是大众传播寻求与群体传播合作的根本原因，为网民提供关注、解读、评论、转发的参与机会，则是大众传播借助群体传播寻求传播效果不得已而为之的手段。

  不过，群体传播的凸显并非意味着大众传播的绝对式微，在网络化的传播结构中，大众传播依然占据着重要的节点位置，在多个领域与社会化媒体中展开博弈，包括对自身传播渠道的建设、对消息源的控制等。互联网带来的传播渠道和方式的不断创新和变革，也使得传统媒介组织的信息加工过程不断发生变化。"美国在线"的生产模式就是每位编辑根据四个因素来确定应该报道什么内容，即流量潜力、收益潜力、交稿时间和编辑质量，编辑的工作就是以最低的成本在最短的时间内完成最有可能流行的内容。[①] 传统媒介组织的高质量产出一定程度上依然影响着互联网群体传播的内容生产，依然实施着议程设置功能。由于互联网群体传播中传播主体的极端多元化，无论个体还是组织都具有成为信源的可能，使把关的功能极大弱化，众多网络谣言、网络诈骗、虚假低俗信息的广泛流传，使得准确、可靠、正面的信息内容弥足珍贵。尽管网络具有一定的自我净化功能和信息多维验证能力，但仍然需

---

① 约翰逊.信息节食［M］.刘静，译.北京：人民邮电出版社，2014：4.

要专业化、负责任的媒介组织的新闻资讯报道。尤其是突发事件发生后,在社会恐慌情绪扩散的情况下,大众媒体权威、专业、及时的信息披露能力是其他信息传播节点无法比拟的。信息传播不完全属于经济行为,不能完全依赖市场自身的调节,大众媒介组织在舆论扩散和价值引导方面依然不乏自身优势。

由此可见,互联网群体传播离不开大众媒介组织提供准确、负责任的信息报道。相对于有限的注意力资源和信息处理能力,海量信息仍然需要专业媒介的加工和处理。同时,大量碎片化、零散化、真伪不明的信息也需要权威媒介的系统把关、整理和输出。互联网传播需要大众传播和群体传播的相互补充,只有这样才能构建起信息互补的传播生态环境。

(二)媒介格局的改变体现在组织传播对群体传播的巧妙利用上

互联网群体传播中包含了人际传播、群体传播、组织传播、大众传播四种传播形态,但不是这些传播形态的简单叠加。从各种网络营销事件中,我们可以透视组织传播对群体传播的巧妙利用。

理解组织传播与群体传播两种传播形态的差异,应该先从"组织"与"群体"两个概念的不同点入手。组织虽然也是一种群体形式,但马克斯·韦伯认为,是否存在"管理主体"是区别群体和组织的标准。与一般群体相比,组织具有成员各安其位、各司其职、各负其责的三大特点。[①]费孝通主持编写的《社会学概论》一书认为,构成组织的五个条件分别是:经过挑选的人员组成的互相依赖、彼此合作的集体,固定的目标,具有规范性的组织章程,一个权威的领导体系,一定的物质基础和技术设备。[②]具体到传播形态上,组织传播是有共同目标、有指挥管理、有责任分工的团体协作行为,信息多为指令性、宣教性和劝服性内容,沿着从组织核心到内部成员的路径进行传播。而群体传播泛指组织之外的一般群体的传播模式,信息内容、信息流向、群

---

① 韦伯,温克尔曼.经济与社会:下[M].林荣远,译.北京:商务印书馆,1997:246.
②《社会学概论》编写组.社会学概论(试讲本)[M].天津:天津人民出版社,1983:102-103.

体中成员的关系都更为复杂多元，亦不存在统一的领导与管理。

现代企业是最典型的一种组织，企业最典型的传播行为就是市场营销。得益于领导和管理主体的存在，组织传播在组织内或许能够达成颇为理想的传播效果，如企业文化。但组织传播的强管理、强链接模式无法作用于组织边界以外，一旦企业有了面向外部的传播需求，就必然要借助其他的传播模式，以达成传播效力的扩大化。在大众传播称霸的时代，企业营销主要通过大众媒体向市场投放广告，在大众视野中展示和推销商品。随着以互联网为平台的社会化媒体的兴起和各类移动终端的普及，企业在大众媒体上投放广告的效果明显下降，广告数量，连续下滑。近年来，全球报纸、广播、电视等传统媒体的广告投放量增长放缓，甚至出现相当程度下滑的趋势。CTR媒介智讯数据显示，2016年中国广告市场整体降幅是0.6%，较2015年2.9%的降幅有所收窄。传统五大媒体广告花费下降6.0%，对市场整体仍有明显的下拉作用。电视广告花费同比下降3.7%。在移动互联网的推动下，互联网广告增长18.5%。[①] 足见，在互联网传播环境下，网络营销已成大势，对大众传媒广告形成了强烈冲击，并有逐步取代之势。而从本质上讲，网络营销就是组织传播对群体传播的利用。

网红推动是网络营销的一个代表，而网络营销事件的发源地一般是用户活跃度较高的论坛、贴吧和微博。营销团队运用组织化的方式管理了一个因商业目的而聚集的临时群体，源于利用群体传播，人人可以发声、人人可以传播信息的特点。这样的利用无论从目标还是行动上都有一致性，产生远超组织的影响力。网络营销借助群体传播中的从众心理和羊群效应，短期内迅速升温的帖子很容易引起网民的好奇心与关注度，带来不可估量的社会传播力、影响力。可见，组织化的网络营销一定程度上实现了群体传播环境中的议程设置功能，也被冠以"病毒式传播"的称号。

值得注意的是，在利用群体传播的市场营销带来巨大收益的同时，组织

---

① 2016中国广告市场及传播趋势［EB/OL］.（2017-03-10）［2018-04-06］.https://www.cnad.com/show/525/279393.html.

传播也引发了不少新问题。网络营销以经济利润为终极目标，功利色彩极强。推手们在实现利益最大化的过程中，往往无视公序良俗与主流价值观，或以无底线的炒作迎合大众趣味中最庸俗粗鄙的一面，或借热点事件、突发事件之力散布谣言，游走于法律和道德的灰色地带。网络营销本是有策划、有组织的统一行动，却需要借助无组织、无管理主体的群体传播的网络关系达成最佳的传播效果，其中人为的操纵一直掩藏在看似自主、自发的个体化信息生产的背后，极具隐蔽性，有时甚至带有误导性和欺骗性。实际上，在大部分网络营销事件中，除了组织管理者和水军了解真相外，围观或参与其中的网民很难辨别真伪，却充当了传播者和信息中转站。从最初散乱的独立推手、小规模组织到专业化、产业化的经营机构，网络营销也在不断更新发展，已经涉及人物炒作、事件营销、口碑营销、危机公关等多个领域。组织传播和群体传播共同作用才能使传播效果迅速放大。在群体传播无管理、去中心、泛娱乐的消解性重构解读中，组织传播对群体传播隐蔽的商业化利用目的或许已悄然实现。

（三）媒介格局的改变体现在群体传播和人际传播的互相作用上

一方面，群体传播的致命弱是信源不确定导致的信息可信度低，借助人际传播使信源确定下来，成为群体传播突破自身局限的关键，从而引发传播效果的进一步加强。

在四种传播形态中，唯有群体传播的信源不确定。大众传播的信息有专业媒介机构把关，组织传播的信源来自组织的管理主体，人际传播靠彼此信任的人际关系，这三种情形下传播的信息的信源明确且可信度高。群体传播是非组织化群体进行的信息传播活动，具有随机性、非组织化、无管理主体等特征，信源往往不明确或可信度低，没有责任主体，相较于其他传播形态更容易产生信息，但不明确的信源会严重影响传播效果的发挥。

以微博、微信为代表的社会化媒体传播前所未有地整合了群体传播和人际传播两种形态，通过人与人之间的信任关系增强信源的可信度，让群体传播的不明消息顺理成章地"合法化"，大大提高了群体传播的传播效果。美国学者琼斯曾指出："虚拟社群最关键的不是构建者，也不是使用者，而应该是在使用过程中所发展的网络互动的整体现象。"① 质言之，这种网络互动现象就是本文所讨论的互联网群体传播，这种互动是人际传播和群体传播的互相利用和彼此结合，深刻地影响着使用者之间的传播模式与社会关系。虽然群体传播滋生、扩散信息的功能强大，但滋生于群体传播的信息因信源不确定而公信力、影响力有限。不过，信息从群体传播流向人际传播后，人际传播的"信源美化"作用就启动了，接续而来的影响力就产生了。互联网的群体传播不是一种临时性因事聚集状态，而是一种由人际关系连接与群体自由聚集共同形成的稳定和长期的存在，并形成持续的信息流动，从而带来前所未有的、强大的传播效果。

另一方面，人际传播依靠群体传播拓展了人际交往的具体形式，借助群体的扩散速度和范围增强了传播效果。人际传播是人类最古老、最持久的传播形态，历经口语传播时代、文字传播时代、电子传播时代以及如今的互联网传播时代，成为贯穿整个人类活动的基本传播方式。在前三种传播形态社会中，人际传播都是具有明确地理属性的一对一信息交流活动。互联网传播中的人际传播已经与农业社会、工业文明时代的人际传播明显不同。互联网以其独特的传播方式使人类社会的交往行为超越了具体的时空场景，达成了随时随地的互动和分享。如今的人际传播已经带有互联网时代媒介化社交的鲜明烙印，"在线"变得比"在场"更加重要，互联网群体传播比现实生活中的人际传播更加积极、活跃。例如，人们经常在聚餐或谋面时沉浸于移动终端的社交媒体，这说明相较于物理空间中面对面的人际交往，人们已经更习惯在网络媒介的虚拟环境中进行互动。

脱离了物理空间束缚的人际传播，结合群体传播的途径，进一步延伸了人际交往的具体形式。社交软件中的人际互动不仅保持随时在线、信息不停流转、快速传播等特点，还极大地拓展了传统人际传播的范围。熟人

---

① 黄彪文，殷美香.在个体与集体间流动：论虚拟社群的参与动机与交往基础[J].国际新闻界，2014，36（9）：6-19.

社交能因发言、点赞、评论、私信聊天以及收发红包、转账等小型经济活动而得以强化，而陌生人社交则因趣味和话题等个性化因素得以聚合和延展。① 微信朋友圈是个很好的例证。微信是以强关系为主、弱关系为辅的人际交往平台，朋友圈在此基础上拥有了一对多的群体传播功能。其中，在朋友圈向好友展示自我的"晒"文化是社交媒体时代最重要的个体传播行为。"晒""炫""秀"同是英文单词"show"（表演）的表达，这个词直接反映了个体的表演欲望。用戈夫曼的拟剧论观点看，这种"晒"行为完美实现了人们的"前台表演"功能。朋友圈提供了表演舞台，微信中的人际关系提供了切实存在的具体观众。企鹅智酷2016年3月21日发布的《微信影响力报告》显示，朋友圈信息流中，用户更关心好友发布的生活状态，关注度占61.4%。② 也就是说，相较于其他转发的一般信息，人们更在意他人的"表演"信息。在这个由亲密关系组成的首属群体环境下，演员和观众合力完成了互联网独特的人际传播模式。"晒"的行为是表演者主动发出的有意识、有目的的表演活动，这种表演不是大众传播中对广大陌生观众的演员式表演，而是在真实的环境中展现理想化的自我。人们既将经过筛选和美化打造的个人形象展现给明确、熟知的人际所属群体，利用社交媒体进行"印象管理"，又密切关注朋友圈中他人展示的生活动向，通过点赞与评论行为保持互动关系，积累人脉与社会资本。点赞和评论功能很好地实现了剧场的观众效果，促进了这种表演欲望的展现。当人们明确、直接、真切地感受到来自"观众"的赞扬和点评时，个体的身份建构和自我认同能得到进一步加深。同时，朋友圈的好友分组、不让他人看、提醒他人看等功能，使表演者可以划定人际交往的不同圈子，相当于圈定了个人信息的共享系统和展示平台，极大地方便了用户对某个圈子的观众进行定向表演，使网络社交表演的内容、方式和目标观众都极为灵活多样、自由可控。朋友圈上演的不是个体的独角戏，而是

---

① 范红霞.移动互联网时代的信息传播与社交模式变革：以微信传播为例［J］.新闻爱好者，2016（8）：9-12.
② 企鹅智酷 | 微信报告：47页PPT看懂微信五大业务［R/OL］.（2016-03-21）［2018-04-06］.http://tech.qq.com/a/20160321/007049.htm#p=4.

表演者与观众之间渗透着双方情绪与情感的互动式"晒"与"赞"的行为,完美实现了人生的戏剧表演,搭建了一个由亲密关系组成的小剧场环境。互联网群体传播环境在强化人际传播行为的同时,进一步丰富了人际传播的内容与形式,满足用户人际交往与自我展示的社会心理需求,使用户对"社交网络服务"(SNS)产生黏性。

从社会学研究角度看,首属群体和次级群体对人的社会化起着决定性作用,微信好友是从首属群体出发连接次级群体,兼具私密与开放双重属性,把个人在社会中最重要的群体关系和交往行为全部纳入其中。里德定律(Reed's law)认为,互联网的价值绝大多数来自作为群体构建工具的作用。实际上,互联网既构建群体,也打通群体,能够跨越兴趣、阶层、地域的隔阂,将全部的群体关系整合起来,形成群体内部、群体之间的互动,从而产生堪比大众传播覆盖面的影响效果。同时,便捷的传播方式使人际传播的传播链条拉得更长。过去人际传播的信息更多的是在确定人数的有限范围内进行,之后再经过人际传播方式进行二次、多次传播的可能性逐级递减。互联网群体传播环境使信息沿人际传播网络不断进行共时性裂变,人们的交际内容、形式、范围和速度都发生了巨大的变化,由此产生的传播效果也是传统人际传播远远无法比拟的。

所以,在人际传播和群体传播的双重作用下,互联网传播产生了各自单独形态无法实现的传播效果,这两种非组织化的传播形态的结合对社会信息生产方式的变革影响深远。

三、群体传播促进了普通个体认知和情绪的社会化传播

社交媒体普及之前,任何思想情感、认知判断进行社会化传播的唯一渠道是大众传媒——报纸、期刊、广播、电视,而能够借助大众传媒进行社会化传播的只有社会精英。对于普通人来说,社会化传播的范围仅局限于亲朋好友、同事邻里。互联网群体传播不仅外在地形塑了竞争与合作并存的媒介格局,也内在地触发了人类感知模式、情感模式、交往行为与传播机制的颠

覆性变革。这场变革的重要特征之一，就是普通个体的认知与情绪的社会化传播，即在媒介化社会中，普通个体的思想情感、认知判断可以通过互联网群体传播表达出来，甚至演化为整个社会的普遍认知与情绪。

社交媒体带来的普通个体情绪的广泛社会化传播，已得到学界的关注，近年来逐渐被联系到与个体认知的关系上。① 个体信息所承载的认知与情绪是紧密联系的递进关系，如美国心理学家阿诺德提出的"兴奋—评定"理论所言，人类的情绪不会在客观环境的刺激下直接产生，而是经过认知评价才能够确定，即认知对情绪体验有着决定性作用。② 因此，研究者应该充分考虑两者之间的有机关联，以更宽广的视野将不同的研究领域统合起来。此外，个体认知、情绪的社会化传播是个变动不居的动态过程，静态的特征分析和宏观的理论构建都难以把握其全貌。基于此，本文更注重从信息生产方式入手，结合群体传播的特性对普通个体认知与情绪的社会化传播作出诠释。

（一）认知与情绪是信息本体的一部分

从结构主义符号学的观点来看，在人类的传播活动中，信息是一种由能指和所指联合构成的符号。③ 能指是信息的外在样态和物质载体，而所指是信息背后约定俗成的概念或被广泛认可的意义。经典传播符号学最为关切的，就是被信息符号携带的意义如何在传播活动中生成。这种研究取向有意无意地将信息符号的所指过度理论化和抽象化了。

实际上，作为符号的信息是极其复杂的表意系统，系统背后的"所指布局"恰似一个多层次的"冰山结构"。首先，所指中包含着消息类、常识性的既成事实，这是最表面、最直观的部分。人们收听、收看新闻主要就是在这个

---

① 有学者从认知传播学中寻找理论资源，意欲结合神经科学等自然科学探索人类认知传播的基本规律，构建本土化的学科框架，但尚未具体触及个体认知的群体传播问题。
② 乔建中．情绪研究：理论与方法［M］．南京：南京师范大学出版社，2003：23-25．
③ 索绪尔．普通语言学教程［M］．高名凯，译．北京：商务印书馆,1980:100-102.索绪尔提出，语言是由能指（音响形象）与所指（概念）相联结而构成的符号。这不仅成了索绪尔语言学的逻辑起点与根本看法，也将解构主义符号学作为一种认识论和方法论引入人文社会科学中的诸多领域。

层面获取信息，从而达成对客观世界的认识和了解。其次，除去这些相对客观、理性的部分，信息所指还承载着个体认知、观念、态度、情绪等主观感受和体验，即信息的所指不仅包括共识性的制度规范，还包括个性化的精神内涵，它们在特定的历史文化结构中、在理性和智性的观念中——而不仅是在具体事实的层面上——被传播和接受。它们既向外连接着客观世界，也深受个体信仰、意志、立场的影响；既有可能是经过个体理性的分析、推演、提炼而形成的成熟观点，也有可能是未经缜密思考而粗率表达的临时看法。最后，在最深层的所指结构中，还沉淀着个体无意识的原始冲动和本能欲望。

整体上看，针对这种"冰山"构型，有两点值得强调：第一，"冰山"愈深层的部分愈加私人化、主观化、感性化；第二，这些主观化的部分并非信息符号的装饰与点缀，而是在本体论的意义上从属于信息符号。因此，信息的传播绝不仅是事实、意义的传播，还是个体认知、思想、情绪、无意识的扩张。人类在对客观世界进行认知的基础上产生情绪，二者都会随着个体信息的表达传递出去。只不过有些主观认知与情感通过信息符号的外在形式（音响、文字、图像等）得到了明确、直接的表达，另一些则隐藏在形式的间隙或文字的沉默之处，等待人们的发掘和解读。相较于信息符号的事实内容和意义内涵，这些或显或隐的主观部分兼具理性和非理性的特征，且处在纷繁复杂、变幻莫测的状态中，虽然难以量化，却潜在地具有强大的感染力与传播力。

（二）前互联网时代的话语垄断与才能偏倚

任何信息符号都必然带有传播者的主观感知与情绪的底色，认知与情绪的传播是传播学研究的题中应有之义，更是当下互联网群体传播语境下的重大议题。但是在以往的历史环境和传播渠道中，普通个体没有取得面向社会大众生产与传播信息的权力或能力。

在工业社会来临之前，由于受到交通条件与传媒条件的双重限制，人类的传播活动以口语传播和文字传播为主，以传统人际传播、群体传播、组织传播为具体传播模式。在这个阶段，绝大多数人只能在小范围内实现信息共享与情感互动，只有两类人能够以个人名义进行信息生产与社会化传播。第一类是君主、教皇等领袖人物，他们凭借政治、宗教特权实现个体信息的社会化传播，这种传播模式在本质上属于一种强力组织传播。此类信息以诏令等公文形式发布，制度化的行文规范基本过滤了信息的主观感情色彩，所表达的是统治者基于其个人理性认知的治国理念与方略。只不过在特殊情况下，统治者会在诏书中注入强烈的个人情感与情绪，以达成安抚民心、稳固统治的政治效果，最典型的例子是中国古代帝王引咎自责的"罪己诏"。第二类是辩士、学者等精英知识分子。无论是古希腊、古罗马的哲学家、演说家在城市广场上的公开演讲、辩论，还是我国春秋战国时期以稷下学派为中心的诸子百家争鸣，传播者都是凭借高超的演说技巧与出色的辩论才华将自身的政治、思想学说传播出去的，这种公众演讲、学术沙龙在本质上属于特定物理时空内的群体传播。口才、辩才不足者，如果文字能力足够出众，也能够名扬于时、名垂于世。值得注意的是，以上两种形式的群体传播主要在学术精英、社会名流的圈子中进行，媒介载体的落后、传播时空的限定、信息内容的深奥，都使得个体认知难以实现更大范围的社会化传播。

大众媒介将人类社会引入以印刷传播和电子传播为主的机械复制时代，报纸、杂志、书籍、广播、电视等专业媒体将大批量的信息送入"寻常百姓家"。然而，"寻常百姓"只能在传播链条的终端被动接收信息，无法绕过自上而下的大众传播进行个体化的信息生产。在大众传播中，个体认知的表达仅限于具备与大众媒介特质相契合的表达能力的少数个体。随着各类大众媒介的兴衰更替，少数传播个体的表达才能也向不同方面偏移。与此相应，信息生产方式和艺术表现形态也在发生变化。

在以报刊、书籍等印刷媒介为主导的时代，必须以文字为符号、印刷媒介为载体进行社会化传播，这就给传播者提出了"善写"的要求，即运用语言文字阐明观点、抒发感情的能力。广播与印刷媒介的不同之处主要在于两点：一是相较于讲求理性、逻辑的文字符号，以声音为介质的播音艺术直接诉诸人类的听觉，更具音韵美与亲切感；二是相较于纸质载体，通过无线电信号传播的广播更具有即时性与特定时空的现场感。这种媒介条件给传播者提出了"善说"的要求,即能够清晰、流畅、准确、生动地进行有声语言表达的能力。继广播之后,电视成为大众传媒中影响力最大、覆盖面最广的综合性媒介,最显著的特点是融视、听于一体,通过鲜明直观、生动多彩的影像符号传递信息,带来的现场感和冲击力比广播更为强烈。

从印刷媒介要求"善写",到广播媒介要求"善说",再到电视媒介要求一种综合了相貌、口才、镜头感的整体表现力,大众传媒对传播者表达能力的需求脉络清晰可见。一定程度上甚至可以说,主导媒体造成了某类人对表达权的垄断——"善写者"垄断了书刊,"善说者"垄断了广播,"善演者"垄断了电视。从个体的角度来看,只有具备与传媒特性紧密相关的特定才能,才能借助大众传播实现个体信息社会化传播,不具备相应才能的普通人则难以跨入大众传播的门槛。

值得注意的是,大众传播中的个体表达存在着社会化与主体性的悖论:当个体以某种才华站到了大众传播的平台上,他的表达就开始受到大众传播生产机制、意识形态、商业运营法则等多方面因素的制约,一切言行都必须建立在对大众传媒顺从、与大众传媒合作的基础上,这从不同程度导致了传播者思想的主体性和情感的鲜活性的丧失。如果说"善写者"在报纸、杂志上的表达余地还相对宽裕,那么"善说者""善演者"在广播、电视中的个人展示已经是戴着镣铐的舞蹈。更为值得注意的是,大众传播作为个体认知与情绪社会化传播的唯一途径,将能够借助大众传媒进行社会化表达的人群止于"善写""善说""善演"的少数精英群体,而互联网群体传播则打破了这一法则。

(三)互联网群体传播时代普通个体认知与情绪的社会化传播

互联网群体传播赋予普通个体表达权与传播权。传统的人际传播、群体传播信息扩散的广度有限、时效性不强。大众传播覆盖面广、时效性强,但受专业媒体的垄断,只有少数人才能发声、才能生产信息、才是信源。而互联网确保了普通个体作为传播主体自由、自主生产信息的权利,并提供了社会化的平台和多样化的传播渠道。

第一，随着互联网技术的迅猛发展和移动互联网的广泛普及，网络使用已经是绝大多数人的日常生活方式，而非少数阶层或人群的特权。互联网群体传播使长期被动充当"受众"的平民获得了自由生产与传播信息的权利，实现了传播权、话语权的再分配。与此同时，网络媒介并不必然要求参与者具有某种特定的、出众的才能，即不设立"善写""善说""形象好""学识广""地位高"之类的准入门槛。这就意味着"才能偏倚""话语垄断"的局面被打破，"群体"才是这个时代的传播主体。如果说大众传播时代强调的是"才能偏倚""地位偏倚"，那么群体传播时代追求的就是"特质多元"。只要掌握了使用网络的基本方法，任何人都可以利用社交媒体和自媒体发布消息、表达意见、抒发情感。

第二，互联网群体传播具有无管理、弱把关、去中心化的特征，在这个相对自由、民主、平等的网络场域中，传播者的自主性、能动性得到提升，畅所欲言、直抒胸臆乃至情绪宣泄成为可能。整体上看，只要传播者不触碰法律、法规的底线，普通个体的信息生产就不受任何表达规范、价值准则和意识形态的强制性约束。退一步讲，假使个体真的想对官方划定的"表达禁区"发表意见，也可以诉诸迂回、隐蔽的网络语言，将自身的立场、观点、情绪通过网络场域特殊的表意逻辑展现出来，巧妙地在网络监管中争取更大的话语空间。①

第三，互联网将人类置于超时空、泛传播的媒介环境中，打通了普通个体信息社会化传播的渠道。在网络中，每个传播者都是一个重要节点，可以点对点、点对面地进行信息传播，由此节点延伸出无限传递的链接方式和四通八达的传播路径，将与传播者相关的初级群体、次级群体、陌生人群体全部统合起来。理论上，传播主体在此时此地输出的认知、情绪，可以通过"六度空间"模型抵达现在或未来"地球村"上的任何角落。不仅如此，正如前文所论，群体传播还与大众传播、人际传播、组织传播彼此渗透、互相借力，再度强化了普通个体信息的传播效果。

社会心理失衡是普通个体认知与情绪传播泛滥的原因之一。从信息生产

---

① 隋岩，罗瑜.网络语言：舆论场博弈的策略选择［N］.中国社会科学报，2016-04-29（5）.

方式来看，普通个体认知和情绪的社会化传播近年呈现井喷效应，这与互联网群体传播的特性密切相关。第一，互联网传播具有即时性、碎片化的特征，各类信息——尤其是突发事件——的即时传播也在无形中逼迫着用户迅速作出反应，而人在短时间内对碎片化信息作出的反应难免片面、粗率、感性多于理性。第二，群体传播使海量信息处于永不止息的全时性流动中，恰恰充分迎合了情绪的活跃性和传染性特征，满足了普通个体情绪的传播条件。第三，互联网是一种多媒体介质，网络中信息符号的能指由文本、图像、动画、音频、视频等多种形式综合构成，相较于单一的文字、声音、画面，更生动直观、相得益彰，更易于情绪的多样化表现和传播。第四，得益于互联网提供的互动性平台，大量志趣相投的用户或组建网络社群，或集结在社交媒体的意见领袖周围，信息茧房催化了网络中的群体极化作用。在群体的暗示、感染等心理作用下，个体观点和态度在群体传播的互动过程中会得到强化和加固，奔向更加激进或保守的非理性极端。

互联网群体传播不仅出现、作用于中国社会，而且是一种全球化的传播现象，但普通个体认知传播、情绪传播的现象在中国社会中尤为突显。对于走过300多年工业化之路的西方国家来说，社会阶层和社会文化的嬗变都经历了相对较长的时间，嬗变节奏相对舒缓，人们业已习惯祖代相承、与生俱来的出身差异，社会结构相对稳定，并形成了各自的生活习惯、阶层认同和心理逻辑，攀比心和失衡感相对较少。而改革开放至今的中国社会，工业化、现代化进程被急剧压缩，巨变发生在一两代人之间，人们在互相比较中难免产生落差感、不公感、被剥夺感，从而导致了社会心理的失衡。经济高速发展引发社会阶层过山车式的巨变，继而引发社会心理严重失衡，无疑为人人生产信息的今天社会心理、社会情绪的集中爆发与大面积传播积淀了社会土壤。特别是在新的信息生产方式下，当互联网媒体提供了便捷的发泄出口、传播渠道时，一旦有个体表达触碰到社会心理的痛点，就会迅速蔓延为强烈的社会情绪。所以，当今中国社会的情绪传播，不能否认与中等收入陷阱下矛盾集中爆发的经济发展阶段、个别官员腐败无关，但可以肯定的是，与快速发展带来的社会心理失衡紧密相关。

普通个体认知与情绪的社会化传播郁积为社会心理的痼疾。由上文可知，互联网群体传播的革命性意义在于，将普通人从大众传播的科层化控制中解放出来，与政治精英、经济精英、文化精英共享表达权与传播权。因此，当面对同一个热点事件时，平民出身的凤姐、papi酱与政府官员、地产大亨、知名学者一样，都可以通过社交媒体、自媒体发表看法。这些个体信息中主观化、个性化甚至极端化的认知和情绪非但不会被忽略，反而更加鲜明地得到凸显，在网络中不断蔓延。

互联网群体传播虽然为普通个体信息的社会化传播提供了可能，但并非所有的个体信息都能迅速实现社会化传播。纵览当前的网络环境，以下四类认知与情绪在传播过程中更具传染性和辐射力：其一，针对突发事件、热点事件的个体表达，能够借助事件的热度不断蔓延；其二，针对大众在一段时间内普遍关心或深受困扰的问题发言，通过讽刺、诉苦、泄愤等方式分担焦虑、引发共鸣；其三，以夸张、耸动的形式发表与主流叙事、公序良俗、大众认知相悖的另类观点，通过迎合网民的猎奇心理博取关注；其四，对某个小圈子中的人或事进行揭秘与爆料，通过满足大众的窥视欲迅速传播。由此可见，虽然普通个体认知与情绪的社会化传播是个动态过程，不直接等同于社会整体的认知和情绪，但迎合时事热点、社会心态与大众趣味的个体表达更容易与网民形成互动及对话，从而在跨越阶层与群体的热议中实现社会化传播。

值得警惕的是，每个传播主体的认知都受限于自身的经验、经历、立场、价值观，具有主观化、私人化的特征，有时难免盲目、偏狭。虽然个体表述在事实层面的可信程度、作为个案的参考价值值得怀疑，但因呼应了某种大众情绪而实现社会化传播，难免会加剧整个社会浮躁、焦虑、功利甚至反智主义的认知和情绪，使人群在对比与落差中否定自我、怀疑奋斗。这些情绪传播已经在互联网中构建起当代人生存处境的"拟态认知"，不仅加剧了自我迷失与心理失衡，也将焦灼不安、痛苦迷茫的情绪弥散于整个社会，郁积为社会心理的痼疾。

四、群体传播改变了信息生产者的地位

在大众传播时代的信息传播活动中,"新闻传播者处于信息传播链条的第一个环节,是传播活动的发起人,是传播内容的发出者,决定着传播过程的存在与发展"[①],无论作为个体的编辑、记者,还是作为组织的媒介机构,传播者都牢牢地掌握着传播资源和信息发布的主动权,拥有"把关"权力和"议程设置"能力。1948年,哈罗德·拉斯韦尔提出著名的"5W"传播模式,即传播者通过传播渠道把信息传递给受众并产生传播效果的传播过程。拉氏提出的这一线性传播模式尽管过于简单,却深入人心,几乎成为经典大众传播研究的铁律,之所以如此,正是基于大众传播中信息的单向流动和传播者的起点位置、传统媒体信息生产者的绝对优势及垄断地位。即使受众地位逐渐提高,不再是完全受媒体摆布的对象,信息接受者的能动性开始受到重视,但是对于大众传播、传统媒体来说,传统媒体信息生产者依然占据着传播过程中的制高点,内容和渠道都被传播者牢牢控制着,整个传播活动遵循从传播者出发的单向、线性传播规律。

互联网媒体的发展、多元主体共同参与的群体传播打破了这一规律,使传统媒体信息生产者的地位发生了巨大的变化。首先,新的信息技术不仅使传统媒体搬家上网,进行数字化技术更新,更重要的是,参与主体的多元化动摇了传统媒体信息生产者的垄断地位,传统媒体不再是唯一的信息生产者,无法再垄断传播内容,曾经作为消费者的受众的主体性地位得以进一步凸显。托马斯·弗里德曼在《世界是平的》一书中提到,网络时代"上传正在成为合作中最具有革命性的形式之一。我们比以往更能成为生产者,而不仅仅是消费者[②]",机构、组织、群体、个人都可以找到合适的平台传递信息。新的媒介技术与传播模式赋予独立的个体以能动性,以往匿名的受众和沉默的大

---

① 邵培仁.新闻传播者的特点、权利和责任[J].新闻知识,1996(8):4-5.
② 弗里德曼.世界是平的[M].何帆,肖莹莹,郝正非,译.长沙:湖南科学技术出版社,2006:73.

多数绕开传统主流媒体的把关，绕开传统媒体垄断的信息传播权力，变成了新的信息生产者，掌握了信息生产过程的主动权。其次，传统媒体信息生产者对传播渠道和传播行为的控制能力在减弱。传播者"被多重化和去中心化"导致在时间和空间上脱离了原位。① 大量信息来自非制度化、非中心化、缺乏管理主体的群体传播媒介，如自媒体、社交媒体、UGC 等平台。便捷的电子书写"使文化客体的即时性接受、转换和再传播成为可能"②，不断的转发行为构建了新的传播渠道，使信息通过社交媒体的关系网络进行快速传播，甚至带来信息生产者完全意料不到的影响范围和结果。最后，信息解读的方式从趋向于顺从演变为趋向于协商甚至颠覆。网络中的信息文本每时每刻都暴露在开放性的解读、解构与重构中，上演着后现代语境中罗兰·巴尔特断言的"作者已死"场景。"作者已死"，即信息生产者权威地位的消解，意味着传统媒体被迫把信息生产的权力部分地让渡给整个互联网的参与者，从而出现了传统媒体信息生产者话语权削弱、信息把关能力下降、议程设置能力转移等现象，进一步导致网络中多元化观点、情绪化传播、戏谑性语言俯拾皆是。由此看来，群体传播带来了与大众传播截然不同的信息生产方式，导致传统媒体不再是唯一的信息生产者，传统媒体信息生产者的垄断地位丧失，消费者主体性地位上升，传统信息生产者对传播渠道和传播行为的控制力减弱，信息的顺从式解读模式被打破。

　　对于互联网群体传播引发的信息生产方式改变，从信息生产者地位演变的角度来理解不乏为一个认知途径。有学者依然使用传者和受众的分割方式来解析互联网传播现象；有学者察觉出这些称谓已不再适用，转而使用网民、用户、消费者等，但这些词汇及其角度仍然不能充分说明互联网时代信息传播嬗变的根本之处；还有学者以"传受者"的称谓来强调传播者和受众之间的界限模糊，但这依然没有脱离线性传播的思维。互联网群体传播是通过多元信息生产者的关系连接而形成的网络传播，是社会关系的网络重铸，抑或

---

① 波斯特.第二媒介时代［M］.范静哗，译.南京：南京大学出版，2000：123.
② 波斯特.互联网怎么了？［M］.易容，译.开封：河南大学出版社，2010：16.

互联网重构了人们的社会关系,"社会化媒体拓展了人们与其他节点连接的可能性,使人们有可能与身处世界任何角落,从未见过或从不认识的人进行互动[1]"。因此,在这个基于互联网形成的新的社会关系中,信息生产者、信息和连接关系成为最关键的要素。大众传播时代的媒体传播者转变为多元主体参与的互联网群体传播中信息生产者中的一员。

由信息生产者、信息和连接关系构成的群体传播,赋予了多元信息生产者许多不同于大众传播媒体的独特性。首先,信息传播主体既包括主动发送信息的传播者,也包括对内容添加评论或转发的参与者,他们既执行信息的创作生产,也参与信息的修改制作,同时完成信息的传播过程。每个信息生产者都是信息网络中的一个节点,不存在线性传播两端的传与受两种身份的截然对立。其次,非专业媒体平台对信息生产的贡献巨大,从QQ、人人网、博客、微博、微信,到视频网站、直播平台、网红IP,多元信息生产者借助不断更新的技术手段进行大量的内容生产。社交属性极强的自媒体利用风趣犀利的语言对时下最流行、人们最关心的话题进行描述和议论,通过迎合大众心理赢得最广泛的情感共鸣,从而建立以自身网红身份为依托的品牌效应、粉丝效应,打造话题度高、用户黏度高且输出频率高的媒体品牌。再次,多元信息生产者所处的网络节点位置对传播效果的影响巨大。虽然这是个人人可以发声的时代,但音量并不相等,得到的关注程度严重不均衡。在相对自由、开放、民主的网络空间中,不存在一个集权式的中心点或科层式的最高点,不同节点的可见度与连接数、话语权影响力都大不相同。这也正是互联网传播活动中意见领袖的作用更加明显的原因。最后,多元信息生产者在网络中所处的地位不同,带来的连接关系和传递能力也不同。这种不同节点之间的连接关系,即信息的传播路径,是互联网传播中不可忽视的要素。1971年,美国经济社会学家格兰诺维特在《美国社会学杂志》上发表了《弱关系的力量》一文,提出了弱关系力量假设。[2] 强关系维系着群体、组织内部的关

---

[1] 谢湖伟."互联网+"时代:传播融合的嵌入性反思[M].北京:红旗出版社,2016:119.
[2] GRANOVETTER M S.The strength of weak ties[J].American journal of sociology,1973,78(6): 1360–1380.

系，弱关系在群体、组织之间建立纽带联系。弱连接更容易在不同群体间传递信息，能够跨越不同的社会团体和阶层，形成更广泛的社会关系网络。互联网群体传播是杂糅着强关系与弱关系的复合式传播，"三度影响力"体现了强关系连接对传播效果的影响，"六度空间"则反映出弱关系连接甚至可以把整个地球连接起来，这两个概念都说明了连接关系在信息传播中的重要性。网红现象就是互联网群体传播的典型特征之一。

五、新的信息生产方式带来社会资源配置的新途径

近年，像 papi 酱和叶良辰一样借助互联网群体传播引发的新型信息生产方式一夜成名的网红远非个案，已成为时有发生的社会现象。表面上看，这些网红多以僭越主流、正统、传统的"搏出位"手段聚拢粉丝和人气，极大地缩短了草根阶层获得名声和财富的时间成本和努力成本，从信息生产方式的角度考察，正是具有典型群体传播属性的社交媒体为他们的"成名"提供了便捷的传播渠道。也即互联网群体传播使普通人能够以低成本付出迅速实现高收益回报，这里的关键是拓展了社会资源配置的新路径。

传统经济学视域下的资源通常指有形的物质资源，包括自然资源、劳动力资源和其他生产创造的物质资源。长久以来，家族继承、市场竞争和政府行政干预是资源配置的主要方式。传统社会以土地资源为核心，依附在土地资源上的人际关系成为社会关系的核心，因此，家族继承和宗族决策成为社会资源的主要配置方式。卡尔·波兰尼指出，在传统社会中，经济体系并不是一个独立体，而是附属于总的社会关系之下，经济资源和财富分配被嵌入其他的政治、宗教、文化等社会关系。[①]工业革命之后，离开土地的大量自由人促进了城市化的迅速发展，市场在经济中的重要性也随之凸显，甚至独立出来形成与文化、政治等相并列的社会关系，并逐渐成为社会资源的主导配

---

① 波兰尼.巨变：当代政治与经济的起源[M].黄树民，译.北京：社会科学文献出版社，2013：113.

置方式。在以市场和计划经济两种混合体制为主导的社会中，政府行政手段和市场调节成为主要的资源配置方式，与之相应，多数资源配置理论集中在政府和市场两种手段对物质资源的调控能力和分配作用上。不过，市场和政府配置资源并非总能绝对达到效率最大化，两种手段都可能失灵。资源配置的手段因社会发展而不断丰富，教育、文化、媒介等一定程度上都有资源配置的能力，主导的社会资源配置方式也因社会核心资源的变化而改变。

社会结构的改变正是基于生产力发展后的稀缺资源类型的变化。随着媒介对社会生活参与度的加深，无论是作为媒介产品，还是作为资源本身的信息，都使注意力成为新型社会资源。在土地、煤炭、矿藏、石油等轮流成为稀缺资源的信息爆炸时代，信息的过度泛滥使注意力由资源晋升为稀缺资源。不过，不同媒介参与配置资源的侧重点因媒介特性的不同而不同。网红现象反映出，在新的信息生产方式中，社交媒体将资源配置的能力深入了普通个体。互联网媒介资源配置能力的提升是通过传播主体多元化带来新的信息生产方式实现的。互联网以前所未有的广度重新构建人们的社会网络关系，使以往松散的社会联系变得可以经常分享信息、观点和兴趣。[1]这不仅改变了人们的日常生活、行为方式，更构建了全新的社会关系。这种关系不是简单的人际互动关系，不是松散的群体关系，不是系统的组织关系，更不是处于对立和被动的传受关系，而是重要的社会资本关系。波茨认为，社会资本是个人通过他们的成员身份在网络中或者在更宽泛的社会结构中获取稀缺资源的能力。[2]大众传播时代的普通个体无法通过大众媒介实现个人社会资本的扩张，但互联网传播，尤其是具有典型群体传播特征的社交媒体，为个体提供了再分配稀缺资源的新途径。互联网通过重新构建人们的社会关系网络所带来的社会资本对稀缺资源进行分配，使社交媒体成为除家族继承、政府分配、市场竞争之外新的、重要的资源配置方式。

当然，网红现象折射出的互联网群体传播引发新的信息生产方式参与资

---

[1] WELLMAN B. Physical place and cyberspace: the rise of personalized networks [J]. International urban and regional research, 2001, 25 (2): 227-252.

[2] 张文宏. 社会资本：理论争辩与经验研究 [J]. 社会学研究, 2003 (4): 23-35.

源配置，虽然丰富了资源配置手段，但并不意味着互联网媒介权力的完全平等，所有普通个体都可以经由互联网随意实现资源再分配。普通网民对网络资源的占有程度依然呈现等级化差异分布，大众仍然处于互联网社会资本等级梯度的底部，网民在传统社会中拥有的先在条件、网络传播中的节点位置，依然决定了网络社会的资本差异，互联网传播中社会资本分布不均的现象依然突出，新的结构和模式中的霸权问题、资源不均问题依然存在，网络乌托邦神话的背后依然隐藏着多重不平等。不过，互联网群体传播引发的新型信息生产方式作为注意力稀缺资源的聚集和分配载体，助力普通个体在社会传播活动中获取关注度，引发经济资源、职业和社交圈的变化，成为个体交换社会资源的筹码和在短时间内改变社会地位、所属群体的重要砝码，进而再生产社会结构，也是不争的事实。网红、搏出位通过提升个体知名度进行资源配置，虽然是互联网群体传播参与资源配置的怪胎，但已成为链接物质资源、文化资源和社会资源的配置路径。

产能过剩和互联网技术引发群体传播，进而推动信息生产方式的改变是历史的选择，不以个人的意志为转移。互联网群体传播是人类文明史上最大规模的人群参与的信息生产和传播活动，引发人类信息生产方式的改变是必然的。信息生产方式的嬗变改变了媒介格局也是必然的结果。在传播主体多元化的新的信息生产方式下，中国社会几十年的高速发展使得在一代人之间产生了巨大的经济鸿沟和阶层演变，引发社会情绪的集中爆发更是随之而来的必然社会现象。在人人生产信息的信息生产方式中，网红参与社会资源配置，进而参与社会结构的再生产，这是必然的因果关系。如果这几方面的历史必然性足以说明人类信息生产方式的重要性的话，那么信息生产方式的变革将如何影响人类的经济生产方式、文化关系模式、社会结构模式乃至制度模式等问题，就值得我们去进一步关注和把握，就值得传播学、社会学、心理学、经济学、政治学、法学等诸多学科去关注。

网络叙事的生成机制及其群体传播的互文性*

在信息传播主体①极端多元化的今天，社会叙事已演变为多元传播主体的网络叙事与主流叙事共生的生态。网络叙事的复杂性及其对社会事件、社会态度、社会情绪等的重要影响，虽是学术界重点关注的领域之一，但在谈论诸多网络文本个案及其对于理解网络时代社会叙事、社会转型等方面的重要意义时，却忽略了网络叙事的本源性，即网络叙事生成机制才是理解网络叙事内在逻辑的起点。网络叙事由事件相关体、文本集合体和具体文本三个层次累加构成。这种机制规定了网络文本的生成、接受和扩散方式，也重构了传播主体之间以及与网络环境和现实社会之间的关系。本文试图从叙事学、传播学嫁接的视角切入，结合传播主体多样化的群体传播特点，考察网络叙事三层次所表现出来的生成机制；分析具体文本与文本集合体之间的互文性与层累性机理，以及多元传播主体的社会交往实践对网络叙事发挥的诸多作用，以期对传播主体多元化环境下的互联网信息生产方式的变革提供另一个视角的认识。

---

* 本文原载于《中国社会科学》2020年第10期，与唐忠敏合作，被《新华文摘》2021年第5期全文转载，获北京市第十七届哲学社会科学优秀成果奖一等奖，收入本书时略有删改。

① 在网络传播时代，人人都拥有表达的机会和渠道，这意味着所有人都是网络传播活动的传播者与接受者。他们是网络叙事的作者与传播者，也是网络传播活动的读者与接受者。传播者与接受者是同等的主体，传播主体就是接受主体，接受主体亦是传播主体。因此，本文用"传播主体"这一术语总括传播者、接受者、传受主体、作者、读者等用语，有时也根据具体语境互换使用。

一、事件相关体、文本集合体与具体文本的有机构造

网络叙事作为当今社会叙事的主要样式,有其自身的构筑过程和内在逻辑,也有支撑其呈现社会实践活动的要素与结构,可一并称之为"叙事机制"。网络叙事作为一种信息传递,而非艺术呈现,通常并不着力于讲述详细的故事情节,而将关系呈现或状态描述作为主要形式。这种叙事形态在构筑方式上有其独特之处:即事件相关体、文本集合体与具体文本三个层次的动态组合构成了网络叙事的有机体,彰显了叙事文本、社会现实和网络传播环境之间的紧密联系。

所谓事件相关体,即一系列相关的社会事件及其情感经验、社会时空环境等,共同绑定成为网络叙事的背景、语境和相关事件。广义上讲,一个事件序列或一种情感经验可被讲述成多个文本。换言之,不同文本可以拥有相同的创作背景和故事素材。这些相互联系的素材和背景被经典叙事学研究者称为"本事",指代"实际发生过的事情"[1]。就网络叙事来看,文本构筑的素材和背景远不止于此,而是包含着社会事件、情感经验、社会时空环境等一系列与事件发生、发展相关的要素,即事件相关体。"事件相关体"与"本事"虽在概念上有着千丝万缕的联系,但内涵却不尽相同,前者较后者更为广阔,也更为复杂。

中外叙事学界对"本事"皆有论述,都强调事件作为叙事要素的原生性与真实性。维克多·什克洛夫斯基在论述本事和情节的区别时曾指出,"人们常常把情节的概念和对事件的描绘,和我提出的按照习惯称作本事的东西混为一谈。实际上,本事只是组成情节的材料。因此,《叶甫盖尼·奥涅金》的情节不是男主人公和达吉雅娜的恋爱故事,而是由引入插叙而产生的对这一本事的情节加工"[2]。什克洛夫斯基的意思是,本事客观存在于社会生活中,

---

[1] 托多罗夫. 俄苏形式主义文论选[M]. 蔡鸿滨, 译. 北京:中国社会科学出版社, 1989: 239.
[2] 托多罗夫. 俄苏形式主义文论选[M]. 蔡鸿滨, 译. 北京:中国社会科学出版社, 1989: 38.

是叙事情节形成的素材和基础,本事经过艺术加工后成为情节。美国叙事学家维克多·厄立奇也认为本事是"一系列绑定在一起的事件,它们是在作品成形的过程中被传递给我们的",或者是"实际上所发生的"。① 据此,本事早就被西方叙事学界看作叙事活动的基本元素,即把离散的事件以及相关背景归入叙事结构。中国叙事学理论也将本事视为叙事的必备要素,固有"论本事而作传""必欲求合本事"之说,亦有"本事诗""本事词"之论。浦安迪认为中国叙事传统强调真实,"或是实事意义上的真实或是人情意义上的真实",即便是神怪妖魔或忠孝节义等看起来存在种种不真实的故事,"但其所'传述'的却恰恰是生活真正的内在的真实"。② 易言之,本事是客观存在的、未经讲述的事件序列或情感经验,不一定全部显现在文本之中,但文本的构筑过程离不开它们的基础性作用。

"事件相关体"与"本事"都强调社会事件和情感体验对于叙事的重要作用,不同的是,前者不但没有局限于某一社会事件或某类情感体验本身,而且关注社会时空环境对于网络叙事形态的直接建构作用。首先,"事件相关体"包括一系列相似事件、具有相似影响或意义的其他事件、相关社会现象及其原因、相似或反向的情感体验等。自然灾害、重大疫情、珠峰测量、明星绯闻都可被视为"本事",但若缺少与其他相关事件、情感体验、社会影响等方面的关联,则难以构成网络叙事的"事件相关体",比如,某演员获"国家精神造就者荣誉"奖是客观发生的本事,但在网络叙事时代却演变为围绕"国家精神造就者荣誉奖"而形成的事件相关体。这一事件相关体成为社会叙事的对象,叙事内容从"德"与"位"的争论演变成对国家精神、社会价值观等的讨论。可见,"事件相关体"内涵广泛,涉及网络叙事建构的诸多事件和情感联结。其次,中国现阶段特有的社会时空环境是网络叙事的土壤,因此也是事件相关体的重要维度。移动互联网技术的发展和智能终端设备的普

---

① ERLICH V. Russum formalism: history–DocVrine [M]. New Haven and London: Yale University Press, 1981.(查特曼.故事与话语:小说和电影的叙事结构[M].徐强,译.北京:中国人民大学出版社,2013:6.)
② 浦安迪.中国叙事学[M].2版.北京:北京大学出版社,2018:38.

及，为普通人参与社会表达和呈现自我个性提供了更多的平台和机会，推动社会交往演变为熟人社交和陌生人社交共存的社会关系形态。但由于传播主体在生物学特征、身份角色、权力财富、行为习惯、文化价值观、审美偏好等方面的多样化差异，加上较广泛存在的社会心理失衡，极端化的个体情绪和认知极易在线上线下高速交叉流动，使得由某一事件引起的某一部分人的焦虑、恐慌等不良情绪郁积为普遍的社会心理，进而加剧不同阶层、群体、代际之间的社会分化。因此，社会时空环境已成为促进当代人社会表达、拓展事件相关体的重要维度。

正如玛丽-劳尔·瑞安所述，"互联网就是一个叙事井喷"[1]。这种"叙事井喷"表面上是互联网技术的革新使得非线性叙事结构和交互性叙事方式成为可能，本质上是网络媒介技术带来的传播主体多样化和对于信息现代性的自反性，才使得关于同一事件的众多叙事文本的生成和组合都可以在网络空间中实现。疫情事件发生的社会时空环境已然改变，网络叙事的生成、接收、扩散等形态也随之发生了变革。因此，随着社会时空环境的改变，事件相关体的边界不是越来越清晰，而是充满变数并且不断延伸。此外，社会结构和社会生活方式也已发生转型，不同的阶层、群体、代际在信息接触、选择、认知和传播等方面存在诸多不同，导致网络叙事文本的生成与阐释也更为复杂。所以，不能忽略社会时空环境在素材、背景、机会、条件等方面对于网络叙事的促进作用，也不能忽略传播主体的叙事行为与这一大环境的多重影响紧密相关。

由此推论，网络叙事机制第一层"事件相关体"并不局限于社会事件和情感体验本身，还涉及社会时空环境。这三个方面共同促成了传统叙事形态所无法实现的文本生成和传播规模、速度和效果的改变，也协同促进了信息生产方式的变革。

第二层是事件相关体的多种媒介化再现及其延伸，构成文本集合体。传播主体的极端多样化使得事件相关体被建构为具有不同形式、情节和意义的

---

[1] 瑞安.故事的变身[M].张新军，译.南京：译林出版社，2014：5.

多种文本，移动互联网技术又使得关于同一事件相关体的众多叙事文本能够汇聚在网络空间中。就此而言，网络传播时代也被称为"叙事重构时代"。这些聚合在网络空间中的文本都与特定的事件相关体有着千丝万缕的联系，文本与文本之间也围绕该事件相关体呈现某种"家族相似性"或意义相关性。因此，本文所述的"文本集合体"是指对特定事件相关体进行多种形式的媒介化再现及其延伸所形成的众多叙事文本的集合，是除去某一具体文本的所有文本的集合体。

作为集合概念，"文本集合体"不同于文献学、校勘学中的"底本"，也与广义叙述学中的"底本"有所区别。文献学、校勘学认为"底本"是指某部作品的底稿或某部作品的整理者选择文本的主要依据，如《四库全书总目》的底本包括《永乐大典》辑佚本、宫廷内府藏本、各级官吏私家藏本和赞撰本。广义叙述学将"底本"一词应用于叙事学领域并对其进行了新的界定，指代叙事文本（即"述本"）形成以前的所有材料的集合，"是一个供选择的材料集合（因此它比述本大得多），它是尚未被媒介再现的非文本"[1]。可见，文献学、校勘学中的"底本"是新文本生成所依据和参考的多个文本，而广义叙事学的"底本"是指文本形成以前的材料集合。前者讨论的是某一新文本生成以前就已存在的多种文本的集合，后者关注的是文本生成过程中所依据的多种非文本材料。虽然网络叙事的文本集合体也是多种文本的集合，但它既包括某一文本生成以前就已存在的多种文本，也包括生成时间等于或晚于这一文本的其他所有文本。值得注意的是，文本集合体不是文本数量的简单相加，而是多种文本的有机组合与整合。文本集合体的目的在于对事件相关体进行加工改造，进行是非判断和话语表达。

与神话、诗歌、小说等传统叙事形式相比，网络叙事发生的历史虽然比较短，但与整个社会生活的彻底符号化密不可分。能指的丰富性、所指的多样性、能指与所指的约定俗成关系被颠覆，多种叙事策略的同构等，使得网络文本成为信息时代最为复杂的语义系统。作为一种如"生活切片"的叙事

---

[1] 赵毅衡.论底本：叙述如何分层[J].文艺研究，2013（1）：5-15.

样式，网络叙事趋向于文本能指链的延伸以及所指意义的延异。文本集合体的形成是一个动态的、持续性的建构过程，因此在时间上可能与事件相关体构成事前叙事、事后叙事或同步叙事。若社会事件发生以前，可能会生成回顾性、预言性、说明性的相关文本；若事件已成过去，追溯性、验证性、挖掘性的文本更为普遍；若事件正在进行，可能借助网络传播的即时性生成多种同步文本。那些呈现在线上线下且与事件相关的跟帖评论、舆论等也属于文本集合体的内容。在有关抗疫药物抢购潮的文本集合体中，报道抗疫疗效的相关文本可被看作事前叙事，抢购事件发生之时和之后所生成的各种文本可以被看作同步叙事和事后叙事。一切以药物抢购潮这一事件相关体为背景、材料与内容的网络叙事文本，不管形成于抢购热潮之前、之时和之后，都共同构筑成为有关抗疫药物的文本集合体。

第三层次是"具体文本"，具体文本是传播与接受主体当前阅读、点赞、转发和评论的此文本。具体文本是文本集合体生成的关键，文本集合体的形成离不开一个个具体文本作支撑。但是，传播与接受主体在一定时间内只能阅读一个文本，不可能同时阅读几个文本，当阅读几个文本时，必然有先后顺序。因此，本文所述的具体文本是指传播与接受主体当前阅读的、具体所指的这一文本；传播与接受主体正在读哪个文本，哪个文本就是具体文本。传播与接受主体对具体文本的阅读、点赞、转发和评论不仅推动了文本集合体的形成与扩大，也强化了网络叙事对于事件相关体的表达和传播效果。

从内容生成的角度来看，具体文本可能是原创，也可能源自接受主体对文本集合体的摘录、凝缩、扩展、补充或评论。因此，具体文本是否具有叙事性不能仅凭其表面结构作判断，看似简短的词语或句子也有其独特的叙事意义和效果，而这种意义和效果往往源于本文后面将要论述的文本间的互文性。米克·巴尔认为叙事文本是"由符号组成的一个有限的、有结构的整体。这些符号可以是语言单位，如词和句子，但是，它们也可以是不同的符号，如电影画面与序列，绘画中的点、线与印记。……符号的这一有限整体并不意味着文本自身是有限的，因为其意义、效果、功能与背景并不是有限的"[①]。通过摘录或凝缩形成的具体文本,有时可以保持原有的叙事意义,有时却"言近而旨远,辞浅而义深"。从文本结构来看,具体文本常依靠各种静态描写、形象的或隐喻性的表述方式讲述"无事之事",以"省字约文,事溢于句外"为显著特征。据此,具体文本在展现语言及话语魅力的同时,不仅丰富了叙事形式和文本主题,还扩散了传播主体的价值判断和网络叙事的社会意义。

事件相关体、文本集合体与具体文本的动态组合,揭示了叙事文本、社会现实和网络传播环境之间的关联机制。这种关联机制不是简单的连接关系,而是作为协同促进、系统发展的叙事进程存在于网络空间当中。随着事件相关体的改变,网络叙事的具体文本与文本集合体也会相应地发生改变,网络叙事总是与事件相关体的发展相适宜。概言之,网络叙事的构造过程也就是事件相关体、文本集合体与具体文本三个层次之间相互影响和相互塑造的动态过程。

二、事件相关体、文本集合体与具体文本的互文性和动态层累

把网络叙事的构造分为事件相关体、文本集合体和具体文本三个层次是为了便于分析其生成机制,并不意味着这三个层次是相互独立、相互分离的。事件相关体是网络叙事生成的材料和背景,也是文本集合体和具体文本得以形成的基础。事件相关体一经传播就经历着媒介化过程,口头讲述、文字记载、影像表达无一不是叙事化、媒介化的结果。在媒介化过程中,传播主体根据自身意向将事件原本具有的自然时序和因果关系进行重新安排,使得具体文本既有相似性,也完全可以千差万别,并使得文本集合体成为一系列文本的集合。具体文本是传受主体当前关注的此文本,是文本集合体外部的某一特定文本。通过具体文本,传受主体可以追溯文本集合体内与之关联的背景、内容和材料,进而寻找或领悟事件相关体。在网络叙事进程中,每个文本的生成、传播和再创造都可形成相互独立却又彼此联系的诸多具体文本。

[①] 巴尔.叙事学:叙事理论导论[M].谭君强,译.北京:北京师范大学出版社,2015:3.

众多独立的具体文本层层积累，并在网络叙事传播活动的作用下形成复杂的文本集合体，而文本集合体的再组合又是生成具体文本的重要源泉。总之，这三个层次相互交错、彼此补充、层层积累，共同构筑网络文本的叙事机制。

从文本关联性的视角来看，具体文本和文本集合体反映并记录着整个时代的政治、经济、文化等方方面面的社会生活。它们不仅相互对话，也与整个时代环境形成了特定的互文性关系。文本集合体中包含着具体文本的传受主体读过甚至写过的文本，因此，具体文本的语词表达和叙事意义必然与文本集合体有着千丝万缕的联系。正如罗兰·巴尔特所述，"每一文本都是互文文本；在该文本之中，其他文本——先前文化的文本与周围文化的文本——以或多或少可被辨认的形式而在种种不同的层面上出场：每一文本都是由一些旧的引文编织而成的新的织品"①。就具体文本和文本集合体而言，"可被辨认"的互文性关系体现在主题模式、表达方式等多个方面。

举例来说，针对"南京女大学生李某失联"这一事件相关体，多家新闻媒体和自媒体进行了跟踪讲述。新闻文本《又一起！南京一女大学生失联21天》较早对这一事件进行了简短报道，并公布了这一事件的来龙去脉。② 在这一文本中，"了解到"表明所述信息源于转述，转述的内容来自失联者家属自诉和警方反馈，这就表明作者所讲述的信息真实可信。从文本的生成和传播来看，该文本既借助信息源的可靠性和新闻媒体的权威性增强了文本内容的可信度和关注度，又映照了当下安全意识教育的社会主题以及大众对社会不稳定因素的普遍关注。该文本很快在微博、微信朋友圈等社交平台上迅速传播，该话题很快成为网络热搜话题。为了较好地呈现互文性关系，本文以《又一起！南京一女大学生失联21天》（文本1）、《南京失联女大学生已遇害！警方通报：被男友等人合谋杀害并埋尸》③（文本2）和《男友曾去报案！

---

① 周启超.现代斯拉夫文论导引［M］.开封：河南大学出版社，2011：44.
② 又一起！南京一女大学生失联21天［EB/OL］.（2020-07-31）［2020-08-05］.https://www.xdkb.net/p1/nj/20200731/107131.html.
③ 南京失联女大学生已遇害！警方通报：被男友等人合谋杀害并埋尸［EB/OL］.（2020-08-05）［2020-08-05］.http://www.nbd.com.cn/articles/2020-08-05/1474897.html.

南京女大学生被害，一个细节提醒所有人》①（文本3）三者为案例进行分析。一方面是为了凸显具体文本与文本集合体之间的互文性关系，另一方面是通过这种互文性关系的分析来进一步观察网络叙事文本的生成机制。

从内容和表达方式上看，文本1的核心内容引自失联者家属，对李某的基本情况及其失联前的行踪梳理源于小区公共视频和当地警方的反馈。文本2对李某失联案的最新调查结果进行了简单的报道，通报了犯罪嫌疑人及其犯罪过程。文本3在报道案件最新调查结果的同时披露了更多的细节，如李某和男友洪某的相识过程、李某好友对洪某的印象、李某同学对李某的印象、部分网友对该案件的评论等。文本2间接引用了文本1的观点和内容，并将其作为叙事背景，所述内容既有对后者的回应，也有对案件最新情况的公布。此外，文本2还引用了警方"案情通报"的截图、李某的生活照以及小区公共视频，在作为权威凭据和背景资料的同时，为所述观点提供了有力佐证。文本3既整合了文本1的主要观点，也引用了文本2对于事件相关体的论述，一方面阐明了李某多位好友对洪某的质疑，另一方面表达了对女性安全意识薄弱和社会不稳定因素的担忧。作为事件相关体的导火索之一，文本1是文本2和文本3的创作素材，参与了它们的语篇意义建构。文本2和文本3都引用了文本1中的语句和内容，与文本1形成情景参照。文本3在引用文本1和文本2的同时，将文本2派生出来的延伸、评论等内容拼贴、组合在一起，从多角度、多方位呈现了事件相关体背后的"隐情"。此外，文本2和文本3都引用了警方的"案情通报"，都试图利用权威信息为事件相关体提供更多的真相和细节。通过广泛引用，三个文本在内容和表达形式上的互文意识清晰可见，展现了传播主体对事件相关体乃至相似案件的判断和认知。

从主题结构上看，三个文本共享相同的叙事主题，具有主题互文的意义关系。主题互文，是指文本之间因重复特定主题而生成的互文关系。"每个语篇都有明确实现主题结构的若干部分，但也依赖主题结构中未表达出来的

---

① 男友曾去报案！南京女大学生被害，一个细节提醒所有人[EB/OL].（2020-08-05）[2020-08-05].https://www.shobserver.com/staticsg/res/html/web/newsDetail.html?id=276674&v=1.3&sid=67.

部分语义关系（通过读者或听者在阅读具有共同主题模式的其他语篇的基础上来充实）来间接地产生互文意义。"①文本 1 的主题是李某失联 21 天却仍然杳无音讯，文本 2 和文本 3 的主题是披露李某失联案件的最新调查结果。虽然三者的叙事意向并不完全相同，但都介绍了李某的基本情况及其失联前的行踪，可见三者在大主题之下隐藏着相似的小主题。因此，从文本内容上看，文本 2 和文本 3 补充了文本 1 难以明确呈现的主题信息，与后者形成了主题投射关系。从宏观上看，三个文本都是在李某失联背景下生成的具体文本，共同聚合形成聚焦"南京女大学生李某失联"这一社会事件的文本集合体的一部分。

由是观之，具体文本与具体文本之间、具体文本与文本集合体之间在表达形式和主题建构方面形成了彼此指涉、互为参照的互文链。在传播主体多元化的网络群体传播的推动下，这种互文链广泛存在于各种网络文本之中，并因此形成了网络叙事进程中动态累积的互文意义。

三、文本意义的普遍多向共建是网络叙事传播的特质

作为一种促进经验交流与情感共享的民间叙事范式，网络文本是社会生活、社会情绪等的表征，也是丰富民间记忆的重要途径。网络文本之所以能广泛流行于线上线下的公共空间，不仅缘于文本集合体与具体文本在表达形式、主题建构等方面存在的广泛互文链，还与网络叙事本身所特有的文本意义多向共建的实践特质分不开。网络叙事的文本意义首先源于作者的创作意图，这种意图虽然有时以较为隐晦的方式显现，但总是客观存在于文本之内。同时，由于网络叙事的动态变化性和实时记录性，读者对于文本的阅读、点赞、评论、转载、二次叙事等行为也会对文本意义的生成产生影响。因此，网络叙事的文本意义在作者与读者双向建构的同时，经历着文本集合体内部

---

① LEMKE J L.Ideology, intertextuality and the communication of science [M] // FRIESP H, et al. Relations and functions within and around language. London /New York: Continuum, 2002: 34.

相互交流的意义共生过程，这就是网络叙事文本意义的普遍多向共建过程。为了更好地结合网络群体传播的实践特质，本文将作者与读者融合到网络叙事进程之中，分析具体文本的正文本和副文本，以及具体文本的前文本、后文本和同步文本是如何进行意义的普遍多向共建的。

一方面，具体文本的主文本和副文本是网络叙事实现意义增值的主要元素。结构承载信息，文本结构承载叙事信息。具体文本的主文本除了词语和句子外，还包括文本内部能够影响叙事效果的所有元素。经典叙事学将文本结构的安排视为叙事研究的重点，却忽略了那些富有特色的语言表达方式对于整个文本叙事效果的影响，如构词、句式、语义、语气、语调等。[①]"副文本"是由法国叙事学家热奈特最先提出的概念，指相对于小说正文本而言的那些存在于正文本周边、辅助正文本建构叙事意义的元素，如封面、标题（含副标题）、前言、序跋、推荐语、题词、目录、插图、版权信息、注释、附录、致谢、索引、书评等。[②]可见，形态丰富的副文本以不同形式参与具体文本的意义建构，属于具体文本叙事框架之内的元素。就网络叙事文本来说，标题、插图、跟帖评论等都属于副文本范畴。它们不仅发挥烘托语境、勾连意义等作用，也在情感唤醒和情绪感染方面具有促进与煽动效应，甚至会对社会事件的现实发展造成影响。虽然正文本和副文本的生成时间不一定同步，所传播的范围和影响力也不尽相同，但都处在同一网络页面空间当中，共同参与具体文本的叙事意义建构。

在新冠肺炎疫情肆虐期间，涉及抗疫药物的报道成为全网关注的焦点，这些文本在社交媒体上的广泛扩散也使得相关话题在短时间之内登上热搜。在这种大环境下，有的网友只看了文本标题就立即开始线上抢购行动，也有的网友对那些缺乏明确证据、表述不够准确的文本进行辟谣。虽然辟谣文本在标题中利用了祈使句、感叹号等来吸引读者的重视，但对于遏制抢购行为而言却为时已晚，预期的社会效应也远未实现。相关报道及其辟谣文本中的

[①] 申丹.文体学和叙事学：互补与借鉴[J].江汉论坛，2006（3）：62-65.
[②] 热奈特.热奈特论文集[M].史忠义，译.天津：百花文艺出版社，2000：71.

观点常被引用到其他文本的正文本之中，有时也以网络截图的形式参与其他文本的叙事意义建构。

具体文本作为独立的"这一个"文本时，其正文本和副文本往往相互影响，副文本可能对正文本的叙事意义形成召唤、整合或摧毁效应。[①] 在新闻报道中，作者往往会在正文本内部加入大量图片来形成副文本，如引文截图、网页截图、视频截图、照片、表情包等。这些副文本常以一幅图片从某个侧面展现与文本主题相关的信息，从不同时空、向度或层次上展现主题内容。当多张图片嵌入时，其多以时间、因果、并列等逻辑关系围绕在主文本周围。而且，在具体文本中处于辅助、寄生地位的副文本，可能源自其他文本的正文本，因此也召唤着读者对这些副文本自身及其出处的关注和挖掘。另外，在这个新的具体文本中，图片不仅对正文本内容起着支撑、补充、评价等作用，还发挥着吸引读者注意力、消解作者与读者的心理距离等功能。随着网络叙事对即时性和真实性的追求，图片副文本成为愈加流行的叙事元素，以简洁的图片代替烦琐的原因或现象讲述成为网络叙事的常态。但不能忽视的是，有图不一定有真相，图文不符、虚假图片等显然会弱化或解构正文本信息。

正文本后面的评论留言区是多元传播主体相互交流的场域，读者的留言和点赞、作者与读者的互动都在此公开呈现。与其他副文本不同的是，评论的在场感和交互性使其成为一个包容性极强的公共空间，各种与正文本观点一致或相反的个性化认知都与正文本呈现在同一个网络页面之内。评论不仅能对正文本的叙事意义进行拓展、整合或摧毁，还可能对其他传播主体的社会行为产生影响。

不管副文本是正面评论还是负面评论，当传播主体阅读、点赞、评论或转发之时，他们就已经参与了该事件的网络传播，推动着事件相关体的发展，同时促进了新文本的生成。当然，一个副文本也可能是对其他副文本的回应，这种回应既可能是对叙事内容的补充或颠覆，也可能对文本所传达情绪起到

[①] 唐忠敏. 召唤、整合与摧毁：群体传播时代网络叙述的副文本 [J]. 现代传播（中国传媒大学学报），2019，41（11）：113-116.

煽动或遏制作用。因此，副文本对于网络舆论的走向，乃至社会事件的现实发展，都具有不可忽视的作用。

另一方面，具体文本、前文本、后文本和同步文本的普遍多向建构是网络叙事文本意义传播的关键性推手。从文本生成的历史过程来看，虽然网络叙事具有即时性和同步性，但文本呈现的时间总有先后。因此，对同一或相关事件的相关体进行叙事的文本，生成时间在具体文本之前的被称为"前文本"，生成时间在具体文本之后的被称为"后文本"，与具体文本生成时间一致的文本被称为"同步文本"。所有围绕同一事件相关体形成的前文本、后文本和同步文本组合成具有家族相似性的文本集合体。从空间呈现上看，具体文本、前文本、后文本和同步文本存在于不同的网络页面中。从互文性关系的角度来看，前文本、后文本、同步文本与具体文本之间可能存在明确的关系，如材料来源、内容来源、改写、续写、仿写、知识背景、同步报道等，也可能难以构成互文性关系。概言之，前文本、后文本和同步文本既是在生成时间上与具体文本形成对比的文本，也是与具体文本有着明确互文性关系和难以构成互文性关系的文本。

那些与具体文本存在明显互文性关系的前文本和后文本，往往都是围绕同一事件相关体所形成的文本集合体的组成部分，而没有形成明确互文性关系的文本则多在事件相关体方面存在差异。围绕"女大学生失联"这一事件相关体形成的具有明确互文性关系的文本，不仅有李某失联案的相关文本，还有涉及此类社会事件的其他文本，如《正值花季的女大学生为何会接连失联？探索背后的真相，细思极恐》《女大学生失联，1个，2个，3个……》等。同步文本是不同传播主体刚好在时间上同步生成的文本，可能内容相关，也可能完全不相关。不管文本之间是否存在明确的互文性关系，所有文本都可能通过网络链接建立联系，实现叙事意义的普遍多向建构。

从网络链接技术上看，网络叙事文本意义的普遍多向共构是通过关键词搜索、主题词关联、智能筛选、个性化推荐等网络链接方式实现的。网络搜索功能根据关键词将相关的具体文本及其前、后文本全部汇聚在网页当中，虽然只呈现标题和部分内容，但将原本分散的各个文本建立了联系。传播主体可以在网络搜索功能的辅助下，进行文本筛选和建立个性化的叙事文本网络。具体文本的末尾往往会提供与该文本主题词相关联的其他文本链接，通过这个链接，传受主体可获得更多相关信息，也可分享信息、传播观点和发表评论。互联网信息技术具有记录、分析、过滤、推荐等功能，会根据搜索记录和阅读偏好推测读者需求，智能隐匿不符合读者需求的内容，在引导和开发读者叙事兴趣的同时，促进读者参与网络叙事的进程。在个性化推荐技术的支持下，传播主体的个性特征、个人需求和行为偏好既是文本生成的重要元素，也是文本再生成和再传播中的重要变量。网络叙事正是通过移动互联网、人工智能等技术建立的普遍多向关系，使得具体文本的正文本和副文本，以及具体文本与同步文本、前后文本之间建立比以往任何时代都更为紧密和广泛的联系。

四、文本集合体、具体文本和群体传播共同架构阐释系统

如前所示，文本间的普遍多向建构是从文本客体的角度去思考网络叙事文本的意义生成，接下来本文则进一步从文本客体、传受主体与网络群体传播语境的整合视角分析网络叙事的意义是如何生成的。文本阐释实质上是阐释者对具体文本意义的寻找、解释、阐发或重构，并形成新的具体文本的过程。在这个过程中，阐释者既是原具体文本的读者，也是新具体文本的作者。作为读者，阐释者与具体文本的话语意义进行交流；作为作者，阐释者又与其他读者进行对话。因此，有学者将这种阐释者的双重身份总结为"读者—阐释者"和"作者—阐释者"。[①] 具体到网络叙事中，阐释者实际上包含了所有参与网络叙事的传受主体。

在与文本进行交流的过程中，作为个体的阐释者需要充分理解所阅文本的话语意义，也需要在阐发、重构等叙事行为中表达出能被其他阐释者理解的话语意义。从经典叙事学的观点来看，话语是叙事内容得以表达的方式和

---

① 段建军. 阐释、对话、分享：文本阐释本质论［J］. 社会科学辑刊，2018（3）：164–171.

手段。查特曼认为，这种"方式和手段"不仅指叙事策略，还指"它在具体材料化媒介中的呈现"①。叙事策略包括叙事视角、叙事视点、叙事者、叙事声音、自白等，"在具体材料化媒介中的呈现"指文字、电影、油画、舞蹈、音乐等媒介对叙事话语的影响。查特曼虽然注意到了媒介形态也是重要的话语方式，但由于主要讨论叙事的本质问题，因而没有触及话语主体及其所处的媒介环境等对话语意义的重要影响。

其实，话语是一套极其复杂的关涉文本意义建构的组合体系。除了文本形式上可视的语言、修辞外，文本话语还隐含着阐释者的理解方式、认知框架以及媒介环境对叙事意义的影响。在相同的媒介环境下，同一话语可以有不同的表达策略和表现方式，也可因不同的理解和认知框架而呈现截然不同的内涵和意义。媒介环境决定着叙事的形式和意义，控制着叙事内容的传播方式、流向和分布，也影响着人们对客观世界的感知和理解。正如尼尔·波兹曼所述，"一种重要的新媒介会改变话语的结构"②，话语结构中的所有元素都承载着信息。互联网技术的发展，使得媒介环境已经从大众传媒垄断话语表达的时代，演变为社会个体自由多元链接的传播主体多元化的网络群体传播时代。在这种难管理、去中心、弱把关的媒介环境下，普通个体的话语意义能够在阐释和交流中实现社会化传播，进而演变为社会性的话语实践。因此，讨论网络叙事意义的生成离不开对阐释者和媒介环境的观照。

在前网络传播时代，普通个体阐释者因诸多原因难以成为个体认知社会化表达的话语主体。在以口语和文字为主要叙事方式的时代，社会叙事的话语主体主要是权力集团、社会名流和文化精英。他们拥有话语表达所需要的口才和文字能力，能够以个人名义参与社会叙事。但是，由于传播媒介落后、内容深奥、受众认知水平有限等原因，他们的叙事难以广泛传播。在以报纸、书籍、广播和电视为主要叙事方式的大众传播时代，传播媒介的覆盖面、时

---

① 查特曼.故事与话语：小说和电影的叙事结构[M].徐强，译.北京：中国人民大学出版社，2013：8.

② 波兹曼.娱乐至死·童年的消逝[M].章艳，吴燕莛，译.桂林：广西师范大学出版社，2009：25.

效性和传播内容的灵活度大幅度提升，但社会叙事的话语主体是"具备与大众媒介特质相契合的表达能力的少数个体"，是书刊的"善写者"、广播的"善说者"和电视的"善演者"。[①] 他们以才能优势垄断了大众传播媒介提供的话语表达平台，并利用渠道优势传播个人话语，普通个体只是大众传播媒介线性传播结构另一端的话语接受者。值得注意的是，这些少数精英所表达的话语内涵和意义，必须适应大众传播媒介所特有的生产机制、意识形态、商业法则等要求。换句话说，大众传播媒介的把关机制控制着话语表达，只有符合大众传播媒介特性要求的话语才能进行表达和传播。

与以口语、文字和大众传播媒体为主要叙事方式和传播渠道不同，网络群体传播时代以极具个性化的文字、图片、音频、视频等综合形式为主要叙事方式。同时，传播渠道除了大众传播时代的传统媒体外，还有"网络原生媒体"[②]、个人社交平台等多种叙事传播渠道。网络群体传播所构建的自由多样的链接关系突破了传统大众传播媒介的时空限制和垄断地位，使普通个体的主体性得以凸显，也使网络叙事的话语生产方式、内涵和意义发生了巨大变革。

首先，网络群体传播赋予了所有网民参与叙事、阐释的权利与机会，使得原本分散的个体叙事、阐释行为在高度链接化的传播系统中被连接成一个整体。网络群体传播时代是一个"人人都能发声，传播无处不在"的时代。从叙事渠道上看，移动互联网技术的发展使得传统媒体、"网络原生媒体"、个人社交平台等相互链接、彼此融合，形成了全时性、互动性的叙事交流平台。基于传播媒介"弱把关"的特性，传受主体往往身份匿名、关系相对平等，叙事议题灵活，表达方式随意，话语表达空间相对宽松。从叙事过程来看，作者主导文本意义的"中心化"叙事模式已经被削弱，读者参与叙事成

---

① 隋岩.群体传播时代：信息生产方式的变革与影响［J］.中国社会科学，2018，（11）：114-134，204-205.

② "网络原生媒体"是指原生于网络、与既有媒体没有隶属关系、偶尔或持续性地生产传播新闻性内容的媒体。它们中的大多数甚至并不具有"正式的"新闻从业者身份，但"没有名分"的它们事实上仍然提供着对当下社会事件和现象的叙述与评论。王辰瑶，刘天宇.新闻权威为何失灵？——"江歌案"中多元传播主体的话语实践［J］.新闻记者，2019（5）：4-13.

为可能。通过阅读、点赞、转发、评论等方式，作者和读者之间的界限被打破，读者转换为阐释者，能与作者和其他读者进行双向动态交流。这就导致传统媒体时代的线性叙事、单向传播演变为非线性叙事和多向传播，文本的生成和解读无时无刻不暴露在开放性的网络叙事场域中。分散的叙事行为通过高度链接化的传播关系汇集在网络传播平台上，多样化的议题及其阐释成为常态。这也进一步导致拥有相关或相似叙事内容和话语意义的文本通过各类传播平台汇聚在网络空间中，成为关于某一事件相关体的文本集合体。由此可见，网络群体传播时代带来了与之前完全不同的叙事平台和阐释空间，阐释者的自主性和能动性得到了全面提升。

其次，阐释者通过转述、整合、评论、解构、重构等方式对文本进行多元主观阐释，形成多元阐释间的张力。在网络群体传播时代，阐释者不仅是网络文本的叙事主体，还是网络时空中交流互动的虚拟主体和参与社会关系建构的现实主体。与事件相关的亲历者、目击者、新闻媒体、政府职能部门以及所有关注事件进展的网民，都可能成为事件相关文本的阐释者，从各自的角度对具体文本作出多元化阐释，并建构新的阐释文本。在前述"南京女大学生李某失联"的三个文本中，《又一起！南京一女大学生失联21天》传达的是记者与失联者家属两个叙事主体相互肯定的话语意义。之后的文本，如《南京失联女大学生已遇害！警方通报：被男友等人合谋杀害并埋尸》《男友曾去报案！南京女大学生被害，一个细节提醒所有人》等，都先后转述或阐发了《又一起！南京一女大学生失联21天》中的某些信息。这些后文本虽然增加了转述者，但都仍然对被转述者的话语意义持肯定态度，从而构成了与前文本一致的肯定性话语语义。与对作者话语进行肯定性阐释不同的是，有的阐释者也会对评论中的某些话语意义进行否定，如自媒体文本《恶意指摘被男友杀害女生私生活，是要给犯罪找正当性吗？》[1]。该文在转述李某家属的采访、案情进展和某些网友的恶意评论之后，直白明了地阐述了与其他

---

[1] 恶意指摘被男友杀害女生私生活，是要给犯罪找正当性吗？[EB/OL].（2020-08-05）[2020-08-05].https://www.thepaper.cn/newsDetail_forward_8591235.

文本截然不同的观点。该文本将分散的三种话语意义整合起来进行二次叙事，使之相互影响和烘托，形成了四种话语意义并存的张力关系。

值得注意的是，传受主体的个性化解读有时并不是单纯地对原文本进行肯定性或否定性阐释，而是通过无限衍义、预设意义等方式建构与其他传受主体的互动关系，进而影响社会舆论。"无限衍义"是指对文本的话语意义进行多重解读和开放性挖掘，如挖掘作者意图之外的话语意义、填补文本中没有阐明的意义空白等。安贝托·艾柯在《诠释与过度诠释》中虔信文本意义是开放性的，倡导读者对文本进行多重解释，但反对天马行空地对文本进行"无限衍义"的阐释方法。他认为"解构主义者"的批评方法是不可取的，"这种批评方法无异于给予读者无拘无束、天马行空地'阅读'文本的权利，……这是对'无限衍义'这一观念拙劣而荒谬的挪用"[1]。"无限衍义"的基础是原文本，阐释者对原文本的多重阐释不能脱离原文本意图。艾柯认为，作者意图和读者意图之间还存在着文本意图，它并不显露在文本表面，阐释者可以从文本中推断出来，但不能"无限衍义"。因此，"无限衍义"也就是艾柯所论的"过度诠释"，是一种违背作者意图和文本意图的意义阐释方法。在网络群体传播时代，"无限衍义"的阐释方法表现为多元传播主体通过文本解构、借题发挥等多种方式，对具体文本乃至文本集合体进行个性化阐释。一些网络段子通过"无限衍义"的阐释方式和别具一格的二次叙事策略创造了有别于原文本的话语意义，挑战了原文本的作者意图和文本意图。

与"无限衍义"的阐释方法有所区别的是，"预设意义"是指传播主体在解读文本前已有主观的立场、观点或结论，并在阐释中将主观的立场、观点或结论赋予被阐释文本。这种"预设意义"的阐释方式在文学批评中被看作"强制阐释"，即"背离文本话语，消解文学指征，以前在立场和模式，对文本和文学作符合论者主观意图和结论的阐释"[2]。张江认为，"预设意义"的显著特点就是阐释者以"前在"的立场和意图将文本之外的意义附会在文本之

---

[1] 艾柯. 诠释与过度诠释 [M]. 王宇根, 译. 北京：生活·读书·新知三联书店, 1997：9.
[2] 张江. 强制阐释论 [J]. 文学评论, 2014（6）：5-18.

上，并在阐释中得出与前在意图一致的阐释结论。在网络叙事传播中，传播主体为了抒发内心情绪或实现某种目的，往往通过"预设意义"的方式阐释文本，使得新阐释文本呈现更为复杂的话语意义。

类似解构原文本意图、调侃社会现象、抒发阐释者内心情绪的文本有很多，它们在社交网络平台快速传播，使得具有相似看法的传播主体在短时间内聚合成无形的群体。一方面，当个体意识获得其他个体的认同，并通过社交网络进一步传播时，个体叙事就获得了群体性支持。根据第45次《中国互联网络发展状况统计报告》，中国网民规模已达9.04亿，网民使用手机上网的比例达99.3%。[①] 网络叙事能够跨越年龄、性别、职业、学业、收入等社会结构差异和时空界限，将拥有不同价值观的人聚集在网络之中，让他们相互交流、认同或排斥，增强了社会活力。时政新闻、娱乐八卦、科普流言等叙事内容在满足人们相似信息需求和情感需要时，也促使人们更加自发地相互靠拢，形成社会凝聚力。即便是信源不确定的叙事内容，在社交网络平台的"信源美化"作用下也会演变成值得"信赖"的叙事。个体叙事获得群体性支持的过程，既是网络叙事主体的主体性意识逐步增强的过程，也是网络空间中分散的个体链接成为群体化链接的过程。这种群体化的链接关系促使个体情绪逐步叠加、融合成为群体情绪乃至社会共有情绪，并最终对社会舆论和公共议程造成影响。

另一方面，个体与个体、个体与群体、群体与群体之间的叙事关系既是叙事主体间的关系，又形成了一种特别的网络叙事语境和媒介环境。通过观点整合、述评结合、无限衍义、预设意义等方式，网络文本的阐释者传达出了多种话语，而这种多元阐释意义的生成除了受文本内容、表达策略等影响之外，还有更为复杂的语境原因。从阐释者的角度来看，多样化的传播主体通过高度链接化的关系网络聚集在网络空间中，跨越年龄、身份、阶层、地域等隔阂，进行着个体与个体、个体与群体、群体与群体之间的叙事交流活

---

① 中国互联网络信息中心. 第45次《中国互联网络发展状况统计报告》[R/OL]. (2020-04-28) [2020-05-10]. http://www.cac.gov.cn/2020-04/27/c_1589535470378587.htm.

动。这其中混杂着多元传播主体之间的信息共享、情绪感染、认知共识，以及多元阐释主体展现自我和进行社会交往的心理需求。这些既是多元叙事主体间的交流活动，也是多样传播主体间的交往实践。从意义生产的环境来看，只有话题吸引力强、发文及时的叙事才有可能获得较多的关注，因此，不管是专业媒体、非专业媒体还是个人，都试图快速、及时、低成本地生成和传播叙事内容。叙事意义的共享将多元、多样、异质的传播主体建构成社会交往共同体，而线上线下的社会交往实践活动也会进一步促进叙事意义的个性化。多元多样传播主体间的交流和互通是网络叙事的动力机制，这种社会交往实践活动会让差异化的叙事意义在网络空间中相互缠绕、彼此影响，并进一步推动网络叙事的进行。

此外，智能生成技术、算法推荐技术等也会对网络叙事的素材选择、内容生产、话语意义等产生影响。凭借智能生成、算法驱动等功能，机器可以参与素材搜集、初稿写作、内容分发等部分叙事进程，成为网络叙事主体之一。人和机器的协作过程往往忽略叙事策略，而将内容、观点等作为叙事活动的重点，因此，话语意义也会受到相应的影响。事件相关体被讲述成一个个犹如积木玩具的独立文本，机器再根据每位读者的阅读习惯和心理需求将这些独立文本呈现给不同的读者。看似是"按需分配"，其实背后隐藏着智能叙事对事件相关体的思考以及对某些话语意义的操控。从这个意义上看，依托智能生成技术、算法推荐技术等生成和传播的网络叙事实际上是一种形塑新话语权威的中介。

综上所述，网络叙事的文本客体、传受主体和网络群体传播环境之间构成了相互阐释的意义系统。网络叙事文本、传受主体对文本的阐释以及二者之间的双向、反复影响关系不仅是网络群体传播的"例证"，也是其"表现"。网络叙事文本以及传受主体对文本的多样阐释在网络群体传播环境中直接产生，网络群体传播环境的形成离不开二者的助推作用。无限衍义、预设意义等多样阐释共存与交流，恰好展现了网络群体传播时代极端多元化、多样化传播主体在信息、情绪、认知等方面的可沟通性，也即可以相互对话和影响的话语关系。个体与个体、个体与群体、群体与群体之间的叙事关系既呈现了叙事主体间的关系，又形塑了一种特别的网络叙事语境和媒介环境。因此，文本客体、传受主体和网络群体传播环境共同建构了网络叙事意义的多样化和差异化，也架构了复杂的意义阐释系统。

从结绳记事到网络叙事，科技不仅推动着人类的传播活动，也必然带来社会交往方式和人类思维方式的改变。网络群体传播环境和网络叙事在为社会信息的生成、传播提供支撑和干预时，必然会给多样传受主体的社会交往和思维方式带来新变化。其一，通过网络叙事实践所建立的社会交往关系，因交往范围的扩大、交往方式的丰富、交往关系的补强等，成为既有社会交往形态的有效补充。这些现象的背后，既是人类顺应社会发展追求自由全面交往的内在需求，也使新的交往方式存在诸多不确定性。其二，由于网络传播环境的日益复杂和网络叙事的多样易变，人类的思维方式也面临着再异化的隐忧。网络叙事在通过社会交往连接个体与个体、个体与群体、群体与群体之间的社会经验和价值信念时，也使得来自群体的话语权深刻地影响着个体的话语表达和经验传递。特别是当个体力有不逮之时，群体经验便成为个体叙事实践的支持性力量，个体独立分析的思维方式便被群体经验遮蔽，甚至取代。

网络叙事的活跃性和庞杂性，是全球发展的总环境和总趋势，使人类社会的生存、发展、演进面临着巨大的变量。网络叙事在改变社会的同时，也使世界陷入了诸多不可控的风险中。多元传播主体在这个环境下能否继续进行有效的社会交往，人类的思维方式能否更为科学合理，由此引发的对社会发展进程的影响，等等，都是整个人类文明发展问题群中的重点问题。正如马克思所说："动物只是按照它所属的那个种的尺度和需要来构造，而人却懂得按照任何一个种的尺度来进行生产，并且懂得处处都把固有的尺度运用于对象。"[①] 网络混沌、复杂的叙事机制引发的社会交往方式和思维方式的嬗变或许会对社会发展与人类文明的步伐产生意想不到的影响。

---

① 中共中央马克思恩格斯列宁斯大林著作编译局. 马克思恩格斯文集（第1卷）[M]. 北京：人民出版社，2009：163.

加速社会与群聚传播：信息现代性的张力 *

信息传播技术的加持，推动现代化进程走上了加速行驶的快车道，使人类社会迈入了从工业现代化向信息现代化加速转换的历史进程。加速，是现代社会发展的总体性特征，贯穿从工业现代化到信息现代化[①]的整个历史进程。在不同的历史时期，社会加速所依赖的主要动力来源不尽相同，信息化驱动的现代化相较于工业化驱动的现代化，产生的加速体验更为强烈。它不仅重塑着个体的存在方式、经验范式与认同模式，也重构着社会的生活形式、组织模式与权力范式。在信息现代化发展的过程中，互联网，特别是移动互联网迅速发展，使普通个体获得了传播主体的地位，成为信息生产者，一定程度上促进了社会民主。同时，个体经验、个体认知、个体情绪、个体价值判断等，在高度联通、加速扩散的互联网场域中实现了社会化传播，形成了群聚传播之势，也带来了舆论难调、叙事解构、认同撕裂、价值失序等问题。这种比工业现代化阶段表现得更为激烈的矛盾冲突，与信息流动速度的加快、传播程度的加深、通信广度的延展密不可分。

---

* 本文原载于《北京大学学报（哲学社会科学版）》2023 年第 2 期，与姜楠合作，被《新华文摘》2023 年第 14 期全文转载，收入本书时略有删改。

① 信息现代化是现代化发展的新时代引擎，以工业现代化为物质基础。与大型机器制造业技术推动的工业现代化相较，信息现代化以互联网通信为技术支撑，以信息流通与知识共享为目标，推动经济社会发展。

一、工业现代性与信息现代性

（一）现代化与现代性

现代化是一个变迁过程，以工业文明为标识，既包含经济制度、社会生活的转型，又包含政治体制、文化观念的转变。它一方面重视工具理性，以实现工业发展、经济增长、物质繁荣、科技进步为目标；另一方面强调价值理性，以生活方式重塑、行为规则再造、价值理念更新为追求。理性精神贯穿现代化过程的方方面面，因此，现代化也被视为一种"合理化"的过程。现代性是"现代这个时间概念和现代化这个社会历史过程的总体性特征"[①]。现代性既标志着"量"，体现为时间范畴的累积界划与历史延续，又表征着"质"，体现为社会形态和价值理念上的转型、激变与断裂。如果说现代化是本体与事实，那么现代性则是特征和属性。

（二）工业现代性与信息现代性的各自张力

以工业革命为标识的现代化进程，包含两个大的历史阶段：工业现代化阶段和信息现代化阶段，也即蒸汽机开启的机械工业社会和互联网普及带来的信息社会。如果说现代化进程必然伴随着现代性特征的呈现，那么现代性就包含着呈现工业社会发展特征的工业现代性和呈现信息社会发展特征的信息现代性。换言之，信息传播的现代化包含着两个阶段：工业化推动的信息传播的现代化与信息化推动的信息传播的现代化。信息传播的现代化肇始于工业社会，与整个现代化发展并行。电报的发明开启了信息传播的现代化实践，它以电力为能源，与以蒸汽机为动力的现代铁路运输并驾齐驱，共同成为19世纪具有里程碑意义的现代传播（交通运输与信息通信）工具，工业现代性的张力与悖论集中体现在这一阶段。信息化不同于信息传播的现代化，

---

① 贝克,吉登斯,拉什.自反性现代化：现代社会秩序中的政治、传统与美学[M].赵文书,译.北京：商务印书馆,2001：总序.

是相较于工业现代化的高级现代化阶段。也就是说，信息化是以电子计算技术为标识，包含于信息传播的现代化之中，是信息化推动的信息传播的现代化发展阶段。信息现代性的张力与悖论也集中体现在这一阶段。

信息现代性是信息方式演变在现代化进程中所呈现的总体性特征，突出体现在信息化的信息社会阶段。从传播的历史考察中可以发现，信息方式的变革与现代性的发展密切相关，信息传播始终伴随并参与着现代性的持续变动与扩张。在以生产为导向的早期工业化进程中，工业现代性的张力是工业技术、生产方式、分配机制、交换方式等各要素与社会关系之间的矛盾冲突，现代性的审视体现为对这一系列要素中人的主体性与生存境遇的现实观照。信息现代性则将目光投射到媒介技术、信息方式、传播过程与传播关系等各要素之间，考察媒介技术、信息生产方式、传播模式的变革所引发的传播关系乃至社会关系的变迁，以及由此导致的社会结构变迁。换言之，信息现代性的张力，集中表现为信息社会化与社会信息化、媒介社会化与社会媒介化过程中媒介技术、信息方式与人的信息化生存境遇之间的矛盾关系。信息现代性孕育于现代性之中，天然带有现代性的基因。与现代性相应，在现代性总体结构中，信息现代性不仅意味着对工具理性（主要是媒介技术）的进一步强调，也饱含着对价值理性的更多期待。如果说在工业现代化阶段，信息现代性是现代性内容指向的一个侧面，内隐于现代性之中，存在于现代性的一隅，那么，步入信息现代化阶段，信息现代性则呈现为一种外显的现代性。它不甘于仅作为现代性内容指向的一个侧面，而是不断加速扩张自身的版图，企图渗透和囊括当今现代化的所有过程，成为信息社会的全部原则与内在尺度。

二、加速社会与信息现代性

时间观之于现代性，是不同历史阶段现代性精神发挥作用的结构形式和深层枢纽，由此，现代制造业生产方式确立的线性发展与持续进步，使得"未来"较之"现在"总是意味着更进步、更文明的线性矢量时间观成为工业社会的主导逻辑,即工业化时代秉持的时间性原则。然而,移动互联网普及带来的非线性传播和空间重组、共同在场,使得信息性原则跃迁为信息社会的主导逻辑,即信息化时代遵奉的信息性原则。

(一)工业化时代的加速:时间性原则

工业制造业生产方式的确立与科技实践方面的探索发现,确证着线性矢量时间观的合法性,强化了人们追求未来无限进步的信念。在线性、连续的时间流中,产生了过去(历史)、现在与未来之别。工业现代性的文化意义和价值取向正在于"未来"。因为"未来"较之"现在",总是意味着更进步、更文明。这种潜移默化的规定性促使人们始终处于走向未来、向未来无限靠近的动态"现在"之中,也使这种时间观成为工业现代性价值诉求的开端。

现代主体的对象化活动遵循线性矢量时间观。它在推动现代化进程持续发展的同时,不断规制与生产着现代性。在这一过程中,技术的变革驱动着生产方式的转变,保障了人们在连续性的生产活动中实现从"现在"走向"未来"的可能性,也在周期性的再生产实践中生成了"过去"。线性时间观的方向规定性与技术的不可逆性,共同构成了现代性的意指线索,不断推动现代主体的对象化活动,指引现代化进入持续加速的进程。这摆脱了对自然条件依赖的手工业生产方式,技术支持下的工业制造业生产方式大大缩短了生产周期。从手工工场到机器工厂,分工与协作在周期性的生产中被熟练化、流程化、标准化,为机器生产的时间计量提供了原型。机械钟表的诞生,强化了这一点。正如哈桑指出:"当工业革命和时间意识的钟表化转变肇始之时,由竞争所驱动的这一系统的不断发展意味着技术逻辑在地理空间之内——以及跨越地理空间——的不断扩散。"[1] 也就是说,机械钟表的诞生及其所规定的时间意识,不仅成为以机器制造业为生产方式的社会运行模式和制度运行结构,同时成为现代人日常生活的参照标准与实践规则,甚至成为

---

[1] 哈桑.注意力分散时代:高速网络经济中的阅读、书写与政治[M].张宁,译.上海:复旦大学出版社,2020:53.

衡量工业化技术时间状态下现代性价值的尺度。

机械时间组织下的生产与交换方式生成着工业时代的社会结构，并以此为基础孕育出工业现代性的文化精神。正如马克思指出："每一历史时代主要的经济生产方式和交换方式以及必然由此产生的社会结构，是该时代政治的和精神的历史所赖以确立的基础，并且只有从这一基础出发，这一历史才能得到说明。"① 事实上，机械时间规定下的工业现代性价值的实现，并非仅源于直观的机器工序和流水线上的物质产品，更在于产品进入商品流通市场之后交换的完成，否则流水线的快节奏完全可以消耗在商品的运输时间上。从工场手工业到机器制造业，从小型集市到大型市场，从地方性物品交换到跨区域商品交易，正是更广阔社会范围内商品市场交换的需求，推动着工业现代化的历史进程，催生出现代社会的时间结构与文化精神，并最终赋予了格林尼治时间（GMT）以世界性标准。这种作为现代技术时间之始的机械时间及其被赋予的世界性特征，彰显着现代性无限扩张的本质属性，揭示了现代性文化中所蕴藏的全球化内涵。

机械钟表作为现代时间的统一标准与象征物，为现代性的全球化扩张奠定了基础。它作为衡量工业现代化生产的社会时间依据，决定性地实现了时空的分离。在机械钟表发明之前，人们头脑中的时间观念通常是一种自然物理时间。时间从空间中分离出来的决定性意义，在于它建立了一种可以脱离自然物理时间的抽象的世界时间体系。它提供的"虚化"时间（empty time）的统一尺度，与现代性的时空延伸和扩张一致，形成了不同于前现代的工业社会时间结构。机械时间以线性矢量时间观为基石。它所塑造的现代工业社会的时间结构，一方面呈现出跨越地区的标准化特点，另一方面呈现出世界范围内的统一性特点。使得每一个所谓"现代人"的日常生活都被划归到同一种计时体系之下，每一个"现代人"的生活节奏都遵循着大体相同的步调。电影《摩登时代》中卓别林饰演的工人查理，就是一个受制于工业流水线、

---

① 中共中央马克思恩格斯列宁斯大林著作编译局.马克思恩格斯选集（第1卷）[M].北京：人民出版社，2012：385.

依循皮带传送节奏的"现代人",而正是"查理们"的工作和生活节奏维持着大型工业机器的正常运转,满足着抽象时间体系中商品交换的需求。通过皮带传送机打造的工业流水线,正是工业社会时间结构的典型表征,它使人的身体的每一分钟都从属于流水线。这种形成于工业现代化阶段的机械时间结构,以一种全然不同于前现代时间秩序的方式,将人们卷入更为广阔时空的现代生产与交换体系(但却使个体成为这个庞大的生产与交换体系中的一颗螺丝钉)。机械时间打破了自然物理时间所具有的一体化的时空关系格局,通过现代性特有的抽象化的时空观念以及脱域化(disembedding)机制,将"边缘"与"中心"相连接,将"地方"与"全球"相勾连。它凭借将"虚化"的时间尺度再嵌入(embedding)地方性场景的方式,完成了时空关系的现代性重组。

工业现代性价值的实现,并非停留在流水线上生产的物质产品,更在于产品交换的完成。只有更广阔范围内社会交换、交往的地方性实现,才能转换成为包含着物质与文化双重意义的现代性价值。以线性矢量时间观为基石的机械时间,作为统一现代时间体系的确立,为跨地域传播提供了参照标准和沟通条件,提出了加速传播的新要求。作为控制空间的基础,统一的现代时间体系为压缩时间从而征服空间、战胜空间、实现现代性价值提供了可能。也是这一原因,工业现代性价值的实现被聚焦在时间价值上,使时间范畴长期以来被视为具有超越空间因果的优越性。同时,通过加速来缩短传播时间,即交换、交往、运输与流通的时间,提高传播效率,成为现代性的制度经验。现代性内生着一种加速逻辑,这种加速逻辑支配并形塑着现代社会的时间结构。正如罗萨曾指出,现代性与加速逻辑无论在概念上还是本质上,均具有内在关联。[①] 可以说,现代性的经验史正是一部不断"用时间消灭空间"[②] 的加速经验史。

---

① 罗萨.新异化的诞生:社会加速批判理论大纲[M].郑作彧,译.上海:上海人民出版社,2018:4.
② 中共中央马克思恩格斯列宁斯大林著作编译局.马克思恩格斯全集第46卷:下[M].北京:人民出版社,1980:33.

马克思早在《资本论》手稿中就提出了"用时间消灭空间"的思想。他注意到，伴随着工业制度的不断成熟，信息传播与商品流通在现代社会中同样具有不可或缺的作用。他指出，要实现大量资本、商品和劳动力的转移，既要力求摧毁交换的地方性限制，获得整个全球性市场，又要力求通过时间去征服空间，将"转移"所花费的时间压缩到最低限度，①打通实现剩余价值的最后一公里。同时，为了避免因需求变化而导致不必要的经济损失，也要求商品信息的跨时空传播与有效沟通。

在物资与商品匮乏的社会条件下，现代化的发展是以生产为导向的。摆脱贫穷、实现财富增长与物质繁荣，是这一阶段的现代化发展目标。也就是说，信息传播的现代化发展首先要扎根于经济社会发展的土壤，且处于经济发展的附属地位，辅助商品交换的完成。这一时期现代性价值的实现，存在于商品的使用价值与交换价值之间，特别有赖于物的交换价值的实现。这是因为使用价值蕴含于商品生产的过程之中，代表着"过去"；交换价值则潜藏在还未发生的商品交换之中，代表着"未来"。在工业时代的线性时间观念和文化精神中，现代性价值的实现恰恰在于比"过去"和"现在"都更加进步的"未来"。信息传播正是将自身诉求置入快速到达"未来"的过程性之中，并致力于通过一种高效、快速的线性信息传播方式，兑现"用时间消灭空间"的承诺，满足人们对美好生活的期待。

电报的发明，实现了人们对远距离即时通信长达两个多世纪的期盼。它不仅"成为配合铁路发展的通信工具"②，更主要的是强有力地促进了现代商业、金融、贸易的发展，而对报业与新闻业的推动不过是工业现代性加速的副产品。尽管这一时期作为工业现代性加速的副产品的传播革命更侧重于打通广阔地域空间的物质交往障碍，但是电报的发明与应用，让信息拥有了跨越时空沟通与交流的可能性，让信息交往巩固了物质交往的成果。当第一条

---

① 中共中央马克思恩格斯列宁斯大林著作编译局.马克思恩格斯全集第46卷：下[M].北京：人民出版社，1980：33.
② 项翔.划时代的传播革命：有线电报的发明及其对社会历史的作用[J].历史教学问题，1996（1）：8-13.

跨大西洋海底电缆成功铺设时，人们更表现出了对信息传播技术的兴奋与喜悦、寄托与期待。如同马克思、恩格斯所比喻的那样，"各种电报像雪片一般飞来"①，"电讯立即闪电般地传遍整个大不列颠"②，"整个欧洲变成了一个证券交易所"③。19世纪末至20世纪初，电话、广播、电视等现代信息传播技术接连创生。依托于模拟电子技术的广播、电视的问世，更使"即时传真"的线性信息传播成为可能。伴随着这一系列线性传播媒介的社会普及与应用，信息传播的速度进一步加快，信息传播的时空范围进一步拓宽。20世纪中叶电子计算技术的发明与20世纪60年代中后期互联网技术的出现，使数字技术在很大程度上超越了模式技术。它不仅通过离散的数字信号替代连续的电信号，达成了更快捷、稳定的信息传递，而且让信息可以通过一组通用协议瞬间传遍全球。可以说，信息传播技术的变革，再一次兑现了"进步"与"解放"的现代性承诺，人类对传播技术实现美好生活的希冀与期待也延伸到了信息时代。

（二）信息时代的加速：信息性原则

如果说工业社会的支配逻辑是以时间性为原则，工业社会现代性价值的实现聚焦于时间价值，那么当人类迈入信息社会时，信息性原则则成为新的支配逻辑，信息社会现代性价值的实现也转而依托于信息价值。这一支配逻辑的转变看似是一种"断裂"，实质上是对时间性原则的"延续"，这是因为，信息性原则正是"时间征服空间"，进而征服、超越自身的结果。同时，"时间征服空间"进而不断加速征服、超越自身，也是"信息现代性"的根本特征。

19世纪初，蒸汽动力作为社会加速引擎，构建了"蒸汽交往体系"，开

---

① 中共中央马克思恩格斯列宁斯大林著作编译局.马克思恩格斯全集（第31卷）[M].北京：人民出版社，1998：154.

② 中共中央马克思恩格斯列宁斯大林著作编译局.马克思恩格斯全集（第15卷）[M].北京：人民出版社，1963：408.

③ 中共中央马克思恩格斯列宁斯大林著作编译局.马克思恩格斯全集（第10卷）[M].北京：人民出版社，1962：653.

启了蒸汽传播时代；19世纪中叶，电报和海底电缆作为社会加速引擎，构建了"电力交往体系"，开启了电力传播时代；20世纪中后期，互联网技术作为社会加速引擎，构建了"信息网络交往体系"，开启了互联网传播时代。微电子、计算机和网络通信技术的出现，昭示着信息革命的来临。它使得信息与知识逐渐替代了物质与能源，成为驱动社会发展的生产力要素，推动人类社会从工业现代化不断向信息现代化迈进。在这一社会变迁过程中，工业逻辑开始逐步让位于信息逻辑，整个社会无论从生产方式还是从文化经验上来看，都逐渐具有了信息性特点，信息性成为社会加速的主导原则。

数字信息技术构建的全球互联网，重新规制了现代生产与交往的方式，也重塑了信息社会的现代性价值。在机械引擎助力的工业现代化状态下，现代性所承诺的"解放"与"进步"，更多地包含着双手、双脚、身体与感官的"解放"，包含着对物质局限与精神贫瘠的挣脱与跨越。而加速，则蕴含着实现"解放"与"进步"的潜能。工业时代，社会的发展变迁有赖于汲取机器的加速动力；到了信息时代，社会的高速发展则是通过信息性强化加速能量。正如罗萨所说，现代性的承诺"之所以能获得正当性和吸引力，也正是因为社会出现了与日俱增的'动力能量'，亦即社会变迁速度的增加"[①]。信息性助力的现代化发展不仅实现了从远程终端局域连接到全球互联网链接，还实现了从Web1.0到Web3.0、从1G到5G的跨越式发展和全球信息流动。它让信息传播技术的更迭周期不断缩短，从而使整个人类文明进程依托信息性原则迈入了加速行驶的快车道。

信息性之所以具有超越机器性的加速动力，是因为信息既不是物质的，也不是能量的，而是比特的。信息抛开了物质的量的沉重，脱离了能量的质的密集，以优于原子和电子的轻灵与流动，加速穿梭于全球互联网世界。在信息网络社会里，信息逻辑使得由机器制造业生产方式与文明状态共同塑造的工业现代性结果，不断被以信息性为主导原则的社会状态与文化精神取代，

---

① 罗萨.新异化的诞生：社会加速批判理论大纲[M].郑作彧，译.上海：上海人民出版社，2018：108.

使整个社会呈现出可以被称为"信息现代性"的特征。

当信息成为社会运行机制和生产动力时,经济领域中无论是生产工具还是生产过程、无论是生产的物质性产品还是服务性产品,都越来越具有信息属性。微电子元件带来了生产工具的信息化,生产过程从劳动密集向信息密集或知识密集转向。同时,生产工具与生产过程的信息化,又直接导致了生产方式、生产关系以及组织方式的信息化,进而促使人们的日常工作与生活均带有信息性质。当信息逻辑作用于生产方式时,社会生产便借助信息流动而组成。它将地理形式上并不连续的各个区位组成了生产复合体,分散又汇聚着地方性空间。而当这种生产方式从生产者渗透到使用者时,信息逻辑便随之扩张成为一种普遍的社会属性,最终形成整体性的信息文化。

所谓信息文化,本质上是一种"流"的文化。拉什在具体指认时将它解释为涵盖着信息流、通信流、影像流、观念流、货币流、物流、人流等内容范畴。卡斯特也认为,社会逐步信息化后,"社会是环绕着流动而建构起来的:资本流动、信息流动、技术流动、组织性互动的流动、影像、声音和象征的流动"①。在整体性的信息文化中,流动不再只是社会组织方式中的构成要素,而是具有了支配经济、政治、日常生活之过程的功能属性,并使它们最终以"流动空间"(space of flows)的形式加以呈现。在这里,"流动空间"并非抽象、玄虚的物理空间,而是包含了共享时间(time-sharing)下具体、丰富的信息化传播实践。"流动在同时性的时间中接合"②,多重"立即瞬间"的交叠,压缩了流动发生的过程性,从而导致了时间在一个新的、可以囊括一切的沟通与传播系统里被消除。在这其中,时间之于现代性的意义再一次发生改变。卡斯特用"无时间之时间"(timeless time)指称这一沟通与传播系统在空间流动不居状态下的时间性特征。在他看来,这种"立即的瞬间"造成了莱布尼茨(Leibniz)所谓的"事物先后关系秩序"的消除。事物序列

---

① 卡斯特.网络社会的崛起[M].夏铸九,王志弘,等译.北京:社会科学文献出版社,2001:505.
② 卡斯特.网络社会的崛起[M].夏铸九,王志弘,等译.北京:社会科学文献出版社,2001:505.

秩序消除带来的随机性与不连续性，实质上再次创造了一种未分化的时间系统。①在这样的流动空间里，带有信息属性的时间碎片混合了"过去""现在"与"未来"的各种时态，这种新系统中的时空关系状态便是由数字信息技术构建的全球互联网的信息化范式。

互联网传播作为信息传播现代化发展的新阶段，使"传播"不再拘泥于工业现代化时期社会发展之一隅，而是将一切卷入信息性构建的"流"文化。在万物互联的全球网络化世界里，数字信息技术赋予了传播媒介以塑造时间观念的功能，从而产生了由互联网技术建构的媒介时间系统（抑或说互联网时间系统）。互联网打破了与工业社会相匹配的线性时间结构的规定性，使得以非线性特征为核心的网络技术范式和网络化逻辑，成为信息现代化阶段的支配性逻辑。非线性、不连续、弹性化的媒介时间结构，颠覆了早期工业社会条件下的主体实践方式，在提高主体实践灵活性的同时，为主体实践创造了多维空间，改变着主体的时间体验与经验建构。

与工业化相匹配的大众传播时代，广播、电视节目的生产流程与制作周期，节目的排播时间与次序，广告在广播、电视节目内容中的时长、时段、售卖方式等作为工业化社会分工的组成部分，都围绕着机械时间结构展开。同时，作为人们日常生活实践的观看方式、观看时间与时长等，也与节目内容的播出方式、时段以及时长等呈现出协同性和一致性。不同的地域空间被赋予统一的时间参照，成为衡量工业现代化进程中主体实践的时间尺度，也成为一种嵌入个体日常生活实践和生命体验的时间秩序，与社会规范一并被内化于身体之中。这种由现代工业技术所创生的时间体验与个体建构，被技术哲学家斯蒂格勒称为"现代主义大众接受"的社会化过程。它使得身处于工业社会中的人们"与内置于技术制成品中的时间秩序形成了动态的依存关系"②。可见，技术、时间与现代性的发展并行不悖。正是基于此，斯蒂格勒

---

① 卡斯特.网络社会的崛起[M].夏铸九，王志弘，等译.北京：社会科学文献出版社，2001：564.
② 诺沃特尼.时间：现代与后现代经验[M].金梦兰，张网成，译.北京：北京师范大学出版社，2011：72.

将工业现代性视为通过社会时间结构的改变而引发的传播与接受的革命。

信息革命的到来,使社会的运行越发取决于网络技术范式规定的节奏与速度。互联网建构的全新时空秩序,再一次"改变了社会生活的空间和时间的知觉与组织"①,为人们提供了虚拟与现实不断交织与融合的多维时空。在信息网络社会中,原本处于相对静止状态的物理空间流动了起来。②在互联网架构的一体化传播空间里,一切在信息化之后均开始逐渐摆脱原有的地域、社会乃至民族国家的边界,主体实践也不再囿于地方性的物理时空。信息现代化进程的加速发展,改变着工业社会由机械时间所赋予的实践方式、秩序与规则。卡斯特指出,信息化的生产方式制造了不同于以往的远距离工作(teleworking)状态,形成了宛如"电子别墅里的日常生活"③,使家庭场景代替了办公室场景。同时,这种状态的存在,也使得工作时间与私人时间相互交叠,一定意义上造成了工作时间对私人时间的侵入和挤占。当代西方加速理论研究者朱迪·瓦克曼(Judy Wajcman)也认为:"信息与通讯技术的变革创造了新的时间实践形式,它改变了交往的质,……创造了一种模糊的'在场与非在场'意义上的'联结关系'。"④这种联结关系的出现,恰恰源于互联网技术对既有时空序列的颠覆。它"造成了'时间变位'(Time-shifting),进而使日常生活和工作中出现多重任务叠加的非组织性状态"⑤。

数字信息技术的诞生,催生了一种新的媒介时间。它以全球互联网为技术支撑,重新规制了现代生产与交往的方式,重构了人与时间的关系,并推

---

① 罗萨.新异化的诞生:社会加速批判理论大纲[M].郑作彧,译.上海:上海人民出版社,2018:14.
② 刘少杰.网络化时代的社会结构变迁[J].学术月刊,2012,44(10):14-23.
③ 卡斯特.网络社会的崛起[M].夏铸九,王志弘,等译.北京:社会科学文献出版社,2001:485-486.
④ WAJCMAN J.Life in the fast lane towards a sociology of technology and time[J].The British journal of sociology,2008,59(1):70.转引自代利刚.当代社会加速度理论的源流、理路与批判[J].社会科学,2019(2):130-137.
⑤ WAJCMAN J.Life in the fast lane towards a sociology of technology and time[J].The British journal of sociology,2008,59(1):70.转引自代利刚.当代社会加速度理论的源流、理路与批判[J].社会科学,2019(2):130-137.

动着信息现代化进程的加速发展。在互联网建构的媒介时间体系里，信息性原则主导的非线性传播范式颠覆了工业化时代由大型机器主导和建构的线性传播范式，使得机械时间系统所赋予的组织方式、结构秩序与实践规则被逐一打破。工业现代性所遵循的"通过统一时间控制空间"的价值准则失去了存在的合法性，有关生产、生活实践的社会时间不再以统一的线性方式存在。人类社会生活从隶属于流水线转向隶属于互联网，从隶属于时间性转向隶属于信息性。

三、互联网群聚传播与信息现代性

互联网群聚传播以"非线性流动"与"无组织聚集"为特点，是非线性时间催生出的传播新范式，也是社会加速的传播后果。它遵循信息逻辑，生成脉冲式的文化，成为信息现代性的传播表征。

（一）作为加速后果的互联网群聚传播

从时间性来看，加速导致了非线性。这是因为，线性系统并不能承载运动的持续加速，于是造成了现代性在加速运动状态下与线性系统的分离，转向与非线性系统的媾和。从传播层面来看，从线性到非线性的转变，既涉及媒介技术的加速变革，也包含加速现代性条件下因信息传播需求扩大而带来的传播主体极端多元化的转变。

从传播的媒介技术层面来看，麦克卢汉（Marshall McLuhan）早在20世纪60年代便提出：媒介是"人的延伸"[①]。所谓媒介既包含了对人的感官延伸的媒介，即信息传播媒介；也包含了对人的身体延伸的媒介，即交通运输媒介。在谷登堡（Gutenberg）时代，字母表系统和拼音文字培育了西方文明通过线性句法和抽象逻辑来表达和传播信息，延伸了人的听觉、视觉感官，强化了线性思维的意识系统。而贯通于两座城市之间的平直的罗马大道，构筑

---

① 麦克卢汉.理解媒介：论人的延伸[M].何道宽,译.南京：译林出版社，2011：18.

了修长且连续的线性交通系统，宛如文艺复兴时期推崇的透视法，诠释着地点与空间之间的关系，完成点与点的线性汇聚，通过公路运输实现着人的身体的延伸。电的发明，实现了从"烽火连三月，家书抵万金"到"海内存知己，天涯若比邻"的转变，使线性传播速度大规模提升，进一步延伸了人的感官和中枢神经系统。

电报的出现，开始了信息传播的现代化发展。电报、电话等的相继出现，带来了"事物倏忽而来，转瞬即去"①的知觉体验。同时，这种知觉体验也意味着自然时间序列被打破。它导致了线性逻辑的产生，使人们开始认识到即便两个事物在自然时间中接连发生，也并不意味着它们之间存在因果关系。蒸汽机的发明，则意味着庞大线性传播体系的加速社会化构建。其中，蒸汽机车作为线性传播加速社会化的标志，不仅掀开了工业文明的崭新篇章，也使人的身体得以跨越地域空间，穿越并征服自然时间，突破自然时间序列，将时间甩在身后。火车时刻表作为对时空秩序的线性规划，保障了"火车、乘客和货物之间的复合调整"，为"穿越广袤的时空轨道"②提供了可能。正因如此，库利（Charles Cooley）认为铁路也是媒介。这不仅因为它能运送承载信息的货物，更因为它能运送承载思想的人流。工业机械化在信息传播领域的运用，不仅使现代报纸借助大规模机械生产与批量复制实现了大众传播，也进一步为信息的记录和存储提供了便利，实现了经验与文化、过去与传统持续稳定地向未来传递。

广播、电视等电子媒介的相继出现，进一步强化了工业文明的线性传播逻辑，同时借助电力在"用时间征服空间"中提高即时传播效能，使信息传播呈现一种"共时性"。然而，这种"共时性"不同于网络信息传播的"无序共时性"，而是一种因大规模集中化而产生的"有序共时性"。这种"有序共时性"的信息传播，是从工业化的组织结构中衍生出来的。由于工业"组织上的集中制建立在连续的、视觉的线性结构基础上，这种结构是从使用拼

---

① 麦克卢汉.理解媒介：论人的延伸［M］.何道宽，译.南京：译林出版社，2011：22.
② 吉登斯.现代性的后果［M］.田禾，译.南京：译林出版社，2000：17.

音文字的文化衍生出来的。因此，电力媒介最初遵循着文字结构的既定模式"①。尽管如此，广播、电视的问世仍然不同于以往地重启了视听表意系统，实现了人的视听感官延伸。在蒸汽动力和电能动力共同推动的大工业时代，交通运输和信息通信领域的大规模、集中化加速发展，构建了一种社会化的线性传播体系。这种线性传播体系遵循加速现代性的机械时间逻辑，通过统一时间来实现对空间的征服。然而，当大规模的集中化、组织化成为加速现代性的掣肘时，线性传播与机械时间便在加速现代性的过程中失去了合法性。

如果说工业现代化的加速依靠的是大型制造业机器以及与之相伴的以电报、广播、电视为代表的线性的、固定的、组织化的信息传播，连续性和在地性的线性传播模式的确助力了加速现代性，那么信息现代化的加速则有赖于精密的数字芯片以及与之相伴的以计算机网络、移动互联网为代表的非线性的、流动的、非组织化的信息传播，因为加速现代性的未来唯有非连续性和去地性的非线性传播模式，才能保证加速的持续性。如此，在交通运输中，飞机通过非线性与不连续的空间迁移完成两点空港之间的起飞与降落。在信息通信中，两点之间不连续且非线性的信息流通，则由手机、私人电脑等信息终端实现。当机械时代的线性传播逻辑被信息时代的非线性传播逻辑取代，信息性成为社会加速的主导原则时，一切便都力图以信息方式呈现时。借助钢筋与水泥构筑的"越大越好的""沉重的现代性"逐步向光纤网络与路由器联结的"小的是美好的"②"流动的现代性"③转变，线性传播的刚性体系逐步向非线性传播的柔性系统转变。

当持续的加速运动伴随着互联网技术的普遍渗透与底层嵌入而成为一种社会逻辑时，拉什所谓的"非线性的社会—科技群聚（assemblages）"④便随之产生了。这种"社会—科技群聚"正是加速现代性驱动下传播主体的多元化转变。同时，它也是一种在无限延伸与扩张的网络时空中发生的群体性、

---

① 麦克卢汉.理解媒介：论人的延伸[M].何道宽，译.南京：译林出版社，2011：349.
② 英国经济学家舒马赫在其著作《小的是美好的》中表达了此观点。
③ 鲍曼.流动的现代性[M].欧阳景根，译.北京：中国人民大学出版社，2018：202.
④ 拉什.信息批判[M].杨德睿，译.北京：北京大学出版社，2009：181.

社会性的加速传播的后果。即基于互联网技术而催生的"群体传播时代的莅临"[①]。这里的群体并非社会学意义上的首属群体、次属群体的分类,而是心理学意义上的因事聚集群体（collective action）[②];也非传统意义上的基于物理空间的群体传播,通常体现为脱离地域空间的因事聚集和网络互动[③]。从参与传播的群体主体层面来看,这种聚集性的群体往往带有强烈的自发性,并以无组织化、非制度化的群聚方式展开传播活动。[④]伴随着互联网的普及,"虚拟空间与现实世界不再有楚河汉界之分,反而彼此渗透、深度融合",促使"网络互动成为人们真实社会生活中的重要组成部分"[⑤]。同时,这种通过网络群聚而引发的群体传播活动日益常态化,甚至成为一种"非制度化的传播制度"。然而,这种"无人不传播、无处不传播"的传播现象和社会状态,并不局限于传播领域,也存在于经济、政治、社会与文化等其他方面,并深刻影响着经济形式、政治生态、社会关系、社会心理以及文化样态。[⑥]这种规模空前的互联网群聚传播活动及其所激发的普遍的社会影响力,恰恰源于作为媒介技术的全球互联网的加速动能,不仅是加速流动的信息社会的重要表征,而且是信息现代性的传播后果。

互联网群聚传播之所以能够产生,正源于数字网络技术带来的时间的非线性、碎片化与空间的流动性、非组织化。在线性矢量的机械时间系统下,虚化的时间尺度带来了自然时间与地域空间的分离,又在工业现代性的时空

[①] 隋岩,曹飞.论群体传播时代的莅临[J].北京大学学报（哲学社会科学版）,2012,49（5）:139-147.

[②] 本文所谓"互联网群聚传播"即笔者此前提出的"互联网群体传播",之所以改变表述,是因为群体传播这一概念如正文中所述,常被误解为次属群体的互联网传播,而非聚集群体的互联网传播。

[③] 隋岩.群体传播时代:信息生产方式的变革与影响[J].中国社会科学,2018（11）:114-134,204-205.

[④] 隋岩,李燕.从谣言、流言的扩散机制看传播的风险[J].新闻大学,2012（1）:73-79.

[⑤] 隋岩.群体传播时代:信息生产方式的变革与影响[J].中国社会科学,2018（11）:114-134,204-205.

[⑥] 隋岩.群体传播时代:信息生产方式的变革与影响[J].中国社会科学,2018（11）:114-134,204-205.

重组机制下再嵌入（re-embedding）地域空间，重组为符合大型机器运转速度与节奏的新型时空。而在非线性的互联网媒介时间系统下，虚化的多维、非线性时间不再具有统一的标准，不仅造成了空间与地点（place）的分离，也不再企图完成与地域空间的再重组，而是随机嵌入了不同的网络流动空间，形成了流动时空中持续运动的节点。这些流动的时空节点是个体化的，附着于一个个移动互联网终端，其背后是参与、卷入互联网，特别是移动互联网的多元传播主体。它们中有些虽然可能代表着组织机构、社会团体，但仍然以个体化的方式存在，更多流动时空中的节点则属于网民个人。显然，在信息现代性机制构筑的重组时空中，机器逻辑需要的线性时间序列在高速运动的状态下被打散，取而代之的互联网逻辑，在保障现代性持续加速的需求下，最终导致了时间的碎片化和时空关系的个人化，这也是互联网群聚传播生成的时空条件。在由个人化的时空关系节点拼贴而成的互联网场景里，多元传播主体通过松散的、临时的、非线性的网络群聚展开信息传播活动。这种"拼贴时间"作为信息现代性的时间制度，伴随着互联网群聚传播实践的常态化，逐渐生成新型传播秩序与文化样态。

（二）作为信息现代性传播制度的互联网群聚传播

以信息化为动力的加速现代性，生成了拼贴的时间和流动的空间。这种灵活重组的时空关系结构，赋予了普通个人以传播主体地位。在信息传播的现代化发展从工业化向信息化的转变中，信息逻辑带来了以个人为传播主体的网络群聚活动的日常化、常态化和生活化，也使互联网群聚传播最终成为信息现代性的一种非制度化的传播制度。

互联网群聚传播作为信息现代性的传播制度，的确满足着人们的"进步"需求。它通过持续生产并实时传播信息，使网络时空中时刻存在着海量的信息流，很大程度上满足了人们不断增长的知识和信息需求。同时，这种灵活、弹性、非组织化的信息传播模式，使个体在一定程度上拥有了自主性和主体性，实践着信息现代性所秉承的"解放"承诺。它不仅赋予了个人传播者以主体地位，也通过不断激活人们的自我呈现与表达欲望，增强了普通个体的自我存在感与社会参与感。

然而，加速的现代性却又违背了它的承诺。当信息逻辑以其轻灵、流动的特质成为加速现代性的动力，互联网技术又以其开放、包容、自由、共享的精神成为加速现代性的引擎时，看似繁荣的互联网群聚传播景观却同时制造着信息超载、内爆与失真。信息传播技术的加速发展将人们卷入一个信息爆炸的时代，人们每天都被海量信息包围。"信息化生存"不再是一种"时尚"，而是成为一种实实在在的生活方式。在信息现代性的加速推动下，随着人们对信息的依赖程度不断加深，信息成为"看不见的手"，重构着人们的生活方式，形塑着日常生活的样态。然而，信息传播的现代化在持续给予人们便利的同时，也使得人们沉浸在漫无目的的网络"漫游"之中，习以为常地点击、浏览着手机屏幕，刷新着网络信息，无意识地加入网络群聚与"围观"活动，不知不觉中参与着点赞、转发与评论等。这种"信息依赖"一旦遭遇"断网"，又会导致莫名的缺失感与焦躁感。这是因为，信息性的交往方式为人们提供了便捷，也将便捷的社交关系局限在了朋友圈里，存储在了云端之上，停留在了个人想象之中。同时，多元个人传播主体的共同在场，不仅极速增加了信息量值，造成了海量信息的泛滥，也导致了信息熵不断提高，加剧了信息的无效性，使"非信息的信息"在广阔的时空维度大量流动并持续扩散。

即便互联网技术的时空延展性在很大程度上实现了普遍广泛的社会"连接"，即便通过网络群聚的社交关系可以随时随地、轻而易举地被构建，往往也是信息性的，甚至是去实质性的。它使传播中本应生成的"立体"关系也变得"扁平化"了。这种扁平化关系的产生，恰恰在于它遵循着信息逻辑，构建着一种流动的、拔起来的（lifted out）、脱域的实时关系。它让参与互联网群聚传播的"触网"者们，以非线性的、拼贴化的方式被"镶嵌"进网群之中，并在非正式的网络通属空间中自发地、无组织地生产着信息。流动与无组织相辅相成、互为因果。互联网群聚传播的无组织化与流动性，使得这种网络聚集性群体呈现不断生成、变形、分离，之后又在别处生成、汇聚的特点。互联网群聚传播之所以在某种程度上能够打破社会阶层之间的区隔与边界，展开临时性的沟通与对话，正是因为他们在流动之中生成。同时，它们也只能存在于流动之中，并最终在流动之中消散。从这个意义上来说，互联网群聚传播是反建制性的（anti-institutional），是对组织化的传播制度的一种反叛，也是信息现代性框架下一种非制度化的传播制度。

自发而非制度化的信息生产，是互联网群聚传播的前提条件。这让它本身潜隐着极大的社会风险。所谓风险，首先意味着自然与传统的终结、人为性的突显。正如贝克（Ulrich Beck）所说："在自然和传统失去它们的无限效力并依赖于人的决定的地方，才谈得上风险。"① 也就是说，风险意味着更多的人为性，而自发性与非制度化增强了人为性，从而提高了风险。其次，去地方性削弱了自然与传统的效力。时间从空间中脱域、空间与地点的分离，不仅是现代性的动力机制，也将原本由自然导致的危险转变成了人为造成的风险。在脱离了地方空间的互联网群聚传播中，传统的、先赋性的人身束缚与规约被打破，个人传播者的地位崛起。个体在获得能动性和一定程度选择性、决定性的同时，也加剧了自发性传播行动的风险，甚至成为网络谣言、网络暴力、网络欺诈等滋生的土壤。最后，移动网络赋予了时空关系的个人化。这种个人化的时空关系又以持续流动与生成的形式存在。在现代性制度条件下，"时空分离—重组"的变化增加了不确定性。这种不确定性不仅包含了人为制造的风险，也包含了人们在面对不可预测的未来时的估计与选择，这种估计与选择本身正是一种风险。在信息现代性制度条件下，一方面，流动空间与碎片化时间不断生成着充满不确定性的实践场域，意味着作为加速现代性需求下的人造物，即互联网技术本身，也隐含着风险；另一方面，在这种风险传播环境下，"因事聚集"的互联网群聚传播中的"事"，往往是具有风险的突发性事件，再加上规模庞大的个人传播者的涌入，以及针对这种不可预测的突发性事件展开的极具主观性的信息生产与传播行动，更使非制度化的互联网群聚传播带有极高的风险性。

---

① 贝克，威尔姆斯.自由与资本主义［M］.路国林，译.杭州：浙江人民出版社，2001：121.

非线性传播是互联网群聚传播的行动表征。它在赋予个人传播者极大的自由度与灵活性的同时，也由于脱离了时间的组织与约束而滋生着风险。工业现代化以来的"高效"追求，导致了现代社会的高度分化，造成了时间结构的复杂性和非线性，使同一时间状态下发生着多重行动。而这种复杂的、非线性的时间结构不仅蕴含着多种可能性，也意味着偶然性和不确定性的共同存在，这便是现代社会中的风险。如果说在线性时间建构的系统里，通过立足"现在"，比较"过去"与"未来"之间的差异，能够最大限度地规避未来的风险；那么在非线性时间建构的系统里，不同的子系统在同一时间状态下发生的多重行动，则意味着"现在"本身也存在差异。因此，与线性时间遵循的因果逻辑与必然性不同，非线性时间抛开了因果律，进一步强化着偶然性与不确定性。互联网群聚传播便是同一时间状态下多元传播主体非线性的聚集传播活动，它产生于"过去""现在"与"未来"不断生成且相互交织的非线性系统。在这里，建立在线性矢量时间观上的"过去""现在"与"未来"的序列性与方向性被消解，由时间延宕而产生的三者之间的差异性被抹去，于是"过去""现在""未来"消失了。韩炳哲将这种现象称作原子化的时间危机。在他看来，时间危机摧毁了"过往的和将来的东西聚合到现时之中去的时间引力"①，并最终导致了叙事的终结。在互联网群聚传播制造的无序的、非线性的信息洪流中，这种"叙事的终结"表现在因与果时常处于不确定甚至倒置的状态。同时，信息生产的自发性与时间延宕的消失，也造成了反思性的缺场。这种在信息现代性的加速逻辑中生成的媒介时间，导致了线性时间的崩解、因果逻辑的失灵，并将人类"丢进了不可预期的后果逻辑里"②，这就是加速逻辑驱动下的信息现代性的悖论，也是信息性原则在传播制度上的现代性体现。

---

① 韩炳哲.时间的味道［M］.包向飞，徐基太，译.重庆：重庆大学出版社，2017：107.
② 拉什.信息批判［M］.杨德睿，译.北京：北京大学出版社，2009：71.

(三)作为信息现代性文化表征的互联网群聚传播

互联网群聚传播产生了"速度的社群",一方面,它在同时性(synchrony)中发生,在同时性中行动,又在同时性中消亡。这种网络传播行动类似于短暂行为艺术的"快闪",迅速聚集,在行动之后又迅速消散;而又不同于"快闪",因为它的同时性源于自发的不约而同,而非预设的时间与地点之内。另一方面,这种瞬时情境中诞生的"速度的社群"不同于传统意义上的社群,甚至并不能被称为社群。因为传统社群通常具有强大的内部凝聚力与价值认同感。而凝聚与认同或者源于日常经验累积中的约定俗成,或者形成于相对稳定的文化积淀。显然,这种速度制造下的网络群聚,并非发生于经验累积与文化过程。或许因为速度太快,消解了它们本该蕴含着的经验与文化的时间性。抑或说,这种刹那间聚集的传播行动与被消解了时间性的行动经验本身也是一种意义,一种脉冲式的文化,一种消解了时间性而又极具信息属性的文化。

"速度的社群"生产的脉冲式文化,是一种呈现而非再现的文化。呈现与再现的区别在于各自蕴含着不同的时间性。诗歌、小说、绘画、摄影、戏剧、电影等都是再现的文化,它们依循着节律、叙事、描摹、构图、表演与蒙太奇等方式,将"过去"的事与物在时间的延宕中阐释给受众品味,在时间的持续与累积中创造价值。热搜榜、流行语、网络直播等则是呈现的文化,它们或借助感官刺激、或利用制造轰动、或凭借搏出位、或依靠标题党等方式,将"现在"的事与物在即时的散播中填塞给受众消遣,企图在时间的迅即与消费中创造价值,一种来自"震惊(shock)体验"的价值。

"速度的社群"存在于呈现之中。同时,他们又参与着呈现的生产,追逐着短暂而必须新奇的震惊体验和信息价值。这种极具信息属性的脉冲式的呈现文化,也是一种放弃了物的时间意义和社会意义而只留有信息价值的文化。如果说使用价值存在于作为商品的物之中,交换价值从物的实质性中抽离出来又附着于物之上,那么通过震惊体验带来的信息价值则弱化了物的实质性,甚至抛弃了物。这一点也导致了信息价值通常产生于瞬息间,也被遗忘于瞬息间。

当交换不是为了获取使用而成为目的时，符号价值便就此产生。符号价值的产生，意味着交换的过程性与交换价值实现的时间性也一同被视为阻碍。因为用于交换的商品总是在未来将要发生的交换过程中实现价值。因此，交换价值是未来导向的，拥有着未来价值。与之相较，使用价值总是在商品使用之后，价值才得以实现。因此，使用价值是过去导向的，饱含着过去价值。也正因如此，使用价值总是饱含着记忆，在某种程度上建构着人们的身份认同。符号价值则不同，它厌倦了消磨与等待，它抛弃了或实用性的使用价值、或凝结于过去或寄托于未来的时间价值，它倾向于价值的立即实现，以一种直接性的方式将价值呈现于当下。符号价值的产生，离不开技术现代性推动下的物质生产的丰盈，离不开产能过剩的消费社会语境。在这里，物的生产周期被缩短，规模化与同质性被提高，单个物品的迭代周期也被迅速压缩。交换的加速、流通的加速、消费的加速，都在逐渐缩短物对人的陪伴时间。

鲍德里亚在面对工业社会图景时曾说："我们生活在物的时代，我们根据它们的节奏和不断替代的现实而生活着。在以往的所有文明中，能够在一代一代人之后存在下来的是物，是经久不衰的工具或建筑物，而今天，看到物的产生、完善与消亡的却是我们自己。"[1] 如今，对加速现代性的追求使人们把对符号价值更为迫不及待的希望，最终寄托于信息技术。如果说符号价值的生成过程蕴含着过去与历史，具有事物的象征属性，那么信息技术哄抬的信息逻辑所支配的现在图景，则只剩下了对事与物的想象。在信息逻辑中，"无限延伸的均质的时间图景被打破，取而代之的是一种以现在取代过去和未来的时间图景"[2]。现在图景中的信息价值生成于断裂的时间碎片之中。它既剥去了过去，也不确信未来，以一种直接的、粗暴的方式呈现，没有阐释、没有逻辑、没有因果，甚至没有为推理和反思留下任何空间。互联网技术打破了原有"理解'现实'的生物和环境时间基础"，使知识形式、经验表达

---

[1] 鲍德里亚.消费社会［M］.刘成富，全志钢，译.南京：南京大学出版社，2000：2.
[2] 杨向荣，雷云茜.速度：现代性叙事话语的三重建构［J］.浙江社会科学，2020（8）：118-126，159.

"变得超级中介化"。① 信息只能停留在呈现层面，难以经由充足的反思时间而转变为知识。同时，作为一种呈现的文化，信息价值的实现并非通过固定与积累增殖，而是借助持续的流动和扩散增殖。因此，信息价值及其附着物通常具有转瞬即逝的特点。它使信息本身越发以一种朝生暮死的姿态呈现，也带来了文化的快餐式消费，使"一切还来不及体验和反思就已经消失了，难以言说的焦虑和难以承受的空虚随之而起"②。

"速度的社群"生产着信息价值，也消费着信息价值。在网络媒介与社会发展深度同构的条件下，信息逻辑配合着市场机制完成资源配置，以期实现资本的扩张本质和增殖诉求。身处于加速发展的现代社会中，个体的情感诉求很容易被信息资本乘虚而入，成为赚取"眼球效应"、迎合快感消费、吸引"注意力"的手段。缺少了反思的时间与态度，"速度的社群"中的个体也时常被情绪所裹挟，表现出价值失范的心理现象，导致网络谣言、道德绑架、戏谑恶搞、无厘头狂欢等网络群聚行为轮番上演。"速度的社群"是信息现代性的技术拥趸，同时，信息现代性也赋予了"速度的社群"以一种前所未有的远距的文化，使得参与其中的个体生命、生活经验既被外化到无限延伸的时空范围，又被远距离时空中的经验所建构。由于熟悉不再通过地域特殊性而派生，熟悉与地域的关联性解体。因此，"远距离的事件"总是被嵌入而非生成于个体生命、生活经验。而"速度的社群"所存在的网络时空不仅改变了组织空间的形式，甚至颠覆了组织性，使组织方式以变动不居、转瞬即逝的非组织形式呈现。于是，企图以时间性为标尺衡量近与远、熟悉与陌生的可能性被消解，近与远、熟悉与陌生同时被悬置，个体的生命叙事从此与速度体验深度捆绑、交织交融。速度体验以牺牲现实经验为代价，而信息现代性的加速度不断制造着"在场"与"缺场"、速度体验与现实经验的冲突。它一方面提供了时间的盈余，另一方面却又不给反思与调和剩下毫厘的时间。

当加速不断压缩物所存在的时间尺度时，物所蕴含的文化价值便逐渐丧

---

① 哈桑.注意力分散时代：高速网络经济中的阅读、书写与政治[M].张宁，译.上海：复旦大学出版社，2020：83.
② 但海剑.简论现代性背景下网络传播的时空困境[J].理论月刊，2011（1）：103-105.

失。当文化也被一同化约为信息流时，文化的再生产便由于"即时的霸权"而陷入危机，失去了它所具有的经验与认同价值。当信息社会的加速试图以信息逻辑赋予个人传播者以主体地位、通过信息传播技术的普泛化释放传播权力时，信息逻辑与媒介权力不仅没有丰富个体的生命经验，反而压缩了个体的生命叙事，使个体、他人、公众与社会之间的关系变得无根且扁平化了。正如福柯在体察到社会形态的后工业转向时所指出的，"我们处于同时的时代，处于并列的时代，邻近和遥远的时代，并肩的时代，被传播的时代。我们处于这样一个时刻，在这个时刻，我相信，世界更多的是能感觉到自己像一个连接一些点和它的线束交织在一起的网，而非像一个经过时间成长起来的伟大生命"[1]。不仅如此，信息逻辑与媒介权力在一定程度上束缚着理性人的主体性发挥，使"速度的社群"传播实践中的工具理性与价值理性之间的张力失衡时有发生，工具理性主导着价值理性，理性甚至被非理性钳制和裹挟。

从现代性发展的历史经验来看，技术作为人类在物质生产实践中的创造物，不仅催生了现代性，也直接推动着现代性的多向演化。它不仅将人类带出刀耕火种的历史源头，赋予人类启蒙理性之光与主体地位，也在时间的持续与空间的广延中，将人类社会置于生成与再生、断裂与连续的动态语境中。作为一种更高级、更文明的现代化阶段，信息现代化推动人类社会从机械生产向互联网生产、从物质生产向精神生产、从现实交往向虚拟交往转向。在这一过程中，对技术工具理性的过度信任与依赖，使得人们误将对价值理性的实现、对美好生活的期待完全寄托于工具理性的发展，忽视了技术现代性与文化现代性的非同步性，从而导致信息性原则不仅存在于经济社会领域，也渗透到了思想文化范畴。这种技术性胜过现代性的境况，实际上是实用主义对现代文明成果的抢夺，加深了工具理性与价值理性之间的鸿沟，甚至带来了技术对文明的僭越和反噬。这种僭越与反噬的后果，恰恰彰显着信息现代性的悖论。

---

[1] 福柯，王喆法.另类空间[J].世界哲学，2006（6）：52-57.

用时间征服空间的传播趋势对信息生产方式的影响 *

"烽火连三月，家书抵万金。"后半句说的是亲情人伦，前半句说的却是用时间征服空间的传播。长城上相距几百米的一个一个烽火台上的篝火的依次点燃，就是为了抢时间，用时间征服空间对战事信息的传播。这正符合160多年前马克思指出的"用时间消灭（征服）空间"。

库利说："铁路也是媒介。"铁路之所以能成为媒介，不仅因为它运送承载信息的货物，更因为它运送承载思想的人流，也是凭借速度用时间来征服空间的。飞机和高铁是同样的道理，时间缩短的同时，相对于人的能动性来说，空间就变小了，被人的能动性征服的空间就变大了。

铁路时代的马克思说"电报已经把整个欧洲变成了一个证券交易所"，广播时代的麦克卢汉说"现代传媒把地球变成了一个部落村"，智能传播时代的今天，腾讯会议、zoom 会议、welink 等软件技术使中国乃至全球变成了一个会议室，都是用时间征服更广阔空间的当下体现，都推动了更为低成本、更为频繁的交往和传播。

每一次时间对空间的征服，都是一种交往和传播的革新。用时间征服空间，本质上是缩短传播的时间、扩大传播的空间，扩大了传播空间正是空间被征服了，空间变小了，偌大的欧洲变成了一个证券交易所，全世界变成了一个"部落村"或腾讯会议室。易言之，传播速度的提升压缩了空间，也即

---

* 本文原载于《当代传播》2021 年第 6 期，收入本书时略有删改。

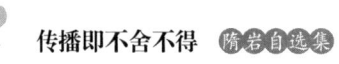

征服了空间,人类进入了一个空间远不如时间快的时代,轻而易举地实现了流行歌曲幻唱的"想你时你在天边,想你时你在眼前"。智能媒体在未来还会从技术上创造用时间征服空间的更多的传播形态,从而加剧用时间征服空间这一传播的历史趋势。

马克思的"用时间消灭(征服)空间"是针对当时的物流和资本而言,库利的"铁路也是媒介"是针对彼时的人流而言的。从物流加速到人流加速是人类社会的进步,但也带来了全球性的问题:工具理性的过度膨胀带来了价值理性的日益式微,也即现代性的悖论。当今的问题是,在人类现代化的进程中,工具理性与价值理性的不断博弈在今天恰恰集中体现在信息现代性的张力上。"信息现代性"是笔者个人一己之见的词汇表述,是说媒介技术发展了,谁掌握了技术谁就掌握了传播,工具理性就被强调了。但人类借助媒介技术强化的工具理性,却以社交媒体的方式再一次冲击甚至颠覆人类的价值理性,在社交狂欢的网络行为中构筑了具有诸多不确定性的网络关系和网络社会结构——从过去的物流加速到人流加速,再到今天的信息加速,即工业社会到信息社会的转换,使工业化时代身体从属于流水线演变为信息时代大脑从属于手机,从属于微信、微博、推特、Facebook、百度、抖音等。

信息现代性的悖论也给新闻生产带来了问题:社交媒体的普及,使信息传播的社会意义大于新闻传播的社会功能。新闻是记者和传媒机构生产和传播的,信息却是每一个人都可以生产和传播的。过去只有记者、媒体可以实现用时间征服空间的新闻传播,今天,快递小哥、外卖小哥、进城务工人员等每一个非新闻行业的普通个体,都可以做到用时间征服空间的信息传播。换句话说,在人人拥有媒介技术的情况下,谁最先掌握了信息,谁就可以通过微信、微博、推特、Facebook 等传播方式,实现最广泛的空间征服。这一切皆因以移动互联网为平台的社交媒体的传播,即传播主体极端多元化的群体传播(或称群聚传播 the Internet-based assembly communication),成为最普及也最凸显的传播形态。微博、微信、推特、Facebook 等不过是群聚传播的表征和体现,关键在于传播主体极端多元化的群聚传播传播的不是新闻,而是信息,而信息又被情绪控制着!如此,新闻传播的社会功能既被信息传播包围，又被情绪传播吞噬。

　　信息现代性的悖论也给信息传播带来了新问题：十几年前，作为传播学人，我们会为俯拾皆是的传播新现象感到兴奋，会为选择了这个专业感到幸运。而今天，不仅非传播学人会在长跑健身与跑步损毁膝盖中纠结，在素食减肥长寿与牛排富含蛋白质中两难，即使是优秀的传播学者也会迷失于后真相中；无数针锋相对的自媒体文章不仅使非传播学人对铺天盖地包围着的各种自媒体、公众号产生怀疑，也会让当初为"新的传播现象俯拾皆是"而兴奋的传播研究者陷入茫然。

　　表面上看，这一切都是媒介技术带来的传播形态的改变。深层上却是人与人、人与自身内心、人与社会的关系的改变，也即媒介技术在改变传播形态的同时带来了整个生产关系、社会关系和心灵关系的重构。所以，对媒介技术的过度关注（如4G、5G、人工智能等）遮蔽了对媒介技术引发生产关系演变的反思，在以时间征服空间的传播中，关系被轻而易举地重新选择、重新建构。关系的选择和重构就是价值的选择和重构，而价值正是我们面临的世界性严峻问题。这一切皆因用时间征服空间的传播趋势对信息生产方式的颠覆性影响。

符号传播篇

论含指项中的意义移植和借力传播*

罗兰·巴尔特在《符号学原理》中虽提到过含指项这个概念,遗憾的是只是一闪而过,并未作进一步阐述,尤其没能阐释含指项中的意义移植现象。问题的关键在于,正是借助含指项的组合,意义的移植和借力传播才得以实施,新的意义才得以建构,意识形态的传播才得以实现。如果不揭示意义移植问题,含指项组合的研究就会打折扣,或者说,含指项组合的研究意义在于意义移植和借力传播机制的揭示。

一、直接意指与含蓄意指

在理解含指项之前,先要理解直接意指与含蓄意指,而要理解直接意指与含蓄意指,还需弄清"意指"这个概念。

意指就是以能指指向所指、以能指表达所指的组合行为,也即把能指和所指结成一体,成为符号的一种组合过程。例如,把"书桌"这个能指,与"读书写字用的桌子"这个所指组合在一起,就有了"书桌"这个符号,以供懂汉语的人使用;把"desk"这个能指,与"piece of furniture (not a table) with a flat or sloping top and drawers at which to read, write or do business, eg one for office or school use"这个所指组合在一起,就有了"desk"这个符号,以供说英语的人使用。这两个例子的组合过程,都是意指行为、意指作用,或者称作意指组合。

---

* 本文原载于《国际新闻界》2008年第7期,收入本书时略有删改。

罗兰·巴尔特解释，一切意指组合①都包含一个表达平面（能指 E）和一个内容平面（所指 C），意指作用则相当于两个平面之间的关系（R），如图 1 所示，左边的长方形代表能指 E，右边的长方形代表所指 C，使两个长方形分开的中间那一竖线代表意指行为 R，ERC 组合就是一个符号。

E	R	C

图 1

一个单纯的 ERC 组合就是一个直接意指组合。但是，当一个 ERC 组合本身变成另一个 ERC 组合中的某一部分时，第二组合中就包含着第一组合，或者说第二组合就成为第一组合的引申。问题是第一组合成为第二组合中的哪一部分，情况会有两种，即成为第二组合中的能指 E 或所指 C。

第一种情况，当一个组合（E1R1C1）②成为另一个组合（E2R2C2）的能指表达面 E2 时，就有了多层次的复合组合（E1R1C1）R2C2，或者表示为：

第二层次组合：　　E2　　　R2　　　C2
第一层次组合：E1　R1　C1

也可以表示为图 2：

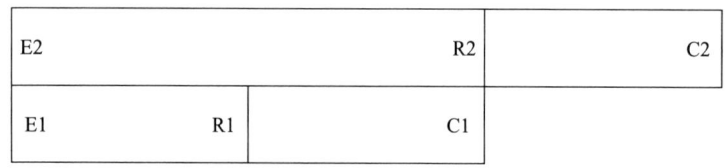

图 2

这就是含蓄意指组合，它虽然也包含着能指、所指和把二者结合在一起的意指作用，但其中第一层面的组合 E1R1C1 构成直接意指层面，第二层面

---

① 我认为译成"意指组合"比译成"意指系统"更切合意指本意，也更便于理解，因为意指本身就是一种组合行为。
② 这里及下文中出现的 E1R1C1、E2R2C2、E3R3C3、E4R4C4 并无主次之分，只是按照论述中出现的先后顺序而称之。

的组合 E2R2C2 构成含蓄意指层面，换句话说，一个含蓄意指组合的能指表达面 E2 本身，其实是由另一个意指组合 E1R1C1 构成的。可见，含蓄意指是由复合意指组合构成的。无论这个组合怎样复杂，总会有最初的直接意指的能指，而以这些能指为中介的符号，则早已在形成含蓄意指之前被传递它们的直接意指的信息自然化了，这点我们将在后面详述。

第二种情况是，当一个组合（我们暂且称之为 E3R3C3）成为另一个组合（我们暂且称之为 E1R1C1）的所指表达面 C1 时，就有了多层次的复合意指组合 E1R1（E3R3C3），或者表示为：

第二层次组合：E1　　　　R1　　　C1
第一层次组合：　　　　　　　E3　R3　C3

也可以表示为图 3：

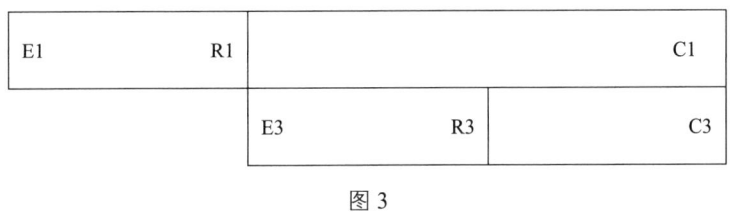

图 3

如此，某一组合 E3R3C3 不像上述在含蓄意指中成为表达平面，而是成为另一组合 E1R1C1 的内容平面或所指。这就是所谓的元语言，也即元语言组合的内容平面（C1）本身是由另一个意指组合（E3R3C3）构成的。①

含蓄意指与元语言是两种不同的意指组合，以两种不同的模式建构着意义。含蓄意指的构建，就是通过寻找所指 2 与能指 1 之间的某些能启发人产生联想的相关之处，如图 4 所示，荧屏上的超女李宇春，让人想象着大众歌星一夜成名；图 5 所建构的，则是贝多芬的《第九号交响曲》启发人联想人类情感和思想的彻底解放。

---

① 罗兰·巴尔特在《神话——大众文化诠释》中曾把含蓄意指与元语言混淆，后来又在《符号学原理》中对二者作了区分，但对元语言的论述不够明晰。

E2		R2	一夜成名 C2
E1 电视画面中的李宇春	R1	一个来自四川的 21 岁女孩 C1	

图 4

E2		R2	人类情感和思想的彻底解放 C2
E1 贝多芬《第九号交响曲》	R1	这首曲子本身所有的音符、节奏等 C1	

图 5

元语言是通过寻找能指 1 与能指 3 之间的相关性，或推理一种逻辑延伸，或建立一种阐释关系，从而建构意义。

图 6 所示的元语言告诉我们，李宇春暗示着所有参加海选女孩的明天；而在图 7 中，音乐本身作为能指，用描绘其所指（如悲伤、狂乱、激昂、奔放等）的语言也是一种意指组合，由此成为一个元语言。①

E1 电视画面中的李宇春 R1		C1
	E3 所有参加海选的女孩 R3	C3

图 6

E1 贝多芬《第九号交响曲》 R1		C1
	E3 阐释这首交响曲的语言 R3	C3

图 7

---

① 有关元语言对意义的建构参见"含蓄意指和元语言与隐喻和换喻的对应"。隋岩.符号传播的诡计 [M] // 刘宏.电视学（第二辑）.北京：中国传媒大学出版社，2008.

如果把上述两种复合意指再组合在一起，即把含蓄意指与元语言再组合到一起，如图8、图9所示，就是所谓的神话。①

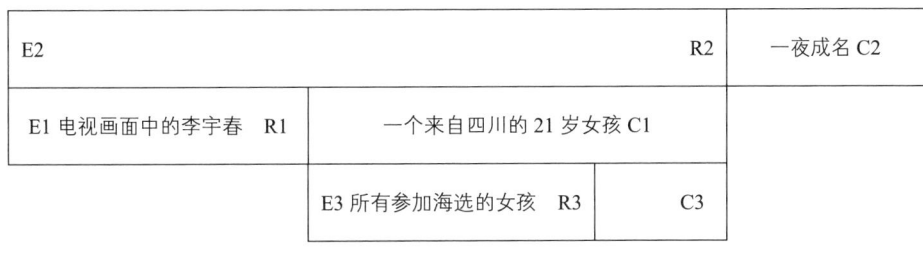

E2		R2	一夜成名 C2
E1 电视画面中的李宇春　R1	一个来自四川的21岁女孩 C1		
	E3 所有参加海选的女孩　R3	C3	

图 8

E2		R2	人类情感和思想的彻底解放 C2
E1 贝多芬《第九号交响曲》R1	这首曲子本身所有的音符、节奏等 C1		
	E3 阐释这首交响曲的语言　R3	C3	

图 9

二、意义移植是含指项的本质

所谓含指项及其意义移植，我们可以通俗地理解为：两个或多个符号组合在一起，且拥有一个共同的所指，这两个或多个符号的组合就是含指项；而传播的诡计正在于把含指项中一个符号的意义移植到另一个符号上，由此，新的言说发生了。

含蓄意指的能指（表达面）可以由多个直接意指组合，即多个符号（被结合在一起的能指与所指）共同构成，这样的含蓄意指的能指被称作含指项（connotateurs）。一个单一的含指项可能是几种已被直接意指的符号的结合体，

---

① 罗兰·巴尔特所阐释的神话是在直接意指的基础上形成的含蓄意指，本人所理解的神话则是含蓄意指与元语言的再组合。

只要这个含指项具有一个单一的含蓄意指的所指。很多广告画面都是含指项，如香奈儿5号香水的广告①——法国著名女影星凯塞琳·德纳芙与香奈儿5号并置一处的画面：在这个画面中有两个能指，一是凯塞琳·德纳芙的影像（能指1），另一个是香奈儿5号的影像（能指1'），这两个能指也都各有其自己的所指——所指1和所指1'，但它们也有一个共同的所指——所指2，这个画面就是一个含指项——它包含两个直接意指的符号的结合体且这两个直接意指具有一个共同的唯一的含蓄意指的所指，如图10所示。

E2			R2	C2 贵族美
E1 德纳芙	R1	C1 一个从事演艺工作的法国女人		
E1' 香奈儿5号	R1'	C1' 一种产于法国的香水		

图10

问题的关键是，在这个含指项中发生了意义的移植——凯塞琳·德纳芙的贵族气质移植到了香奈儿5号这种商品上。在当代法国社会，德纳芙是高贵、优雅的古典美的代表（所指2），是法国女性美的典范，这种美无疑具有社会属性，香奈儿5号原本不过是一种没有任何社会属性的商品，这则广告通过把两个能指并置于一个画面符号中，就把德纳芙优雅的气质移植到了香水上，事实上，香奈儿5号与德纳芙的美之间的关系完全是人为的、任意的，是一种社会行为，二者之间本没有任何必然的联系，含指项却使这种人为的、社会的属性转变成了香水的一种自然属性，从而为香奈儿5号昂贵的价格找到了托词，也使这种商品具有了区分阶层的社会功能。②广告强烈地暗示观众，如果你购买一瓶香奈尔5号香水，你就拥有了德纳芙式的优雅和美丽，意义移植的结论是："选择什么样的品牌，你就是一个什么样的女人。"学英

---

① 罗钢.探索消费的斯芬克斯之谜[M]//罗钢，王中忱.消费文化读本.北京：中国社会科学出版社，2003：25-26
② 这就是消费文化的把戏。

语时，我们学过"You are what you eat"，今天这个消费时代可以理解为"You are what you consume"。

这就是符号学大师罗兰·巴尔特所忽略而没能详尽解析的含指项中的意义移植想象。所谓意义移植，并非一个已有的、科学的概念，而是在含指项中发生的一种现象，这里笔者试图给它一个描述：在某一个直接意指（E1R1C1）基础上实现的含蓄意指［(E1R1C1)R2C2］的所指（C2），被移植到含指项中另一个直接意指（E1'R1'C1'）的能指（E1'）上，就促成了新的含蓄意指组合｛（E1'R1'C1'）R2C2｝的产生，如此也就实现了意义的移植——把原本属于文化范畴的东西转变成为某种商品的自然属性，从而也就传播了含蓄意指组合所蕴含的意识形态。意义移植的本质就是意识形态的建构，这个问题还将在后文深入论述。其实这里所谓的意义移植是第二次移植，因为第一次移植早已发生在所指1与能指1之间。

1985拍摄的另一则香奈儿5号广告也是含指项，一位用过香奈儿5号的美女把食指放在嘴前对一匹健壮且凶残的野狼（也许意指色狼）轻轻地吁了一声，那匹狼就乖乖地、温顺地在原地坐下来。这则广告说明：在香奈儿5号出现之前，跪在美女石榴裙下的是男人，男人是人，是文明的动物，而对于使用香奈儿5号的美女来说，征服文明与野蛮都不在话下，或者说香奈儿5号的魅力就在于变野蛮为文明。这则广告中发生了两次意义位移，一是将美女影星的典雅移向香奈儿5号，二是将美女影星和香奈儿5号的文明、高贵移向野狼，如图11所示。

E2			R2	C2 文明、高贵
E1 美女影星		R1	C1 一个从事演艺工作的法国女人	
E1' 香奈儿5号		R1'	C1' 一种产于法国的香水	
E1" 野狼		R1"	C1" 一种残忍、贪婪的野生动物	

图11

与香奈儿5号相似的例子是大宝化妆品的电视广告，也是通过含指项，把纺织女工的朴实美移植到了大宝护肤霜上，如图12所示。如果把凯瑟琳·德纳夫置换为纺织女工，那么香奈儿5号就会获得不同所指、不同的社会属性和不同的商业价值。可见，把一个单纯的直接意指置入不同的文化语境历史氛围中，并与其他直接意指的符号结合，组合成不同的含指项，就会发生不同的意义移植，构建不同的意识形态。在以符号消费为新趋势的当代社会，每一个品牌都对应着一种风格或身份，对应着一种意义。

E2			R2	C2 朴实美
E1 纺织女工		R1	C1 从事纺织工作的女性工人	
E1' 大宝护肤霜		R1'	C1' 一种北京生产的价格较为低廉的化妆品	

图 12

1986年1月28日美国航天飞机"挑战者"号升天爆炸之前，美国各大主流电视网播出的画面都是"位于发射台上的航天飞机的长镜头、天空碧蓝"，这个画面作为符号的能指（E1），意指"科学进步""显示人类在太空中的命运"以及"冷战当中美国比苏联占优势"等（C2），也即含蓄意指（E1R1C1）R2C2被建构，如图13所示。然而，当"挑战者"号升天爆炸之后，呈现航天飞机的电视画面符号的能指1的所指1——一架作为物质客体的航天飞机被恢复，所指2（"科学进步""显示人类在太空中的命运"以及"冷战当中美国比苏联占优势"等）当即被摧毁，不仅如此，新的所指（C3）也随即凸显——为了争霸太空不惜"浪费人的生命""人的生存权利成了技术政治的牺牲品"，也即新的含蓄意指（E1R1C1）R3C3被建构，如图14所示。为了确定一个与国家意识形态和谐一致的新的所指，在对该事件作进一步报道时，电视符号制作者在"挑战者"号画面的左前景位置上添置了一面降了半旗的美国国旗，于是，新的所指（C4）——"为了崇高的爱国事业而做出的悲剧性的牺牲"又被固定在"挑战者"号航天飞机这一符号1（E1R1C1）

上。这是艾伦·塞特在《符号学、结构主义和电视》一文中引用的美国电视对"挑战者"号航天飞机爆炸事件报道的例子[①],虽然艾伦·塞特并没有从含指项促成意义移植从而产生新所指的角度来论述,但实际上正是缘于把符号1(E1R1C1)与符号1'(E1'R1'C1')组合成一个含指项,如图15所示,才得以将这个含指项中的一个含蓄意指(E1'R1'C1')R4C4的所指C4,通过建立另一个含蓄意指(E1R1C1)R4C4,移植到能指1——"挑战者"号航天飞机上,从而确定了新的所指C4的内涵意义。可见,同一个能指1,在不同的文化语境中,即不同的含指项中,获得的意义可能截然不同。

E2			R2	C2 科学进步等
E1 "挑战者"号	R1	C1 作为物质客体的航天飞机		

图13

E3			R3	C3 政治的牺牲品等
E1 "挑战者"号	R1	C1 作为物质客体的航天飞机		

图14

E4			R4	C4 为国牺牲
E1 "挑战者"号	R1	C1 作为物质客体的航天飞机		
E1' 降了半旗的国旗	R1'			C1'

图15

---

① 塞特.符号学、结构主义和电视[M]//罗伯特.重组话语频道.麦永雄,柏敬泽,等译.北京:中国社会科学出版社,2000:13-15.

罗兰·巴尔特举过一个例子："我在理发店里，一本《巴黎—竞赛》（Paris-Match）抄本到我手里了。封面上，是一个穿着法国军服的年轻黑人在敬礼，双眼上扬，也许凝神注视着一面法国国旗。"[①] 遗憾的是巴尔特没有从含指项促成意义移植的角度展开剖析。其实，杂志封面作为符号的能指就是一个含指项，包括明显出现在封面中的能指1——一个正在敬礼的黑人士兵，和隐含在封面之外的能指1'——法国国旗，如图16所示。正因为是含指项组合，才得以将含蓄意指（E1'R1'C1'）R2C2中的所指C2，即法国国旗的内涵意义——对国家的捍卫与忠诚，移植到能指1（E1）——黑人士兵身上，并通过普遍化传播机制，将这个杂志封面的内涵意义从所指1——"一个法国黑人士兵正在敬礼"，演变为所指2——"法国是一个伟大的帝国，她的所有子民，没有肤色歧视，忠实地在她的旗帜下服务。对所谓殖民主义的诽谤者，没有什么比这个黑人效忠所谓的压迫者时所展示的狂热有更好的答案。"[②]

E2		R2	C2 所有肤色子民都效忠法兰西帝国
E1 敬礼的黑人士兵	R1	C1 一个法国黑人士兵正在敬礼	
E1'法国国旗	R1'	C1'一面带有某种特殊图案的旗帜	

图 16

三、借力传播是本质，合力传播是境界

上文所述的含指项中发生的意义移植，本质上是借力传播，借德纳芙之美传香奈儿5号之贵，借纺织女工之朴实传大宝护肤霜之经济实惠，借降了半旗的国旗传"挑战者"号之报国之志。其实，借力传播古已有之，如母以子贵、妻以夫荣；也渗透在我们的日常生活中，如狐假虎威、狗仗人势、趋

---

① 巴特.神话：大众文化诠释［M］.许蔷蔷，许绮玲，译.上海：上海人民出版社，1999：175.
② 巴特.神话：大众文化诠释［M］.许蔷蔷，许绮玲，译.上海：上海人民出版社，1999：175.

炎附势，都是借甲之威传乙之势；还体现在我们的专业里，每一种新媒介的产生都是借科技之力达到新的传播效果。可见，借力是一切传播的本质。

要实现借力，先决条件是被借力的符号已经有一个被广泛认知的所指意义，且这个所指是具备社会属性的含蓄意指的所指。借力传播的目的，正是要借助符号A的"知名度"和"社会属性""社会意义"来传播符号B，将B的能指与A的含蓄意指的所指组合在一起，形成新的意指关系。在商品广告和营销策略中，借力传播均被广泛应用。产品定位、市场定位决定了产品的内涵，也即决定了将要借助何种能指为商品建构起新的意指关系。借力的对象不同，传递的意义也就不同。正如上文所述，借助德纳芙传播的是商品的"高贵、性感"，借助纺织女工传播的是商品的"质朴、亲切"。再如，企业对电视节目的冠名，对活动、赛事的赞助，同样是借助他者的影响力来传播企业的影响力，建构起特定的企业形象，提升企业竞争力。不仅企业如此，一个城市、一个民族、一个国家在对外传播时，都会借助已有符号的影响力来丰富自身内涵，塑造自身形象。例如，借用历史名人、名胜古迹、当代明星、知名企业、新闻事件等社会文化资源，传递其内在品质，提升其吸引力和文化竞争力，皆是借力传播的典范。

不过，借力是传播的本质，却未必是传播的境界，因为借力传播是意义的单向传播。传播的境界是合力，合力是相互借力中意义的双向传播，合力才是传播的境界和智慧。所谓媒介融合、学科交叉、整合营销、一加一大于二、强强联合，强调的都是互相借力，即合力传播。合力传播达到的效果是"共赢"，是"互惠"。合力传播最理想的效果是两个符号都有各自的含蓄意指的所指，两个所指相互融合、彼此借力。

奢侈品、时尚杂志与明星的结合正是成功运用合力传播的典范。奢侈品的传播策略历来走的都是高端路线，因此，所聘用的代言人也多以国际知名明星为主。明星的示范功能无疑成为奢侈品热卖的重要动力之一。这些品牌在成立之初，或许更多的是在借明星之力来传播自己，但当这一品牌日渐成熟，明星们也开始借这一品牌之力来传播自己，二者实现了完美的"共荣"。例如，当香奈儿（Chanel）选中中国影星周迅作为其首位中国形象大使时，当古驰（Gucci）选中中国影星李冰冰作为其亚太地区的代言人时，正是看中了两位明星的独特气质和国际知名度。周迅的率性、时尚、现代赋予了香奈儿更为个性的特征；香奈儿的品牌影响力也赋予了周迅一份特殊的荣耀，能否为知名奢侈品牌做代言人也成为衡量明星们"身价"的重要指标。如图17所示，"周迅"的含蓄意指的所指为C2"率性、时尚、现代"，如图18所示，"香奈儿"的含蓄意指的所指为C2'"高贵、奢华、高端"，并且，其含蓄意指关系已被自然化了，能指与所指之间成为自然而然的事实。当将这两者并置在一起时，"周迅"和"香奈儿"成为上文所说的"含指项"，其所指彼此借力，赋予了对方更丰富的内涵，如图19所示，形成了新的所指C3"率性、时尚、现代、高贵、奢华、高端"。此时的C3集C2和C2'为一体，一方面实现了广告策略的转化——向消费者传递着一种消费逻辑——消费香奈儿，就可以成为如周迅般富有魅力的女性；另一方面，对周迅而言，也被赋予了香奈儿暗含的品牌定位，被赋予了"高贵、奢华、高端"的意义，其形象因此大获提升。除此之外，时尚杂志的封面人物也是如此，当名人登上杂志的封面时，对杂志而言，在增加发行量的同时，也维护了杂志的品质和信誉度；对明星们来讲，能够登上顶级杂志，也成为其身份的一种象征。二者相互借力，共同营造出时尚杂志的传播效果。

E2			R2	C2 率性、时尚、现代
E1 周迅		R1	C1 周迅作为自然人的基本属性	

图17

E2'			R2'	C2' 高贵、奢华、高端
E1' 香奈儿		R1'	C1' 一种法国服饰、化妆品品牌	

图18

E3			R3	C3 率性、时尚、现代、高贵、奢华、高端
E1 周迅		R1	C1 周迅作为自然人的基本属性	
E1' 香奈儿		R1'	C1' 一种法国服饰、化妆品品牌	

图 19

电视节目的策划也越来越多地体现了合力传播的境界。以湖南卫视的综艺节目《我是歌手》为例，歌手的知名度和个人影响力正是节目的"诉求点"，是节目收视率的保证；同时，节目的知名度和节目内涵也成为明星们提升个人形象的良好契机。如图 20 所示，"参赛歌手" E1 本身就是具有个人魅力的明星，且大多是"实力派"明星，因此，相对于以"炒作""煽情"为主要"看点"的其他真人秀节目，"歌手"赋予了节目"高品质"的内涵；同时，节目《我是歌手》E1' 在宣传时也时刻强调"挑战自我"的精神，为参赛的歌手们传播了有勇气"挑战自我"的形象。歌手们的精彩演绎专业而投入，节目秉持的宗旨是勇敢、真诚，两者的相互借力，令节目大获成功。一经播出，立刻成为同时段收视率最高的综艺节目，甚至因为台湾地区选手的参与以及在台湾地区的广受欢迎，成为备受关注的政治话题。诸多还未能参加节目的歌手，竟然希望借此节目证明自己在歌坛的地位。

E2			R2	C2 高品质、专业、挑战自我、勇敢、真诚
E1 参赛歌手		R1	C1 歌手作为自然人的属性	
E1'《我是歌手》		R1'	C1' 湖南卫视的一档综艺节目	

图 20

在品牌营销和商业竞争中，商家的"强强联合"同样展现了"合力"传播的效果，著名意大利服饰品牌"阿玛尼"（Armani）与德国高档汽车品牌

"梅赛德斯－奔驰"(Mercedes-Benz)的合作便是成功的典范。作为阿玛尼的创始人兼设计师乔治·阿玛尼曾经为奔驰公司设计了一款名为 CLK 500 的限量版跑车;与此同时,奔驰公司赞助了在上海美术馆举办的"乔治·阿玛尼回顾展",并在美术馆的入口处展示了其经典款的跑车。"阿玛尼"本身已是顶级的服饰品牌,代表着"简约、大方、优雅、精致、洒脱"的风格,其设计师阿玛尼也因多次荣获设计大奖,与"阿玛尼"这一品牌被视为现代成功的典范。"奔驰"同样是汽车领域的高端品牌,代表着"经典、豪华、简约、现代"等品质,是诸多成功人士钟爱的座驾。两者皆有固定的含蓄意指的所指,如图 21 与图 22 所示,C2 与 C2'分别是"阿玛尼"和"奔驰"的含蓄意指的所指,且有着某种程度的一致性。当"阿玛尼"同"奔驰"并置在一起时,如图 23 所示,两个符号的含蓄意指的所指相互融合、相互照应。"阿玛尼"借"奔驰"之力令自己更高端、更现代,"奔驰"也借"阿玛尼"之力,令自己更优雅、更精致、更具设计感。两者的融合在提升彼此品牌形象的同时,提升了各自的经济效应。原本钟爱阿玛尼的消费者,为此会将目光投向奔驰;拥有奔驰汽车的消费者,也会以阿玛尼来凸显自己的着装品位。在此,服饰与汽车已成为人们界定自我身份的符号,消费者以消费含蓄意指的所指,也即商品的符号价值,来彰显个性,获得社会认同。这正是建构和传播品牌形象的根本意义所在。

E2			R2	C2 简约、大方、优雅、精致、洒脱
E1 阿玛尼		R1	C1 一种服饰品牌的基本属性	

图 21

E2'			R2'	C2' 经典、豪华、简约、现代
E1' 奔驰		R1'	C1' 一个德国汽车品牌	

图 22

E3	R3	C3 简约、大方、优雅、精致、洒脱、经典、豪华、简约、现代
E 阿玛尼	R1	C1 一种服饰品牌的基本属性
E1'奔驰	R1'	C1' 一个德国汽车品牌

图 23

  由此可见，合力传播的效果和影响力是传播的最高境界，不仅实现了意义的转移，更重要的是意义在两个甚至多个符号之间会彼此交流、彼此借力，实现了传播的强强联合，达成了符号间的"互惠共赢"，成为更具神话色彩的言说机制。

  含指项在我们的生活中随处可见，意义移植、借力传播、合力传播的现象也就随时发生着。因此，含指项是揭示意义产生机制、戳穿传播诡计的关键之一。

符号传播意义的机制*
——对自然化和普遍化的深度阐释

当一位小伙子把一束玫瑰花送给一位姑娘时，姑娘羞红的面颊说明她知道小伙子在向她表达爱情；在《非常6+1》节目中，当被敲碎的彩蛋金花四溅时，雀跃的欢呼声说明人们知道这意味着中奖。值得问个究竟的是，玫瑰花何以代表爱情？彩蛋金花四溅怎么就意味着中奖？而不再是事实的本身——送玫瑰花就是送给对方一种植物；彩蛋金花四溅是因为当它被敲碎时里面彩色的纸屑就会洒落出来。然而，人们从来不会这样想问题，正常聪颖的人类总是超越了事物的本来而指向一种含义深远的意蕴。不仅如此，这种意蕴还常常被推广开来，成为一种普遍性，甚至一种历史、一种文化，制造着各种意义，言说着生活，塑造着世界。因此，我们的一举一动、一言一行，我们传播的信息和接收的信息，都携带着同时也被裹挟在某种意蕴之中，也许我们从来没有意识到，从来都想当然，但探其缘由，这一切皆因自然化和普遍化这两种符号传播机制在作祟。

一、经典符号学家对自然化和普遍化的理解与运用

自然化与普遍化的共同运作就是符号产生意义的深层机制。所谓自然化，就是使偶然的事件看起来是必然的事实；所谓普遍化，就是使个别现象获得

---

* 本文原载于《新闻与传播研究》2008年第3期，收入本书时略有删改。

普遍意义。这只是字面的理解，并非从学理上深入把握这两种传播机制的运行过程。

罗兰·巴尔特是在阐释能指与所指的关系时使用自然化这一概念的："在天然语言结构中能指与所指的联系在原则上是约定的，不过这种约定是集体性的，是在长时间内积累的（索绪尔说过'语言永远是一种遗产'），因为在某种意义上说，约定已被自然化了。"① 可见，巴尔特认为，自然化只停留在能指1与所指1之间的直接意指层面，而如下文所论，本文认为自然化的更深层作用是在能指1与所指2的含蓄意指层面。同样，此前的列维-斯特劳斯也是在直接意指层面谈及自然化的："列维-斯特劳斯谈过'约定'是由某种先验任意性的自然化作用来支持的。"②

约翰·费斯克虽然没能明确提出并阐释自然化这一概念，但他对这一机制的描述却已经指向含蓄意指层面："像这种日常的隐喻有很多地方不同于文学上的隐喻。它们并不会引人注意到这是隐喻，因此人们不会意识到要将它们译码。而它们所形成的意义更容易成为社会常识的一部分：也就是说，它成了社会中不被质疑，普遍存在被视为想当然尔的假设。这样的常识看似自然天成，但事实却并非如此：它具有任意性，而且是社会造成的，最后它成为一种意识形态：主控阶级权力的维系部分原因便在于将他们的思想延伸成为每个阶级的'常识'。"③ 遗憾的是，费斯克对自然化的阐释仅限于描述，而非学理性的过程揭示。

鲍德里亚虽然也没能完整阐释自然化机制本身，但在他的《符号政治经济学批判》中运用了这一方法，从而深刻地揭示了消费社会把商品的使用价值自然化的问题。鲍氏认为，马克思虽然揭示了交换价值背后隐藏的劳动与劳动的不平等，即人与人的不平等，但却遮蔽了使用价值的社会性及其背后隐藏的秘密：使用价值在本质上是一种商品社会需求系统的抽象，其目的是把大众驯化为商品的"消费力"。这一切皆因对使用价值的独特的有用性的凸

---

① 巴尔特.符号学原理[M].李幼蒸,译.北京：生活·读书·新知三联书店,1988：142.
② 巴尔特.符号学原理[M].李幼蒸,译.北京：生活·读书·新知三联书店,1988：144.
③ 费斯克.传播符号学理论[M].张锦华,译.台北：远流出版事业股份有限公司,1995：127.

显,从而遮蔽了它的社会性,将其自然化了:"使用价值系统不仅仅是交换价值系统的备份、转换或延伸……我们这里所关注的是自然化的意识形态……使用价值使那些从社会意义上被交换价值分离的人们和解在普遍性之中。"①

可见,自然化作为一种符号运行机制,虽然对神话的形成、意识形态的传播至关重要,然而无论在罗兰·巴尔特那里,还是后来在让·鲍德里亚那里,都只是被使用,而没有得到一个学理的阐释。其后的符号学研究者也大都意识到了这个机制的重要性,但也只是用不同的词汇去观照、去替换,如"任意性""约定俗成性""遮蔽性"等,其实都是对自然化的一个侧面的描述,什么样的任意性、如何遮蔽、谁与谁的约定俗成等,都没有得到进一步剖析。从被使用的情况来理解,所谓自然化就是以事物的表面现象遮盖本质。那么,又是如何以现象遮盖本质的呢?换言之,现象遮盖本质的机制何在呢?

一如自然化,普遍化这个概念在罗兰·巴尔特那里也是一闪而过的,巴尔特等人没能把它作为一种符号传播的机制进行逻辑阐释。不过,约翰·费斯克在谈论换喻②时已经深度涉及普遍化机制,即他所谓的"部分代表整体"③。如他在论述换喻中的例证:电视剧中某一街景的画面、新闻中的某一示威画面、一个快乐的英国警察等作为能指,即费斯克所谓的"部分",换喻着电视剧中的整个都市、新闻报道中的整个示威游行活动、神话建构的英国警界整体,这不就是通过"部分"言说整体的普遍化机制吗?只是费斯克没能言明,甚或没能清楚地意识到这一意指过程作为一种符号传播机制的作用。

鉴于上述情况,笔者认为有必要对自然化和普遍化这两个概念作明确、深入的阐释,目的不是纠缠概念,而是对符号产生意义的深层机制进行揭示。

---

① 鲍德里亚.在使用价值之外[M]//罗钢,王中忱.消费文化读本.北京:中国社会科学出版社,2003:35.
② 约翰·费斯克的论述中使用的是转喻而不是换喻这个词,其实转喻就是换喻,两个词指向的是同一种语言现象.
③ 费斯克.传播符号学理论[M].张锦华,译.台北:远流出版事业股份有限公司,1995:127.

二、自然化机制的再阐释

本文试图从三个层面对自然化这个概念进行诠释，或许对神话的形成、意识形态的传播机制会获得更准确的理解。这三个层面的含义，可以总结为对两种关系的掩盖和一种方法的运用。

自然化的第一层含义就是能指1与所指1之间的约定俗成。这种约定俗成原本是任意性的，而对这种任意性关系的掩盖就是自然化第一层面所要做的事情。也即实施自然化的第一步要在能指1与所指1之间进行，如图1所示。"定型了的能指与所指之间的关系，在人们看来就是一种自然化的关系，因此只要一说到能指就会在头脑中浮现出所指，或者一看到所指就可以立刻说出能指。"①换言之，已经被社会约定俗成了的能指与所指在人们的意识里就变成了自然而然的事情，人们不再追问为什么把这种植物叫作玫瑰花，而不是其他的什么花，没有意识到这其实是一种人为的意指作用，更全然不觉意指作用最初的"任意性""荒谬性"。因此，在能指1与所指1的约定俗成中，也即在自然化的第一个层面中，能指1与所指1之间的关系被当作一种事实而不是一种意指组合。尤其是语言结构中的同构现象②，更是掩盖了自然化的第一层面。

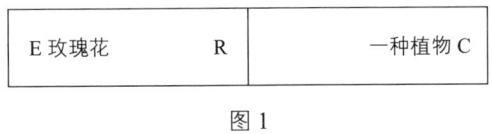

图1

自然化的第二层含义是指在自然化的第一层含义的基础上，并且在某种语境中，对所指2与能指1之间任意性关系的掩盖，相似性的凸显，如图2示。所指2与能指1的相似性，掩盖了它们之间的任意性关系，构建了含蓄意

---

① 曾庆香.新闻叙事学［M］.北京：中国广播影视出版社，2005：153.
② 隋岩.符号传播的诡计［M］//刘宏.电视学（第二辑）.北京：中国传媒大学出版社，2008.

指[①]。换句话说,就是使信息的接收者不再关注能指 2 是由能指 1 与所指 1 共同构成的,而是直接奔向所指 2,毫无选择地全盘接受所指 2;不再关注玫瑰花(能指 1)首先是一种植物(所指 1),而是直接奔向玫瑰花(能指 1)象征着爱情(所指 2)这个信息,破坏玫瑰花作为能指(能指 1)与作为一种植物的所指(所指 1)之间的"自然的"或"明显的"联系,反而强调它与爱情的"相似性",由此掩盖了信息的中介(能指 2)的形成过程(E1R1C1),从而掩盖了含蓄意指形成过程中的社会性、历史性、文化性、意识形态性。其实,玫瑰花代表爱情只是人们的一种想象、一种美好的愿望、一种对世界的意向,却被当作事实不假思索地全盘接受了。自然化的第二层含义既建立在自然化第一层含义的基础上,又是对第一层含义的利用、忽略乃至摒弃和反动。

E2			R2	爱情 C2
E1 玫瑰花		R1	一种植物 C1	

图 2

所谓一种方法的运用,也即对自然化的第三层理解,就是指运用隐喻建构含蓄意指的方法,强调的是隐喻在自然化机制中的作用。隐喻的运用,使得所指 2 与能指 1 之间的任意性关系被掩盖,相反却将它们之间人为的相似性当作自然天成,从而使含蓄意指所携带的历史意义、社会意义、文化意义、政治意义、教育意义被遮蔽,一切看似自然而然,因此,隐喻对含蓄意指的建构是自然化运作机制的一部分,也是自然化的深层机制。尤其值得注意的是,隐喻不再仅仅是文学上的一种修辞方法,而是渗透、隐藏在人类日常话语、日常思维中,成为人们日常的认知方式、思维方式,不为人所注意,由此,隐喻构建的含蓄意指所裹挟的意识形态,也不为人所质疑,相反却成为

[①] 有关含蓄意指和隐喻,参见隋岩《符号传播的诡计》中"含蓄意指和元语言对意义的不同建构"和"含蓄意指和元语言与隐喻和换喻的对应"两章。

一种社会常识，为人们想当然地普遍接受，如约翰·费斯克所说的"意识形态的常识"①。

由此可见，自然化是一种符号战略，正是通过这个战略，有些意义被遮蔽而另外一些意义被凸显。而要实现意义被遮蔽或被凸显的战略，其实就是如上所述的两个步骤：第一步要在能指1与所指1之间进行，也即让能指1与所指1约定俗成；第二步是凸显能指1与所指2之间的相似性，掩盖他们之间的任意性、荒谬性的关系，或者人为的、社会所为的被掩盖，含蓄意指被构建，意识形态被传播；其中的第二步，即含蓄意指的建构，则是借由隐喻而为之。

三、普遍化机制的再阐释

同样，一如自然化机制是大众传播获得传播效果的重要诡计之一，普遍化也是另一个至关重要的传播机制。如果我们将换喻、元语言②与普遍化联系起来，就会发现，换喻与元语言运用着相似的方法，追求着共同的目的，即普遍化机制。我们将罗兰·巴尔特和约翰·费斯克列举过的例子再以图示的方式分析如下。

在罗兰·巴尔特的例子中（见图3），某个黑人士兵与全体法国黑人的关系，无论以约翰·费斯克的观点"部分与整体的关系"，还是以我的观点"逻辑的延伸"，都是换喻的关系；而以"某黑人士兵"作为能指的所指（C1），正是由"全体法国黑人"作为能指所组成的一个意指组合（E3R3C3），这正符合元语言的概念：一个意指组合 E3R3C3 成为另外一个意指组合 E1R1C1 的所指 C1；这里，能指1（某黑人士兵）与能指3（全体法国黑人）的等值所建构的换喻，对应着意指组合 E3R3C3 与所指1的等值所建构的元语

---

① 费斯克.传播符号学理论［M］.张锦华，译.台北：远流出版事业股份有限公司，1995：127.
② 有关元语言、换喻，参见隋岩《符号传播的诡计》中"含蓄意指和元语言对意义的不同建构"和"含蓄意指和元语言与隐喻和换喻的对应"两章。

言（E1R1［E3R3C3］），而两个等值建构的共同目的都是混淆某黑人士兵与全体法国黑人之间的部分与整体的关系，使人误以为某个黑人士兵对法国的忠诚当然地代表着全体法国黑人对法兰西帝国的忠诚，这就是普遍化机制。同理，在约翰·费斯克的例子中（见图4），某个快乐的警员不仅仅是这个警员自身，而是意指着另一所指——整个英国警界，换喻和元语言就是要淡化这个快乐警员与整个英国警界间的区别，使人误认为整个英国警界都是快乐的。可见，普遍化机制就是通过换喻或元语言的建构，使某种个别现象看起来具有普遍的代表性；换言之，普遍化机制的实施，是运用换喻，通过元语言组合，把已经被自然化的含蓄意指的所指推广开来，使个别现象获得普遍意义，把某黑人士兵对法兰西帝国的忠诚推广到全体法国黑人对法兰西帝国的忠诚，把某个警员的快乐推广成整个英国警界的快乐。

图3

图4

需要指出的是，并不是所有换喻都是普遍化机制，只有换喻中的"部分与全部"那一种，而非递进的逻辑延伸，才是普遍化机制的"帮凶"。

四、自然化机制与普遍化机制是神话的两个层面

从上面的论述中，我们可以得出这样的结论：隐喻／含蓄意指是自然化机制的精髓，普遍化机制则依赖换喻／元语言得以实现。或者说，隐喻／含蓄意指制造着自然化，换喻／元语言制造着普遍化。罗兰·巴尔特一直念念不忘的核心概念——神话，又与隐喻／含蓄意指／自然化机制、换喻／元语言／普遍化机制是怎样的关系呢？

在罗兰·巴尔特、约翰·费斯克、特伦斯·霍克斯等符号学家那里，神话，一言以蔽之就是在直接意指的基础上形成的含蓄意指。我认为，含蓄意指只是神话的一个层面，还不完整。要完整、全面地理解神话，还必须包括元语言／换喻／普遍化机制。这里，我们沿用上面的研究方法，对于一个难以以定义的方式概述但又至关重要的范畴，仍然分层来进行阐述。

我认为，神话作为一种话语战略，包括两个层面：一是含蓄意指，二是元语言。含蓄意指借由隐喻建构，元语言则依赖换喻得以实现，含蓄意指／隐喻是自然化的深层机制，元语言／换喻是普遍化的幕后操纵。因此可以说，神话包括两个层面或者说两种机制：一是运用隐喻构建含蓄意指，使不相干的事物建立相似性关系，自然化机制发挥作用；二是运用换喻构建元语言，使相关性得到凸显，并发展成指代性，产生联想，产生等值，普遍化机制启动。换言之，神话就是含蓄意指组合与元语言组合的共同运作、隐喻与换喻的共同运作、自然化机制与普遍化机制的共同运作。隐喻／含蓄意指／自然化也好，换喻／元语言／普遍化也罢，这些建构或机制通过创造新的相似性和相关性，建立了新的等值，从而创造了新的神话，传播了新的信息，下面举几个例子来说明这两个层面或两种机制共同发挥作用的情况。

如图 5 所示的神话告诉我们，当我们言说上海这座城市的繁华时，无论是用语言还是用影像，都无法描述整座城市，而只能选取某一条街道或某一个区域等，如外滩或南京路，并凸显该区域与都市繁华之间的相似性，也即在含蓄意指层面该区域的所指是现代都市，而不再仅仅是它的方位、宽窄、

历史等具体情况，外滩成为现代都市的隐喻，并在一种社会语境中被广泛认同、普遍接受，自然化机制形成。该区域与整座城市之间无疑是"部分与全部"的关系，具有相关性，也即一种换喻关系，在一个意指组合（E3R3C3）成为另外一个意指组合（E1R1C1）的所指表达面（C1）的元语言组合中，该区域代表着整座城市，普遍化机制发挥作用，它传达的新信息已不再是外滩的繁华，而是整个上海市的现代化。

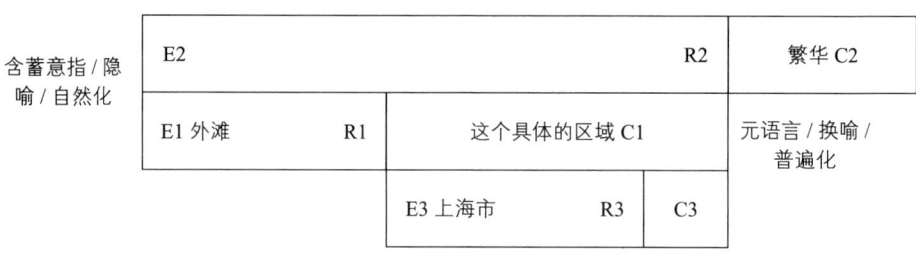

图 5

图6即把中国传媒大学的招生宣传片以符号学的图示表述出来，所示的神话就是考取中国传媒大学意味着名利双收。神话的第一步是王志、白岩松、陈鲁豫、李咏、李湘等著名的传媒从业人员，在广大民众的心目中已经不再仅仅指向他们每一个具体的个人，而是功成名就、名利双收的代名词，即含蓄意指的建立；在含蓄意指中，陈鲁豫等著名传媒人与名利双收之间这种人为的相似性被凸显，陈鲁豫等人成为名利双收的隐喻，并在大众传媒迅猛发展的信息社会得到广泛认同。神话的第二步是强调这些著名传媒人都是中国传媒大学的毕业生，用约翰·费斯克的观点就是"部分与全部"的关系，即本文一再强调的相关性、逻辑延伸中的一种，也即换喻的关系被建立；换喻的运用强化了这种相关性，使陈鲁豫等人成为所有中国传媒大学学生的当然代表，也即元语言组合中的一个意指组合（E3R3C3）成为另一个意指组合（E1R1C1 或 E1'R1'C1' 或 E1″R1″C1″）的所指表达面，指代作用形成，普遍化机制启动——它暗示人们，只要考上中国传媒大学，就能成为王志、陈鲁豫等，就能一夜成名、名利双收。至此，在陈鲁豫等人隐喻着名利双收的自然化机制和代表着所有中国传媒大学学生的普遍化机制的双重作用下，

符号传播意义的机制

含蓄意指/隐喻/自然化	E2		R2	名利双收 C2
	E1 陈鲁豫　　R1	一个来自北京的女人 C1		元语言/换喻/普遍化
	E1' 王志　　R1'	一个北京男人 C1'		
	E1" 李湘　　R1"	一个来自湖南的女人 C1"		
		E3 全体中国传媒大学学生　R3	C3	

图 6

考取中国传媒大学意味着名利双收的神话被构建。

图 7 所示的神话很容易理解,任何国家的仪仗兵都在建构着该国军队威武不屈的神话。图 8 是国庆 50 周年天安门广场阅兵中的经典画面的符号学图解,尤其值得一提的是那对护旗兵是一对孪生姐妹[①],这个精妙的安排强化了它的符号学意义:不仅身材差不多,长得都一样,可见整齐划一的程度。整齐划一意味着训练有素,训练有素意味着威武不屈,威武不屈意味着坚不可摧!

含蓄意指/隐喻/自然化	E2		R2	威武不屈 C2
	E1 仪仗兵　　R1	C1		元语言/换喻/普遍化
		E3 该军队　　R3	C3	

图 7

可见,自然化机制最终需要借助元语言/普遍化机制来推动它的含蓄意指的所指,神话才获得传播效果,元语言的所指 C3 最后一定要指向含蓄意指

---

① 该例证受李岩的《媒介批评》第 33 页中的例证启发。

含蓄意指/隐喻/自然化	E2		R2	训练有素、整齐划一 C2
	E1 孪生姐姐 R1	一位来自北京的 25 岁女兵 C1		元语言/换喻/普遍化
	E1' 孪生妹妹 R1'	一位来自北京的 25 岁女兵 C1'		
		E3 全体中国军人 R3	C3	

图 8

的所指 C2，含蓄意指的所指 C2 才被推广开来，也即自然化机制要与普遍化机制携手共建神话传播。

五、明星梦神话的案例阐释——从自然化机制和普遍化机制解析选秀节目

转型时代的一个重要特点就是新旧交替频繁迅速，崭露得快、被淘汰得也快。在这样的时代语境下，人们都想急于事功、急于求成。一个突出的事例就是，这个时代的人们无时不在梦想着一夜之间填平自己与明星、成功人士之间的鸿沟，无论是急于事功的少男少女，还是望子成龙、望女成凤的父亲母亲，都疯狂地涌向电视这个最具有传播威力的媒介，妄想通过这个神奇的媒介一夜成名、一夜成功、一夜暴富，一夜之间改变自己的人生命运。电视可以一夜之间造成鸿沟，也可以一夜之间填平鸿沟。不过这只是《红楼梦中人》《超级女声》《非常 6+1》《梦想中国》《星光大道》等电视栏目火爆的社会语境，而这些栏目是怎样传达出一夜成名、飞黄腾达等诱惑人的信息的，只有借助于自然化和普遍化这两种符号传播机制，我们才能识破这些媒介神话。

如图 9 所示，李宇春作为一个能指（E1），在直接意指层面上意指的不过是一个来自四川的 21 岁女孩（C1），即图示中的 E1R1C1 组合，也即符号 1。然而，自李宇春在《超级女声》栏目海选中胜出的那一刻起，E1R1C1 组

合（符号1）就被置于了新的文化语境中，演变成了能指2，并且获得了新的所指（C2）——一夜成名，含蓄意指得以建构。自此，李宇春就成了一夜成名的代名词，新的隐喻诞生了。这种隐喻/含蓄意指在媒体的包装、炒作下，逐渐演变为被大众想当然认同的"事实"——电视媒体能够让凡俗人大红大紫，在荧屏上露脸等于一夜走红，自然化机制发挥作用。

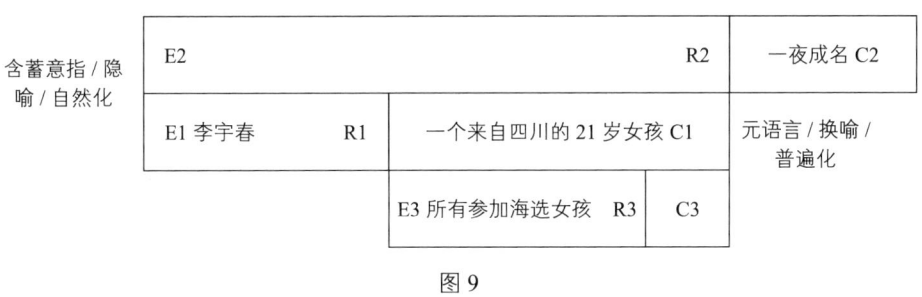

图9

然而，神话到此并没有结束，电视媒体并不甘心让大众相信这是老天对李宇春一个人的偏爱，而是通过换喻暗示受众，李宇春就是她们中的一个，在元语言E1R1（E3R3C3）的组合中，李宇春的今天就是她们的明天。至此，普遍化机制启动——参加海选的每一个女孩都强烈地感受到，她们中的每个人都可能成为下一个李宇春。

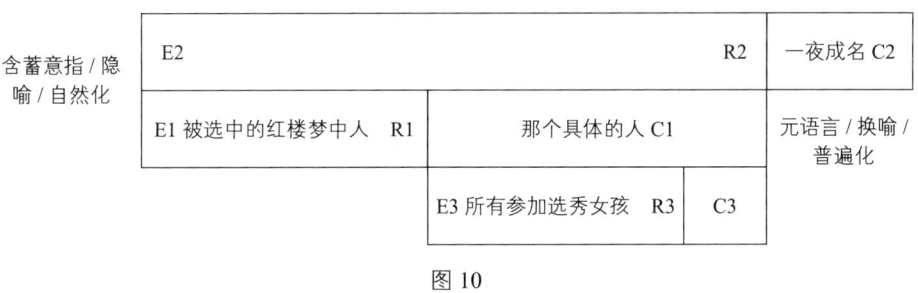

图10

红楼选秀的节目也一样，如图10所示。为重拍电视剧《红楼梦》而海选演员的火爆，并非说明了《红楼梦》的魅力经久不衰，许多参加海选的人未必读得懂、读得透，甚至未必读过《红楼梦》，而是恰恰证明了电视媒介自然化机制和普遍化机制的力量——被选中的红楼梦中人的经历与一夜成名有着相似性，是隐喻的关系，这种隐喻与含蓄意指互为因果，呼应着走上荧屏成就功名的自然化机制；被选中的红楼梦中人又与所有参加选秀的女孩有着相关性，用约翰·费斯克的观点是部分与整体的关系，也即换喻的关系，这种换喻与元语言互为基础，共同营造着参加就可能被选中的普遍化机制。于是神话被构建：当年《红》剧的热播使得饰演宝黛钗的演员们一夜成名，今天的红楼选秀更让成千上万参加海选的人相信，只要现身荧屏就能名扬天下。

《龙的传人》《红楼梦中人》《超级女声》《非常6+1》《梦想中国》《星光大道》等电视栏目都是在自然化机制的基础上利用了大众传媒具有使个别成功得以普遍化的功能，把传媒盈利的欲望与大众渴望成功的欲望巧妙地结合到一起，大众满足了传媒的需要，传媒的普遍化机制也迎合了大众妄图通过荧屏改变命运的梦想——超女李宇春就是已经穿上水晶鞋的当代灰姑娘，红楼选秀就是丑小鸭变成白天鹅的现实演绎，正是电视传媒的普遍化机制告诫大众，荧屏可以使李宇春一夜成名，也可以使你、使她、使千万个"李宇春"一夜成名。

总之，选秀栏目的把戏都可以被归纳为：先运用隐喻功能暗示在大众传媒上的表演对应着事业成功、人生得意，构建含蓄意指组合；再以换喻功能"推理"所有渴望成功的年轻人只要参与就将成为荧屏上那个成功的个别选手，构建元语言组合。先突出隐喻功能，以成功诱惑观众，再强调换喻功能，促使电视机前的观众都拿起手机拨打报名电话。自然化机制和普遍化机制都得以实现。所有选秀节目都是通过含蓄意指和元语言来共同建构其强大的传播效果的。

从符号学解析传媒言说世界的机制[*]

大众传媒言说世界的机制，就是运用含蓄意指和元语言生产"一致舆论"。含蓄意指不仅是一种符号现象，而且是与隐喻互为因果的一种重要的人类思维现象①，是人类认知事物、表达思想的方式，正是借助这种认知方式和表达方式，自然化机制②才得以深植于人类的语言、思维、文化和社会关系中而不被识破，制造着关于世界的各种说法。进而再利用元语言，将自然化机制制造的关于某事、某物的某种说法推广开来，通过普遍化机制，生产"一致舆论"和"普遍赞同"。

一、传媒借助含蓄意指言说世界

直接意指体现着符号的本意，对应着符号最原初的明示义（denotation），如图 1 所示，荧屏上的李宇春作为电视画面符号的能指，在直接意指层面只意指（R）着"一个来自四川的 21 岁女孩"。然而在实际的符号运用和日常交际中，也即在观众接受电视画面符号信息时，人们往往忽略了直接意指——"一个来自四川的 21 岁女孩"，忽略了符号产生意义的第一层面，而直奔第二层面，即含蓄意指。含蓄意指体现着符号的暗含义（cannotation）

---

* 本文原载于《国际新闻界》2010 年第 2 期，收入本书时略有删改。
① 隋岩.符号传播的诡计［M］// 刘宏.电视学（第二辑）.北京：中国传媒大学出版社，2008.
② 隋岩.符号传播意义的机制：对自然化和普遍化的深度阐释［J］.新闻与传播研究，2008（3）：57–63，96.

（C2），对应着符号在不同语境中可能产生的多种内涵，或者说在不同语境中可能构建着不同的相似性，创建着不同的隐喻。同是一个李宇春，当在海选的舞台上被观众的欢呼声簇拥时，其所指就不再简单地是"一个来自四川的21岁女孩"（C1），而是一夜成名的隐喻（C2），此时，"李宇春"与"一夜成名"之间的相似性被构建，如图2示；但如果是在传媒批判、大众文化批判的语境中，其所指就演变成了"文化工业的猎狲"等反思性的内涵（C2），如图3所示。这时我们发现，符号的含蓄意指似与该符号的明示义——"一个来自四川的21岁女孩"——直接意指的所指（C1），并没有必然的关系，倒是与符号所处的语境密切相关，或者说，是符号所处的语境决定了什么样的相似性得以彰显，什么样的含蓄意指得以建构。可见，含蓄意指组合所构建的所指2（C2），虽然建立在符号1（E1R1C1）的基础上，但完全超越了符号1，并抑制着符号1原有的所指1（C1），最终受制于不同的历史语境、社会语境、文化语境，产生不同的暗含义（C2），如上述例证就是两种不同语境导致截然相悖的所指2产生。霍克斯把含蓄意指的所指看成"处于居先位置的意义上的寄生物"①。所谓"居先位置的意义"就是符号1的所指1，"寄生物"就是所指2，即罗兰·巴尔特所说的"神话"。符号在其所依托的社会文化语境中引申的意义，也就是含蓄意指这个"寄生物"，因此，理解含蓄意指不能脱离其所处的历史环境、文化语境。

| 直接意指: | E 李宇春 | R | 一个来自四川的21岁女孩 C |

图1

| 含蓄意指: | E2 | | R2 | 一夜成名 C2 |
| 直接意指: | E1 李宇春 | R1 | 一个来自四川的21岁女孩 C1 | |

图2

---

① 塞特.符号学、结构主义和电视[M]//罗伯特.重组话语频道.麦永雄，柏敬泽，等译.北京：中国社会科学出版社，2000：12.

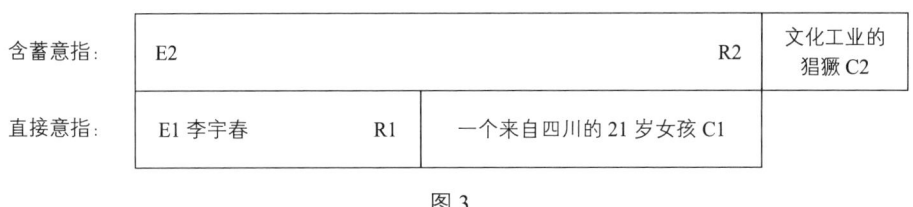

图 3

值得注意的是，语境孕育着对世界的说法。在含蓄意指的建构中，所指 2 与能指 1 之间的任意性关系被掩盖了，相似性得到凸显，使信息的接收者不再关注能指 2 是由能指 1 与所指 1 共同构成的，而是直接奔向所指 2，毫无选择地全盘接受所指 2；不再关注李宇春（E1）首先是一个人（C1），而是直接奔向"代表着一夜成名"这个信息（C2），破坏李宇春作为能指（E1）与作为"一个来自四川的 21 岁女孩"这个所指（C1）之间的原本的联系，反而强调它与所指 2（一夜成名）之间的"相似性"，掩盖了信息（所指 2）的中介（能指 2）的形成过程，把李宇春与一夜成名之间"相似性"自然化了。事实上，李宇春代表一夜成名不过是媒介的炒作与人们的想象的一种结合，却被当作事实不假思索地全盘接受了。而在另一种语境——文化工业批判的语境中，这种自然化却完全是另一种情形——被凸显也即被自然化的是李宇春与"文化工业的猖獗"之间的"相似性"。其实，无论在哪一种语境下，都是通过含蓄意指组合，所指 2 才将外在世界——对文化工业的追捧或批判，引入、渗透到能指 2 中，进而渗入能指 1 和整个符号组合中，并成为能指 1 的当然所指，将符号的接受者引向一个预先设定的、社会的、历史的、文化的意义中，看到来自四川的 21 岁女孩李宇春，在传媒成就梦想的语境中就会萌生一夜成名，在谴责文化工业畅行其道的语境中就会想到世风日下。因此，含蓄意指的所指是文化的、历史的、意识形态的。在含蓄意指基础上形成的自然化机制制造着对李宇春的不同态度，也制造着对世界的不同说法。

二、传媒借助元语言生产一致舆论

斯图亚特·霍尔曾一针见血地揭示出社会的"一致舆论""普遍赞同"并

不是原本就存在于大众之中,而是由传媒生产出来的,然而遗憾的是,霍尔没能令人信服地进一步阐释大众传媒是如何生产"一致舆论"的。在此,借助符号学我们可以看到,大众传媒正是运用换喻,通过元语言①组合,进而借助普遍化机制②,生产"一致舆论""普遍赞同"的。

比如中央电视台《第一时间》栏目2006年6—7月反复播出的世界杯足球赛宣传片,就是利用普遍化机制制造出这样一种"一致舆论"——每个人都得看世界杯足球赛,不看者就是时代的边缘人。该片是这样实施它的普遍化机制的:一个在公共汽车站候车的女孩,发现旁边候车的男士不仅疲惫,而且裤子的膝盖处都被磨破了,在女孩对第一位男士表示惊诧时又来了一们男士,也是满身倦意,女孩惊愕地对后来的男士说:"你也看了!"之后画面一切,这个女孩也坐在电视机前疯狂地为世界杯呐喊、狂呼,再接下来的画面是狂呼中的人群中间,第一位男士跪在地上,疯狂地挥舞着拳头,滑向镜头。在这里,三个能指——磨破裤子的男士、惊诧的女孩、后来的男士不仅是三个具体的球迷,而且意指着另一所指——所有球迷、所有人(见图4、图5、图6),它潜意识地告诫大家要不惜代价地看世界杯、看电视③。至此,全民看世界杯足球赛的"一致舆论"就被传媒生产出来了,在这种媒介环境中,不看世界杯就成了这个社会的另类。这也是一个含指项的元语言组合④(见图7):磨破裤子的男士、惊诧的女孩、后来的男士,这三个直接意指层面的符号都具有一个共同的、单一的含蓄意指的所指——紧跟时尚的球迷,这无疑是一个含指项组合;不仅如此,一个意指组合 E3R3C3 还是另外三个意指组合 E1R1C1、E1'R1'C1' 和 E1"R1"C1" 的共有的所指,这又是元语言组合。

---

① 隋岩.符号传播的诡计[M]//刘宏.电视学(第二辑).北京:中国传媒大学出版社,2008.
② 隋岩.符号传播意义的机制:对自然化和普遍化的深度阐释[J].新闻与传播研究,2008(3):57-63,96.
③ 至于与世界杯无缘的中国为何要生产这样的一致舆论也是一个有意义的话题,我将另外专文论述。
④ 隋岩.论含指项中的意义移植[J].国际新闻界,2008(7):47-52.

图 4

含蓄意指 / 隐喻 / 自然化	E2			R2	球迷 C2
	E1 磨破裤子的男士	R1	C1		元语言 / 换喻 / 普遍化
			E3 所有的人	R3	C3

图 4

图 5

含蓄意指 / 隐喻 / 自然化	E2			R2	球迷 C2
	E1 也疯狂的女孩	R1	C1		元语言 / 换喻 / 普遍化
			E3 所有的人	R3	C3

图 5

图 6

含蓄意指 / 隐喻 / 自然化	E2			R2	球迷 C2
	E1 后来的男士	R1	C1		元语言 / 换喻 / 普遍化
			E3 所有的人	R3	C3

图 6

图 7

含蓄意指 / 隐喻 / 自然化	E2			R2	球迷 C2
	E1 磨破裤子的男士	R1	C1		元语言 / 换喻 / 普遍化
	E1' 也疯狂的女孩	R1'	C1'		
	E1" 后来的男士	R1"	C1"		
			E3 所有的人	R3	C3

图 7

这就是传媒生产"一致舆论"的把戏,它对孩子说:"今天你喝(娃哈哈)了吗?"对孩子的爸爸说:"今天你看(世界杯)了吗?"于是一家人全都得听凭传媒的煽动。喝娃哈哈的"你"和看世界杯的"你"都不是某个特定具体的"你",而是一个起着中介作用的能指,其所指才是有意义的——也就是传媒"惦记"的大众。这正是在普遍化机制中起决定性作用的元语言组合(见图8、图9),它告诫人们,娃哈哈会让儿童健康,所有的儿童都应该喝娃哈哈;看世界杯是符合时代潮流的,所有的人都得看世界杯。事实上,喝娃哈哈会让儿童健康、聪明和看世界杯意味着与时俱进,不过都是一种对世界的"言说"。

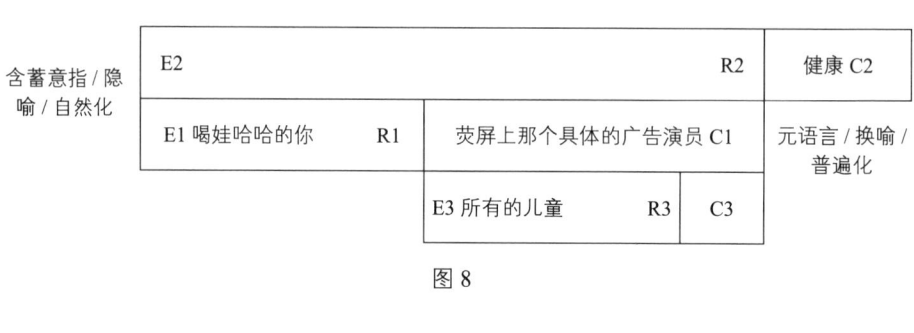

图 8

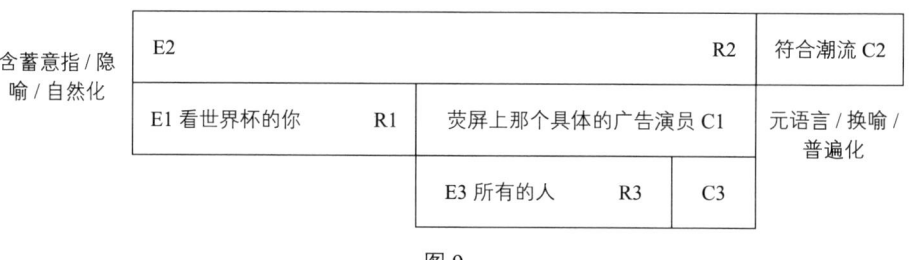

图 9

从上面的分析中我们已经看到了元语言/普遍化机制生产"一致舆论"的过程,既然"一致舆论"是被生产出来的,那么它无疑就是一种非历史的意识形态,普遍化机制无疑也就是继自然化机制之后言说世界的又一个"帮闲"。

三、神话是关于世界的说法

神话在两个层面进行着等值的构建——在隐喻/含蓄意指/自然化机制层面相似性的建构和在换喻/元语言/普遍化机制层面相关性的建构,同时也是两种荒谬性的遮蔽。而正是缘于这种建构与遮蔽。神话诞生了。

神话首先通过自然化机制,使原本任意性、人为性联系的符号看似"自然合理",又通过普遍化机制,使这个已经自然化的个别的、偶然的事件转化为具有普遍意义的广泛事实,并使人想当然地接受,视其为理所当然。其实,神话所传递的信息的真实性是经不起推敲的:黄河之水作为一种自然状态,依地势而变,是否真的是一种生命力的体现?精通体育赛事就意味着趣味生活、时尚人生吗?李湘一定指征着成功人生、幸福生活吗?显然,这些隐喻的相似性是一种人为的、任意性的相似,这正是隐喻/含蓄意指/自然化机制的阴谋所在。同理,黄河某一段的激荡汹涌或水源匮乏或清澈如泓或污浊如泥是否能够代表黄河的整体状况?某个快乐的警员是否能够代表英国警界的整体风貌?中国传媒大学的每一个学生是否都能如李湘一样一夜成功、名利双收?这之间的关系有高度的任意性,也即对哪一段黄河的选择、对哪一个警员的选择、对哪一个毕业生的选择完全是任意的,只不过由于所选择的喻体与本体之间的相关性被强化,或者喻体是本体中的一部分,这种选择的任意性就被掩盖了,这也正是换喻/元语言/普遍化的诡秘之处。简言之,神话就是先通过隐喻/含蓄意指/自然化机制发布一个看似真理的布告[1],再通过换喻/元语言/普遍化机制把这个说法扩大化,推广开来。由此可见,神话通过自然化机制和普遍化机制制造的只是关于世界的种种说法,并非真实客观的世界,正如罗兰·巴尔特所言:"神话是一种言谈。"[2] 通俗地说,神话就是关于某一事物乃至整个世界的一种说法。

自然化机制促使昂贵的商品成为人们跻身于贵族阶层的符号,那些穿着裘皮大衣在寒风中等公共汽车的人,显然并不属于消费裘皮大衣的阶层,而很多人穿着本不属于本阶层的服饰,使用超出本阶层购买能力的商品,无非就是要通过这些已经被符号化了的商品向他们的邻里、同事、朋友,向他们的周围宣称,他(她)属于另外一个阶层,而这同时又是普遍化机制在作祟——穿得起

---

[1] 曾庆香.新闻叙事学[M].北京:中国广播影视出版社,2005:171.
[2] 巴特.神话:大众文化诠释[M].许蔷薇,许绮玲,译.上海:上海人民出版社,1999:167.

裘皮大衣的人就一定是贵族阶层（见图10）。香奈儿5号香水本身与女性典雅的气质并无必然联系，而自然化机制煽动说这才是一种高贵的品位，普遍化机制又赋予了"选择什么样的品牌，你就是一个什么样的女人"的想象（见图11），自然化机制和普遍化机制携手使"神话的言说"变成了一种合乎情理的表达。

含蓄意指/隐喻/自然化	E2		R2	高贵 C2
	E1 裘皮大衣 R1	C1		元语言/换喻/普遍化
	E1' 穿裘皮大衣的人 R1'	C1'		
		E3 所有穿裘皮大衣的人 R3	C3	

图 10

含蓄意指/隐喻/自然化	E2		R2	高贵 C2
	E1 香奈儿5号 R1	C1		元语言/换喻/普遍化
	E1' 凯瑟琳·德纳夫 R1'	C1'		
		E3 所有购买香奈儿5号的人 R3	C3	

图 11

从"把失去的时间夺回来""时间就是金钱""效率就是生命"，到"能挣会花""每一个品牌都对应着一种身份"，不同历史时期的价值观都是通过隐喻和换喻的认知方式、含蓄意指和元语言的等值建构与遮蔽、自然化机制和普遍化机制的诡计，把从工业社会到后工业消费社会的价值观念[①]强化、放大并传播给大众的。半个世纪前是穷怕什么、穷得光荣，因为有革命作名义，

[①] "把失去的时间夺回来""时间就是金钱""效率就是生命"无疑是以工业化生产为资本积累主要来源的工业社会的主导价值观，而"能挣会花""每一个品牌都对应着一种身份"也当然是以符号消费为资本积累重要源泉之一的后工业消费社会的信条。

越穷越革命（见图 12）；今天是富得光彩，因为可以假借成功的名声（见图 13）。在不同的历史语境中，无论穷得光荣，还是富得光彩，都是一种对世界、对生活的"言说"。不管是当年最穷但也最革命的"赵光腚"，还是今天住在"赵光腚"家乡高档别墅里的成功人士①，某种观念一旦得到了自然化机制和普遍化机制的关照，就具有了言说的合理性，就演变成了神话，就会被追崇，而追崇的，其实是一种观念、一种意识形态。由此，人就被控制了，就成了话语战略、符号战略、传媒战略的俘虏，神话则趁机把文化的、社会的、历史的、教育的、意识形态的价值观念组合在一起，并当作事实强加给人们，全然不觉的人们也就把它当成现实不假思索地接受了。

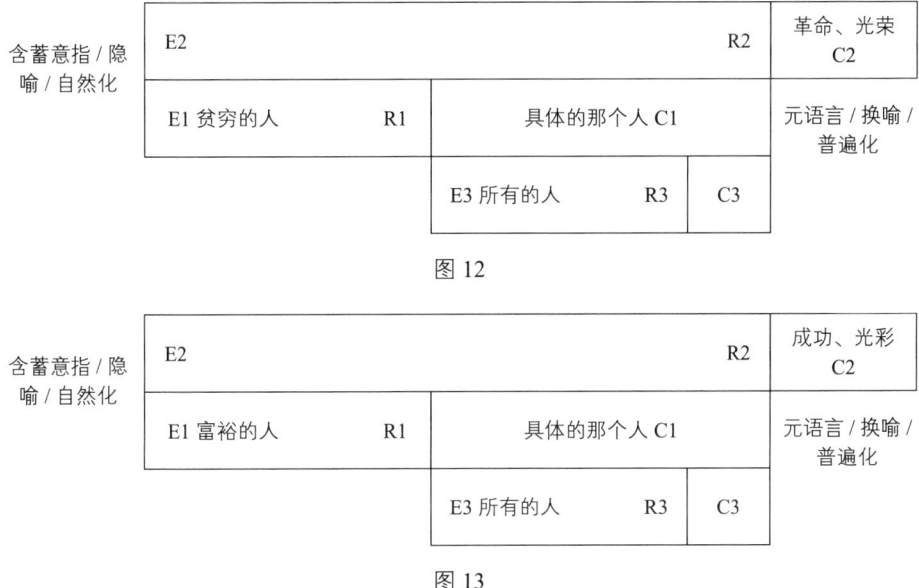

图 12

图 13

掩卷符号学，突然想起一则时装广告：Dressing is not a size, but an attitude。的确，我们穿在身上的衣服无所谓大小合适，适合的是衣服的品牌与我们的身份，即鲍德里亚所谓的符号价值，营销学把这一切都美其名曰为对待生活的态度——这也许就是消费社会的真谛，也是消费文化千方百计培养的民众对消费社会的共识。而符号学能帮助我们揭示这一玄虚。

---

① "赵光腚"是当代著名长篇小说《暴风骤雨》中的角色，据 2006 年 11 月 13 日《哈尔滨日报》报道，《暴风骤雨》的原型是黑龙江尚志市元宝村筹建的高标准别墅群。

从能指与所指关系的演变解析符号的社会化*

一、对能指、所指及所指事物的再理解

瑞士语言学家索绪尔的名著《普通语言学教程》超越传统语言学的一个重要方面,就是提出了具有结构主义倾向的一系列原则和方法,其中关于能指与所指的区分为后来结构主义揭示意义产生的过程(即意指实践),奠定了重要基础。根据索绪尔的观点,每一个符号都是由能指和所指组成的,或者说每一个符号都可以人为地分为能指部分和所指部分。

能指部分是具有物质性质和物质形式的用以承载符号内容的"中介物",是承载符号内容的表达层面,是符号中我们能看到或听到的那部分,也即符号的形象或声音,是所指的中介物,"意指着那些只能通过它们来言说的东西"。对于有声语言符号来说,能指就是我们听到的声音,比如我们大喊一声"好",声波就是这个能指的物质性质;对于文字语言符号来说,能指就是我们看到的文字,如本文的文字,其物质性就是油墨;对于实物符号来说,能指就是我们看到的那个实物,如马路上的红绿灯。

对于所指主要有下面三种不同的理解:

其一,所指是符号所阐述的实在事物、所指向的客观世界,也即"所指事物"。这种理解其实是与符号学相悖的,因为符号学要力图揭示的只是意

---

* 本文原载于《现代传播(中国传媒大学学报)》2010年第6期,收入本书时略有删改。

义如何产生，并不关心客观世界（即所指事物），以及意义本身的是与非，这已经是共识。但是有些符号学研究者仍然常常在他们的论述中把"所指"与"所指事物"相混淆，因为人们潜意识中总认为符号具有替代现实事物的作用。这也是本文后面将要着重论述的"自然化机制"形成的重要原因之一。

其二，所指是符号在其使用者心里的表象，完全是符号使用者的心理活动，即符号所表示的是概念。这种理解就是索绪尔的观点："所指不是'一桩事物'，而是该'事物'的心理表象。""索绪尔本人清楚指出了所指的这种心理性，把它称作概念；于是单词牛的所指不是牛这种动物，而是它的心理形象。"[①]例如，对于有声语言来说，说汉语的人发出的 niu 的声音，或者说英语的人发出的［oks］的声音，就是符号"牛"或"ox"的能指，对于文字语言来说，我们看到写在纸上的"牛"或"ox"是能指，而所指不是在草原上正在吃草或田野里正在犁地的具体的动物，却是"头上长角、趾端有蹄、尾巴间端有长毛的大型反刍类哺乳动物"这个概念。这个概念就是符号"牛"或"ox"在符号使用者心中的一种心理表象。这种理解显然是对上一种理解的反驳，而且是有道理的，因为"有些符号根本没有它们所指的'真实'客体：抽象名词（如，真理、自由）或想象之物（如，美人鱼、独角兽）"[②]。虽然"牛"（或者"ox"）等一大批符号有其所"所指事物"，但"麒麟""爱情"等另一大批符号却没有所阐述的实在事物、没有所指向的客观世界，而这些符号与前者一样在我们的日常交往、文化活动中必不可少。

其三，所指是可言者。这是罗兰·巴尔特在其《符号学原理》中引述的斯多噶派哲学家们的理解："斯多噶派哲学家们细心地区分出了心理表象、实在事物和可言者（dicible）三个方面，所指既不是心理表象也不是实在事物，而是可言者。所指既非意识行为亦非现实，它只能在意指过程内部加以定义，这个定义几乎是同语反复式的：这就是使用记号的人用其意指着什么的'那种东西'。"按照斯多噶派哲学家们的理解，所谓"可言者"是能指意指着的

---

① 巴尔特.符号学原理［M］.李幼燕，译.北京：生活·读书·新知三联书店，1988：136.
② 塞特.符号学、结构主义和电视［M］//罗伯特.重组话语频道.麦永雄，柏敬泽，等译.北京：中国社会科学出版社，2000：5.

"那些只有通过它们来言说的东西"，而并不一定是指符号的概念。例如，服装的运动衫（而非文字符号的运动衫）作为能指，"意指着秋天在树林中的长时间散步"①，而非某件具体的有颜色、有款式样子、有大小尺码的运动时穿的单上衣，亦非运动衫的概念"体育运动时所穿的单上衣"。这种所谓的"可言者"似乎就是后面要论述到的含蓄意指的所指，如此就混淆了直接意指的所指和含蓄意指的所指。

由是观之，索绪尔对所指的理解，也即上述第二种理解，似乎更合理也更具有可操作性。在对所指如是理解的基础上，我们就明白了符号其实是一个音或者像分别与概念结合的结合体。在这种结合中，"能指面构成表达面，所指面构成内容面"②。有学者将能指和所指这对概念简洁地总结为："能指是符号的形式，为符号的可见部分。所指是符号的意义，为符号的不可见部分。"③ 不过，无论怎样表述，对能指和所指的划分，只是为了揭示意义的生成过程而人为进行的理论划分，在现实的符号运用中，是不存在这种划分的。在现实的交际过程中，能指与所指如一个硬币的两面，根本无法截然分开。

对于符号学来说，符号只有两个关系项——能指和所指，而没有"所指事物"这一项，因为如前所述符号学不关心客观世界，只关心符号系统本身，这正是符号学被指责"令人发指地缺少历史感"的原因所在。但也正是为了规避"令人发指地缺少历史感"，本文试图将符号学与历史的意识形态的研究相结合，不仅要揭示意义生成的过程，而且要探究意义与现实、与历史、与意识形态、与文化的关系。因此，在各路大师对"所指"这个范畴已有明确界定的基础上，本文又加以甄别赘述，目的当然不是重复，而是想在理解"所指"的同时突出另一个概念——"所指事物"。因为要探究意义与现实、与历史、与意识形态、与文化的关系，不仅要运用能指与所指这一对概念，而且要让能指、所指与"所指事物"这个概念发生关系，如此，我们就找到了符号学所揭示的意义与我们的生活、我们的世界、我们俯仰生息其中的文化的关联。

---

① 巴尔特.符号学原理[M].李幼燕，译.北京：生活·读书·新知三联书店，1988：137.
② 巴尔特.符号学原理[M].李幼燕，译.北京：生活·读书·新知三联书店，1988：134.
③ 曾庆香.新闻叙事学[M].北京：中国广播影视出版社，2005：148.

二、能指与所指的关系：从任意性到理据性

我开车的时候，4岁的女儿经常告诫我"red says stop and green says go, yellow says wait and you'd better go slow"。4岁半的一天，她突然瞪着质疑的大眼睛问我："为什么红灯一定要停车，绿灯一定要开车，这是谁规定的，是警察叔叔规定的吗？"面对这个尚未被符号化、社会化的4岁半的思想者，我张口结舌。的确，是谁规定的红灯一定要停、绿灯一定要行呢？是警察吗？哪个警察？中国的还是美国的？作为能指的红灯和作为所指的禁止通行之间的联系是自然而然的吗？当我们看到红灯，反映到我们头脑中的一定是禁止通过吗？反过来不行吗？当我们发出"niu"的声音或写下"牛"的文字时，就一定是要表达"头上长角、趾端有蹄、尾巴尖端有长毛的大型反刍类哺乳动物"的概念吗？意指着"头小、面部长、耳壳直立、颈部有鬣、四肢强健、每肢各有一蹄、善跑、尾生有长毛的哺乳动物"（马的概念）不行吗？答案无疑是否定的，否则我们就无法与人交流，无法生存于世了。如此看来，能指与所指之间的关系是必然的、早已被规定好的、不容改变的。

然而，对于"头上长角、趾端有蹄、尾巴尖端有长毛的大型反刍类哺乳动物"这个概念，我们中国人用"牛"这个能指来意指，而英国人、美国人却用"ox"这个能指来进行表达，法国人则用能指"boeuf"来意指，德国人用能指"das rind"来意指，日本人用……对于同一个所指，人们完全可以用不同的能指来意指它，这说明了什么呢？这说明了能指与所指之间的关系并非必然，而完全存在多种可能性。

上述两种观点、两个例证似乎都有道理，那么，能指与所指之间的关系到底是怎样的呢？

索绪尔认为，能指和所指之间对应的可能性有着无限之多，如"书桌"这两个汉字作为能指和"书桌"这一符号的概念之间并没有必然的联系，在书桌这种家具出现之初，我们中国人也完全可以把这种东西叫做椅子，或者别的什么，第一个人的叫法完全是任意的。"书

桌""desk""pupitre""schreibtisch"作为汉语、英语、法语、德语中的能指，指的是同一个概念，也即对于同一个概念，完全可以用不同的能指来意指它。这些都说明，能指与所指之间的关系在最初是任意性的。

然而，这种对应可能性的无限之多、这种最初的任意性，经过长期的共同训练就变成了约定俗成，而这个约定俗成的结果又是不可随意改变的。因此，说汉语的人异口同声地把"读书写字用的桌子"称作"书桌"，说英语的人不约而同地把"读书写字用的桌子"叫作"desk"，说法语的人众口一词地把"读书写字用的桌子"叫作"pupitre"，说德语的人……换句话说，第一个中国人把"读书写字用的桌子"称为"书桌"，第二个、第三个以及后来的所有人都随着第一个人如此称之了，那么这种命名方式就固定下来了，英国人、法国人、德国人也都是如此情况。值得注意的是，对于后来者来说，"书桌"的能指和"书桌"的概念之间的关系至此就由任意性演变为理据性了。这种理据性本质上是一种约定性，不过是集体的、共同的、长时间内积累的一种约定，任何个人都不可能去改变这种约定，是共同生活在一种文化场域中的所有人的共同的遗产。可见，能指和所指虽然不是自然而然地联系在一起，却是各个民族经过各自长期的共同约定、集体训练、学习传授的结果。

正因为此，有学者认为，能指与所指事物的关系（"书桌"这个词的声音和"书桌"这种家具）是任意性的，而能指与所指的关系（"书桌"这个词的发音和"书桌"这个词的概念）却是必然性的、理据性的，任何个人都没有权力也没有能力随意改变它。① 其实，这也无非是在强调能指与所指的关系是由最初的任意性转变为约定俗成后的非任意性、理据性。值得我们格外注意的是，从任意性到非任意性的过程是不为人所注意的，人们接受的只是后面的结果——非任意性，即能指与所指之间的关系是有理据的约定俗成这个事实，而全然没有注意到最初的任意性、非理据性，也即这种约定俗成在神不知鬼不觉的情况下已经被悄然地自然化了。尤其是对于语言符号来说，相对于非语言符号而言，其能指与所指似乎天然地"胶合"在一起而不可分离，

---

① 巴尔特.符号学原理［M］.李幼燕,译.北京：生活·读书·新知三联书店，1988：143.

即巴尔特所谓的"同构"[①],这种现象又不易被符号使用者察觉,因此,约定俗成的关系就更加被掩盖而自然化了。自有文字符号以来,人们对这种约定俗成想当然地全盘接受,没有注意到约定俗成其实正是符号社会化、历史化、文化化的表现,是符号学让这种任意性受到关注和质疑。但这只是"自然化机制"的第一个层面的含义——能指与所指的约定俗成。

三、能指与所指关系演变的社会性

其实,上述从任意性到非任意性,就是符号社会化的过程,是符号贴上文化标签、历史标签的过程。所谓的约定俗成就是符号的社会化,能指与所指的对应关系要受到社会因素、文化因素、历史因素、民族因素、地域因素等的制约,也即符号的内涵是在历史发展中随着社会和文化的发展变化而不断变化的。例如,西装作为一种符号,在西方社会意指着正式场合,然而在我国,在不同历史时期,西装演绎过截然不同的符号功能,对应过不同的所指——"文革"时期,西装无疑意指着资产阶级腐朽糜烂的生活,我们在银幕上看到的穿西装的人大多是反面角色;改革开放初期,西装一反既往,成为时尚开放的象征,人人不分场合争相穿西装,很多行业也都选择过这种样式的服装作为行业制服,一套西装样式制服似乎是在向社会宣称:我们这个行业改革了;而今天,随着现代生活方式的演变,西装代表的意义又发生了变化,如果是在休闲场所,一身西装又成了"土老帽儿"的标志。可见,在物质极大丰富的现代消费社会,服装遮寒蔽体的原初功能已被弱化,符号功能却被凸显——"性格男装"张扬的是成功男性的魅力,"七匹狼"表现的是多彩的人生。多年前,草绿色军装、中山装以及红色等,都有过不可动摇的、凸显的符号意义,都因其符号标志性而影响过我们的生活乃至我们的价值观念。再如"小姐"一词,旧时有钱人家里仆人称主人的女儿为小姐,无疑是尊称;改革开放以后,我们曾

[①] 其实同构在文化现象中更为普遍也更为隐蔽,女性主义研究者曾将此概念及理论运用到对父权社会中的女性消音现象的研究,为女性研究开启了一个独特、有效的视角。

经以"小姐"的称呼取代"同志"的称呼，显示了一种开放观念和进步意识；服务员的称呼在多年前是粗鲁无礼的，而近两年在餐馆里对女服务员大喊"小姐"时，对方常常充耳不闻，倒是一声"服务员"能让她应声而至，原因是"小姐"一词又有了新的内涵——意指甚至专指在色情场所出卖色相的女人。这些例证都说明，同一能指在不同的社会语境、文化语境、历史语境中完全可能意指着不同的所指，约定俗成的过程就是在符号的历史演变中将潜伏着不同动机的各种文化特性、社会特性偷偷地塞给符号，改变其所指。

当然，符号的这种社会性既有不断变化的一面，也有稳定的一面。例如，婚纱就是符号社会化趋于稳定性的一个典型又极端的例子：婚纱虽然也是一种服装，但它凸显的符号功能抹杀了它的蔽体功能，对此社会已经达成共识——它的意义只有一个，只能在一种情况下被穿着，无论什么时候都不能穿着婚纱去逛商场，符号的标志性作用、社会化因素已经使婚纱"只为了表达意义而非蔽体"①。

西装与婚纱的例子说明，能指与所指的约定俗成关系，既是发展变化的，又是稳定的。西装作为符号，其能指与所指的关系就是不断变化的，而并非一成不变，20年前我们穿着西装去海边度假是一种潇洒，今天穿着西装打高尔夫球却要被人家笑话；婚纱的所指却一直都是稳定的、不容挑战的，它永远只能有一个所指——新娘②。这也说明了文化的稳定性及其变化发展的特性。

四、从"对比替换法"看能指与所指关系的文化意义

符号学的一个基本原则就是文化组合中的不同元素因差异而产生意义，差异的产生则是通过符号的能指与能指的比较，或者所指与所指的比较。正如在经济学中劳动和工资是等价组合一样，在语言学中能指和所指也是类似的等价组合（用索绪尔的话叫等值），即发生意指作用。在经济学中，要想产

---

① 曾庆香. 新闻叙事学 [M]. 北京：中国广播影视出版社，2005：148.
② 结婚多年后不是新娘的人再穿婚纱重拍婚纱照，弥补当年没能穿着婚纱当新娘的遗憾，也正是强调婚纱的这种符号功能。

生价值，一方面要交换等值但不相似的事物——劳动与工资，另一方面比较不等值但相似的事物——如10万年薪与100万年薪；而在符号学中，要想探究符号的意义，一方面要让等值但不相似的事物发生关系——能指与所指，另一方面也要比较不等值但相似的事物——比较不同的能指或不同的所指[①]，这就是巴尔特提出的对比替换检验法："对比替换检验法就是人为地在表达（能指）面上造成一种改变，以观察这种改变是否在内容（所指）面上引起了相应的改变。……以证实两个能指的相互置换是否实际引起两个所指的相互置换。"[②]例如，香奈儿5号香水广告中的凯瑟琳·德纳芙与大宝护肤霜广告中的纺织女工，这两个能指意指着两种文化——法国贵族阶级的生活与中国当代社会平民阶层的生活，如果将这两个能指相互置换，那么势必改变原来的能指与所指之间关系的文化意义，纺织女工很难成为香奈儿5号价格昂贵的托词，大宝护肤霜则有可能因为凯瑟琳·德纳芙的明星地位而从丑小鸭一跃变成白天鹅，也即两个能指的置换完全可能引发两种所指、两种文化的置换，因为能指与所指的关系原本就是一种人为的、社会的、被赋予的、教育的、当然也是意识形态的结果。香奈儿5号香水与法国贵族阶级并没有天然的联系，而是通过凯瑟琳·德纳芙这个中介，将法国贵族阶级的社会属性移植到香奈儿5号上，赋予原本没有阶级属性的商品以阶级性；大宝护肤霜与平民阶层的价值观也没有天然的联系，两种商品分别被认定具有贵族性与平民性，完全是因为能指与所指关系最原初的任意性随着社会发展已逐渐被历史文化意识形态固定下来，成为任何人都不能随意改变的、人类共同的"遗产"[③]。如果我们对它们实施"对比替换法"，用纺织女工来为香奈儿5号做广告，让凯瑟琳·德纳芙替大宝护肤霜代言，那么也就改变了它们的社会性和文化意义，当然还有它们的商业价值[④]。

---

① 为此，巴尔特努力想阐释"值项"这个概念，我理解就是一个符号与其他符号的关系。
② 巴尔特.符号学原理[M].李幼燕，译.北京：生活·读书·新知三联书店，1988：152.
③ 索绪尔.普通语言学教程[M].高名凯，译.北京：商务印书馆，1980：108.
④ 所谓消费文化，就是通过赋予商品以文化性、社会性，从而提升它们的商业价值。

强符号国际传播的途径研究*

我们生活在物质世界中,却不得不借助符号来认识和描述这个物质世界。然而,在不断有符号涌现和消弭的现代社会中,符号的价值不在于数量,而在于表情达意的鲜明性、突出性、代表性、巧妙性、智慧性,在于被强调、被改变,甚至被颠覆的传播过程。只有在这个过程中,强符号才能产生并发挥作用。

强符号是社会共同体的价值认同、主流意识、社会关系和包括媒介、组织、群体在内的主观推动等因素的共同结晶。强符号本身并不独立于符号系统,而是从那些吻合社会心理的、大量的普通符号中脱颖而出的。

在符号化的现代社会中,强符号是进行国际传播的有效途径。

一、强符号的特性

(一)强烈表现当代主流,但非强意识形态

刘胡兰是强符号,因为它凸显了战争年代为国家民族而牺牲的"生的伟大,死的光荣"的精神;铁人王进喜是强符号,因为它代表了物质匮乏时期"先生产后生活"的自力更生、艰苦奋斗精神;雷锋是强符号,因为它强调了商品短缺年代"新三年旧三年、缝缝补补又三年"的勤俭节约精神。这些强符号虽然曾经引领、改变我们的时代和生活,但是在今天的国际传播语境中,

---

* 本文原载于《当代传播》2012 年第 15 期,收入本书时略有删改。

却并不具有极高的跨文化辨识度和传播力,远不如袁隆平、钟南山、低碳生活这样的符号,既体现了当今社会的价值认同、主流意识,又不乏时代精神、进步理念。也就是说,代表当下主流,就是要有时代感。对于国际传播来说,时代感具有很强的传播力和引领作用。当年,我们学外语的第一台收录机、听港台歌曲的第一部随身听、家里的第一台电视和第一台冰箱……早已经潜移默化地把"日本制造""德国制造"等代表高质量的强符号传播得家喻户晓,并在一定程度上改变了我们对这些国家及其民族的认识。如果"中国制造"能够成为高品质的指代,"低碳"能够成为当代中国生活方式的象征,那么这些饱含时代精神的符号的现实意义就远远超过了龙、功夫、长城等历史强符号。同为强符号,代表同样的意义(所指),"中国制造"的符号形式(能指)、低碳生活的符号形式(能指)显然比四大发明更富有时代感召力和影响力。换句话说,在国际传播中,指代中国的符号不能只是万里长城、孔子、丝绸、瓷器、京剧等,不能只停留在传统文化上。要创造"中国速度"这样的符号,因为它既准确地描述了刘翔跑出新体育纪录的事实,又一语双关地表达了当代中国经济乃至中国社会的快速发展和前景,揭示了经济与体育等社会文明的全面、和谐发展。

当然,时代感并不是强符号的唯一特征。有些符号虽然时代感很强,却不能积极传播当代中国的主流价值观。芙蓉姐姐、小月月、犀利哥等就很有时代感,也是强符号,但鼓噪一时之后淹没在浩瀚的符号宇宙中,以闹剧收场的形式结束其短暂的符号生命。究其原因,这些符号虽然迎合了某种社会心态,但其意义所指远离了时代精神,非时代主流,在被潮流玩弄后,终究被历史抛弃。所以,所谓的时代感,要符合主流价值观,要符合时代的前进方向。主流并非政治化或强意识形态化,"中国速度"是主流的,但并非强意识形态,袁隆平、钟南山、低碳生活更是主流,也非政治化。这些符号比很多政治符号认知度更高,非强意识形态并非没有思想和精神,有时反而会更有传播力。表现当代主流与非强意识形态是一个辩证的关系,而不是对立的关系。

（二）传播的持久性

强调时代感与持久性传播并不矛盾。符号演变过程中虽然存在着消退与再生的循环，不过，符号的生命力归根到底取决于其与现实生活的关系。在可口可乐的百年历史中，其符号一直发挥着重要作用，推动着其产品的发展，而作为物质本身的产品，不过是工业化生产的碳酸饮料，其营养成分与其他的碳酸饮料难有天壤之别，但符号价值却与日俱增。

社会的快速变迁使符号的涌现与消退不可避免地加快了频率，但是，符号深含意蕴的意义（符号所指）和富有魅力的形式（符号能指），足以延续其传播的时间与范围。

中国很多老字号产品的品牌符号并不缺乏文化意蕴，但在新的历史时期保持持久传播力的却不是很多，既不能与产品形成有益的良性互动，更不能长久地传播国家、代表民族，这是值得我们反思的。例如，同仁堂、全聚德这两个强符号，把分店开在北京的秀水市场，而秀水市场更是个强符号，其意义所指早已远播世界，国外关于"中国旅游指南"的书籍无不介绍北京秀水市场。同仁堂、全聚德把分店开在秀水市场，让这三个强符号并置一处，形成了一个含指项①，难免会发生意义的移植，只不过一定是由秀水市场的意义所指流向同仁堂、全聚德的意义所指。试想，在秀水市场的一楼买了40元一件的品牌衬衫、二楼买了50元一条的名牌牛仔裤、三楼又买了60元一只的大牌手袋，到了市场顶层的全聚德、同仁堂，还敢吃皮酥肉嫩的烤鸭和"存心有天知"的安宫牛黄丸吗？全聚德百年炉火锤炼的经营理念和同仁堂三百多年传承的"仁术仁风"轻易被秀水这个强符号颠覆了，物以类聚、人以群分，孟母三迁的故事倒像是一个讽刺，显得多余尴尬。

（三）能指形式的独特性

独特性，即符号的形式（能指）要有差异化和美感的视觉冲击力、听觉

---

① 隋岩.论含指项中的意义移植［J］.国际新闻界，2008（7）：47-52.

的吸引力。差异产生意义是符号学的基本原则之一，如衣着，作为个体与群体间的中介，显然是符号，差异且有品位的衣着能帮助人们赢取个性、时尚、审美、尊严、地位等社会意义。

符号的差异性、独特性通俗地说就是个性。40年前来到中国的米老鼠和唐老鸭，84年前问世的动画片《猫和老鼠》(Tom and Jerry)，近200年的白雪公主、美人鱼、灰姑娘，都因其个性而让我们难以忘记。在现实生活中，我们把猫当宠物养着，动画片中我们喜欢的却是老鼠，因为那个老鼠不仅比猫聪明，而且很幽默，无疑已经成为一种跨国、跨文化传播的符号，也无疑具有培养理论、主体性建构理论所揭示那些强大功能。也即当我们坐在电视机前看着米老鼠、唐老鸭、《猫和老鼠》、白雪公主、美人鱼、灰姑娘大笑的时候，共识的培养、主体性的建构都在悄然发生。

从食物的角度来说，麦当劳、肯德基是工业化、标准化、非个性的，绝非美味，但是从符号的角度来说，它们却深含个性，并极大地促进了营销，也传播了它们的国家。

（四）社会利用率高

强符号一定是社会利用率高的符号，既要求媒体出现率极高，也要求人际传播使用率高。

首先，强符号必须是电视、报纸、杂志、互联网等大众传播、主流媒体竞相传播的符号，受众到达率高。这与媒介的传播特点密切相关。因此，打造强符号要适应媒介的特性，符号使用者对媒介特性的把握和应用要讲究科学性。互联网推手制造的符号之所以畅行和泛滥，就与互联网是群体传播而非大众传播和人际传播的本质息息相关，换句话说，就是网络推手对互联网群体传播特性的利用。

其次，强符号必须是人际传播、口口传播广为流传的符号，这又与受众的接受特点息息相关，如低幼电视节目《天线宝宝》，缓慢的节奏与低龄受众对符号的接受特点密不可分。地铁广告也是如此，广告内容、地铁发车间隔时间与特定受众（地铁乘客）对广告接受的特点不无关系，即广告的传播频率与特定受众的特点决定了单位时间内传播的累积效果，不看忘了，看多烦了。

（五）意义的唯一性、不变性

西方经典符号学家只关注符号意义所指的多义性[①]，忽略了某些符号意义所指的唯一性，而强符号的本质恰恰只有一个意义所指，即同构，也即强符号的所指不能随着语境的改变而有多义性，所指意义的唯一性、不变性是强符号的根本特性，也是其本质，比如婚纱，在任何时候意义所指只能有一个，就是新娘。再如，当"君臣如父子"成为唯一意义所指的强符号时，君臣就不能如兄弟、朋友或其他关系，所指意义就不能轻易改变，听命与服从（意义所指）就是永远的原则。此时，强符号不再服务于具体所指事物，而是固定在特定历史和社会语境下的单一的含蓄意指，是隐喻的最忠实的载体，也就是超隐喻。

强符号通过生动且直接的符号形式、长时间且高频率的传播积累以及使用群体的价值认同，固化了本来多义的含蓄意指的所指，最终凝固成单一的意义所指，传播其特定的、唯一的引申意义，在极短时间、最广范围内形成自身循环，如看到婚纱就会想到新娘，看到新娘就会想到婚纱。因此，当"中国制造"这个符号永远象征着高品质，高品质是"中国制造"的唯一所指，看到"中国制造"就会认为品质很好，看到高品质的商品就会联想到"中国制造"的时候，腾飞的梦想就实现了，传播也就有了效果。

二、打造代表中国、传播中国的强符号的途径

（一）从重大、热点事件中提炼有说服力的强符号

重大、热点事件是孕育强符号的最佳母体。诞生于重大、热点事件的强符号，深深依赖、借助于所意指的具体事件、话题、所指事物及社会影响，

[①] 隋岩.符号传播的诡计［M］//刘宏.电视学（第二辑）.北京：中国传媒大学出版社，2008.

能够获得爆发式的传播力。在国际传播中利用重大、热点事件制造并传播强符号不失为巧妙的借力传播,如中国留学生捐助耶鲁大学就是一次制造强符号进行国际传播的好时机,遗憾的是,捐款事件遭到部分国人、网民的指责、抱怨,人们能巧妙利用并从中提炼传播强符号,不正可以彰显我们的世界意识、人类精神吗?有时民间符号、淡化意识形态的强符号正是我们传播国家意识、民族精神的巧妙途径。

另一个错失机会的例子是,加拿大华裔学生制作的视频《西藏过去现在将来永远是中国的一部分》,在 YouTube 上 3 天之内点击量接近 120 万次,各种语言的评论达 7.2 万多条,引起西方主流媒体强烈反响,遗憾的是我们却没能有意识地从这件影响巨大的事件中提炼出一个强符号。以民间的方式表达官方的政治态度和立场往往会有很好的传播效果。

上海世博会无疑是重大的热点事件,从中我们提炼出"城市让生活更美好",意指城市并非仅仅是我们居住的地点,更是当今时代文明、先进的象征,巧妙、智慧地传播了当代中国科技环保的生活理念,展示了中国城市建设与发展的现状。

从热点事件中提炼强符号是最有说服力的,说服力就是传播力。

(二)从典型人物中提炼代表中国人文明向上精神的强符号

过去,我们从刘胡兰身上提炼出"生的伟大,死的光荣"的符号以传播战争年代为民族牺牲的精神;从王进喜身上提炼出"先生产后生活"的符号以传播物质匮乏年代的自力更生、艰苦奋斗的精神;从雷锋身上提炼出"新三年旧三年、缝缝补补又三年"的符号以传播商品短缺时代勤俭节约的精神,这些强符号曾鼓舞那个历史时期成千上万的中国人。今天,我们从刘翔身上提炼出"中国速度"时,是否也可以从姚明身上提炼出"中国高度"、从郎朗身上提炼出"中国琴声"?当西方国家的元首都成为中国球星和钢琴手的"粉丝"时,姚明和郎朗自然就成为国际传播的强符号,这些符号比很多政治符号的认知度更高、传播力更强。

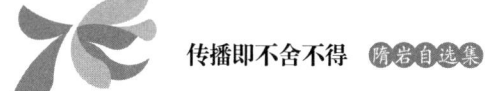

（三）从商品符号、企业符号中提炼象征中国社会诚信可靠的强符号

名牌商品之所以有那么高的交换价值，并非缘于其使用价值，而是因其拥有符号价值，是符号价值为其价格的昂贵找到了托词，拥有符号价值的商品不仅能对消费行为产生引领作用，而且能够积极、有效地传播国家和民族。

当商品符号沉淀为文化符号时，对国家意识、民族精神的传播自然就会相伴而来，日本电器、德国汽车等商品符号不就是在全世界传播着它们的国家和民族吗？虽然中国石油、中国石化、中国工商银行、中国移动在近两年的世界 500 强企业榜单中频频位居前列，但其符号价值却与之极不相符，在世界范围内，其符号价值、国际认知度依然较低，品牌辨识度较差，当然也就难以有效传播国家、代表国家。

（四）把具有意见领袖条件的所指事物改造为可利用的强符号

我们要传播的中国形象已经是确定的，就是一个积极、开放、现代、文明的当代中国。传播这样的形象必须选择各种有效的符号来表情达意。同样的意义（所指），可以由不同的形式（能指）去表达，问题是形式系统（能指系统）是丰富多样的，选择有影响力、有意见领袖条件的符号形式（能指）才能达到好的传播效果。例如，在选择某个人或事时，这个人或事本身就应该具有很高的国际认知度，有很好的国际传播潜力，而不是仅仅在本国具有影响力。中国人都知道焦裕禄、孔繁森，这些优秀的共产党员的确值得我们学习，但他们在国际语境中的认知度和传播力却没有很高、很强。因此，选择本身具有国际传播舆论领袖条件的人或事，才会获得期望的传播效果，仅在本国具有舆论领袖意义的人或事，很难成为国际传播中的强符号。

全球传播的今天，也是以符号增值为社会资本积累新来源的消费时代，尽管有些人担忧后现代语境中的符号被剥离得只剩下能指的狂欢，但现实生活中我们的价值判断、社会文化乃至消费行为都离不开符号被赋予的深层意义。尤其是强符号，在国际传播中起着长久的培养价值观、建构主体性的作用。

从符号学解析电视的"真实性"*

对于以科技为优势的现代传播媒介来说,传播效果不再仅仅依赖传播内容的魅力,而是更取决于媒介的力量,符号则是理解媒介的一个独特视角。电视媒介较文字媒介的优势就在于它带给受众的直观性、真实感,这种直观性、真实感正缘于电视图像符号能指与所指及其所指事物之间的相似性关系。

一、语言想象艺术与电视视觉艺术的不同缘于符号

在以符号的视角探究媒介之前,我们先要对符号学的一些基本概念进行简单理解[①]:对于有声语言符号来说,能指就是我们听到的声音;对于文字语言符号来说,能指就是我们看到的文字;而对于电视图像符号来说,能指则是电视画面本身,因为"我们所能最直接地接触到的最小单位就是技术上界定为画面的东西"[②]。所指是画面留给观者的心理表象或者说画面的创意,再或者可以被理解为画面所表达的内容。所指事物则是画面所指向的客观世界。

"耳听为虚、眼见为实"一针见血地指出了语言传播与电视传播的根本区别,"耳听为虚"是语言传播的特质,"眼见为实"则是电视传播的最佳写照,

---

* 本文原载于《现代传播(中国传媒大学学报)》2010年第10期,收入本书时略有删改。
[①] 关于符号学的概念及其关系,参见隋岩. 从能指与所指关系的演变解析符号的社会化[J]. 现代传播(中国传媒大学学报),2009(6):21-23.
[②] 塞特. 符号学、结构主义和电视[M]//罗伯特. 重组话语频道. 麦永雄,柏敬泽,等译. 北京:中国社会科学出版社,2000:16.

这种虚实区别其实就是对传播内容想象和看见的区别，看见的就是实的，想象的当然是虚的。究其根源，这种区别缘于媒介不同，媒介不同的最突出表征则是符号不同，从而塑造了两种不同的艺术形态：语言文字符号传播的想象艺术和电视图像符号传播的视觉艺术（或曰看见艺术）。

同样是"金陵十二钗"的故事，情节、细节、人物、命运完全一样，但电视剧《红楼梦》是通过图像符号尽显视觉艺术的魅力的，小说《红楼梦》则依凭文字符号想象的特质施展想象艺术的魔力。如林黛玉这个角色，小说是让读者通过文字符号"态生两靥之愁，娇袭一身之病"来想象林黛玉的形象。电视剧则是让观众通过看见饰演这一角色的演员陈晓旭的图像符号从而看见了一个"真实可靠"的林妹妹。所以，当演员陈晓旭去世时，数以万计的观众在互联网上联合呼吁反对重拍电视剧《红楼梦》，因为"林黛玉"死了，他们心目中的林黛玉已经不存在了；当合上小说时，读者非但没有感觉林妹妹死去，相反心中永远存活着一个活灵活现、真实可感的林妹妹。可见，通过电视剧来理解、接受林黛玉的观众，已经把荧屏上的陈晓旭，即电视图像符号的能指，等同于曹雪芹所描述的林黛玉，这完全缘于电视传播是以看为主导的视觉艺术；而对于阅读小说的观众来说，陈晓旭不是林黛玉，"态生两靥之愁，娇袭一身之病"才是林黛玉，演员陈晓旭的死与林黛玉这个艺术形象没有一丝关系，这又完全缘于文字传播是想象艺术。新版电视剧《红楼梦》开播后，又有很多观众以87版电视剧《红楼梦》中的扮演演员为标准来衡量新版剧中的演员谁像、谁不像，这些声音的理由本质上就是对87版电视剧图像符号能指（即87版电视剧演员的荧屏图像）的先入性认同。可见，小说与电视这两种媒介对同一传播内容完全可能是不同的呈现，不仅如麦克卢汉所言"媒介即信息"，而且媒介改变了信息，不同媒介各自不同的传播符号的特质决定了它们之间的本质区别。

"艺术是生活的反映"已成为不容置疑的定论，由此推之，"传媒是世界的反映"也是符合唯物主义的命题。然而，在科技的纵容、怂恿下，通信卫星、全球传播、即时传播、同步接受等传播方式已经使电视获得新的传播优势后颠覆了这一命题，不再仅仅是被动地反映世界、反映生活，而是成为生活的先声，演绎出"世界是电视的反映"的悖论。从内容上来讲，很显然，电视媒介的传播并非天然优越于报纸（文字符号）、广播（有声语言符号）等其他媒介的传播，而我们却不敢声称"世界是报纸的反映"或"世界是广播的反映"，这完全是因为我们对电视媒介本身的膜拜；"世界是电视的反映"的命题，在光天化日下之所以敢挑战"艺术是生活的反映"的公论，正说明了媒介本身的力量，符号则是媒介拥有力量的内在动力。所以，值得我们问个究竟的是，抛开内容，仅从媒介角度而言，电视传播与语言传播缘何有着如此不同的效果呢？皆因具有不同的符号特性，"符号学使得识别和描述是什么让电视成为一个独具特色的传播媒体成为可能"[1]。

二、电视的真实性缘于能指与所指及所指事物的相似性

从符号学角度来看，报纸与广播并没有本质区别，因为二者都依赖语言符号进行传播，无论文字语言还是有声语言，其能指与所指及所指事物都没有任何相似性。电视则不同，"在图像符号中，从结构上看，其能指与其所指相似"[2]，亦与所指事物[3]相似。

对于语言符号来说，其能指与所指及所指事物之间没有任何相似性，例如，写在纸上的"书桌"这个词的笔画，或者我们发出的"shu zhuo"这个音，也即语言符号"书桌"的能指，与这个符号的概念（即这个符号的所指）——"读书写字用的家具"，及所指事物——客观世界中某个具体的书桌，没有任何相似性，彼此之间的联系必须依赖符号使用者的想象；而电视图像符号的能指（即画面）不仅与所指有着相似性，而且与所指事物（即符号指向的客观世界的某事物）有着惊人的相似性，使观者认为看到了能指（画面）

---

[1] 塞特.符号学、结构主义和电视［M］//罗伯特.重组话语频道.麦永雄，柏敬泽，等译.北京：中国社会科学出版社，2000：1.
[2] 塞特.符号学、结构主义和电视［M］//罗伯特.重组话语频道.麦永雄，柏敬泽，等译.北京：中国社会科学出版社，2000：6.
[3] 所指事物这个概念并非所指这个概念，所指是指符号的心理表象，所指事物则是指符号指向的客观事物。

就看到了所指事物（客观世界），从而使观者通过能指（画面）就能对所指事物（客观世界）获得一种亲历的在场感，产生了所谓"出现于屏幕的真等同于在场的真"的效果，如施拉姆所说："它无需任何想象上的努力就可以从符号向现实图景飞跃。"① 一句话，电视图像符号能指与所指及所指事物的相似性，使接受电视符号传播的观众获得了看见画面（能指）就看见了客观世界（所指事物）的"眼见为实"的直观性。

当然，电视这种以"眼见为实"为优势的传播同时也限制了其图像符号所指的多义性、丰富性，也即获得了直观性、在场感，却丧失了想象力。例如，林黛玉这个经典形象，是曹雪芹妙笔生花的文字，而非饰演林黛玉的演员，使几代读者对这个形象充满了无尽的想象，生发出无数个"第二文本"，并使读者在各自的"第二文本"中体验、想象着可神通而不能语达的"闲静似娇花照水，行动似弱柳扶风"。电视图像符号则使受众对曹雪芹余音绕梁三日不绝的文字描述的想象止于饰演林黛玉的演员的一举一动、一颦一笑。对于想象艺术来说，有一千个读者就有一千个哈姆雷特。曹雪芹不需要描写出一个完整的林黛玉，而只需要描绘她的某一点、某一个侧面、某一个典型特征，读者自然会进行完形处理②，而这个完形处理依凭的就是想象。而对于电视图像符号来说，"所有其他媒介中所含有的达到与另一现实的距离感完全消失了"③。所以，语言符号的魅力是引发联想，令读者回味无穷；电视符号的力量却是直观感、在场感，让观众倍感真实。

其实，电视画面符号能指与所指及所指事物之间的相似性，即符号和它的概念及它所代表的客观世界之间（或者如杰姆逊表述为符面与符意及符指之间）的相似，是被摄像技术制造出来的，是技术将所指事物"演绎"为能指的。媒介的技术化革命，使电视符号获得了新的表现力：语言符号的能指与所指及所指事物之间的距离，在电视符号那里奇妙地消失了。

---

① 施拉姆，波特.传播学概论［M］.陈亮，周立方，李启，译.北京：新华出版社，1984：139.
② 根据格式塔心理学的完形趋向性或良好完形原则，知觉的组织作用总是趋向完善或完形的，它使我们把不完全的图形知觉为完全的图形，把模棱两可的图形知觉为明确的图形。
③ 张首映.西方二十世纪文论史［M］.北京：北京大学出版社，1999：469.

因此，不能抛开符号因素来言说某种媒介的传播特性。电视图像符号因为改变了能指与所指的关系，从而改变了传播效果。电视直播节目就是最充分地体现了图像符号传播的本质特点，发挥了电视媒介的特性，而支持电视直播的根本所在就是电视图像符号能指与所指的相似所带来的直观性、真实感、现场感。这种真实感、现场感，再加上传授时间上的同步性，对新闻节目来说尤为重要，因为在所有节目形态中，新闻是最强调时效性和真实性的，而电视新闻直播就是图像符号的传播特性与新闻节目的本质要求最紧密的结合，即电视图像符号的直观性、现场感与传授同步的即时性共同成就了所谓的"直播"。不过，对于艺术形态的电视节目来说，这种通过图像符号而使信息的获得更具有真实感、在场感、直观性的传播，也许会因想象的丧失而使艺术的韵味和神秘气氛所剩无几。从这个意义上说，红楼选秀就是视觉文化对想象文化的亵渎，因为当评委在向参选选手示范林妹妹是这样哭、宝姐姐是那样笑，红学专家在评价胖点儿的还是瘦些的更像宝哥哥时，在"第一文本"基础上可永无止境再生的无数个"第二文本"，就被凝固成导演最终选定的那个演员的哭笑胖瘦，与此同时，"第一文本"的永恒想象性也就被终止了。其实，小说《红楼梦》的魅力就在于创造了一个无尽的想象世界，"第一文本"的伟大就在于能够创造性地生发出无数个"第二文本"。这一切在"红楼选秀"那里都戛然而止！图像符号传播在重塑着我们的想象模式的同时也在扼杀着我们从文字符号传播那里学会的想象。

由是观之，电视传播之所以是以看为主导的视觉艺术，根本原因在于其符号能指与所指及所指事物的相似性，观者看到能指似乎就等于看到了所指事物，即看到了能指就等于看到了客观世界；传者也因此凭借声、光、电、近景、中景、远景、长镜头、变焦、蒙太奇、慢动乃至动漫等种种技术手段来极力完善能指，而使所指事物"再现"得更为准确真实。语言传播之所以是想象艺术，根本原因在于其符号能指与所指及所指事物的不相似性，从作为能指的语言形式到头脑中所指的形成，再到与所指事物的对接，完全靠信息接受者的想象，也正是这种不相似性为想象提供了可能和空间；传者也因此只能极尽文字描述生动形象的能事。所以，如果视觉艺术的力量在于它

带给观者的直观性、真实感，那么想象艺术的魅力也就在于它带给读者、听者无尽的联想。当然，语言符号和电视符号都具有创造真实性的能力，语言符号创造的是想象的真实，电视符号创造的是看的真实，而无论看的真实还是想象的真实，都不是客观真实，而是主观真实（想象）与客观真实、技术真实与生活真实的妥协。用传播学的观点来说就是拟态环境（即信息环境）虽然具有改变现实环境、演变为现实环境的能力与趋向，却不能完全等同、取代现实环境。

三、电视的真实性缘于引得符号的运用

麦克卢汉说："新媒介并不是把我们与'真实的'旧世界联系起来；它们就是真实的世界，它们为所欲为地重新塑造旧世界遗存的东西。"[1] 麦氏在这里的新媒介就是指电视。"对于看电视的人来说，新闻自动成为实在的世界，而不是实在的替代物，它本身就是直接的现实。"[2] 从麦氏的这些言论中，我们不难看到电视塑造"真实"的力量，而它的诡计除了上述能指与所指及所指事物相似性以外，另一个就是引得符号的运用，引得符号是帮助我们解密电视真实性的另一视角。

所谓引得符号，就是能指与所指事物"在某个时间点上联合出现（joint presence）"[3]的符号[4]。对于文字符号来说，如前所述，能指与所指及所指

---

[1] 埃里克·麦克卢汉，秦格龙.麦克卢汉精粹[M].何道宽，译.南京：南京大学出版社，2000：310.

[2] 埃里克·麦克卢汉，秦格龙.麦克卢汉精粹[M].何道宽，译.南京：南京大学出版社，2000：310–311.

[3] 塞特.符号学、结构主义和电视[M]//罗伯特.重组话语频道.麦永雄，柏敬泽，等译.北京：中国社会科学出版社，2000：7.

[4] 艾伦·塞特将符号分为语言符号（symbolic）、图像符号（iconic）和引得符号（indexical），三个范畴并非互不相容。电视经常使用上述所有的三类符号：电视的映像既属图像范畴又属引得符号范畴，节目则经常在屏幕上和声迹（soundtrack）中使用文字（语言符号）。塞特.符号学、结构主义和电视[M]//罗伯特.重组话语频道.麦永雄，柏敬泽，等译.北京：中国社会科学出版社，2000：6.

事物之间的关系是不相似的[①]，也即文字符号的能指与所指事物之间没有任何必然的联系；而对于引得符号来说，能指与所指事物间则存在着某种实实在在的联系，也就是它们曾经在某一时间同时出现过。例如，烟是引得符号，因为它指征着着火，作为能指的烟与作为所指事物的火一定是在某一时间一起出现过，没有火怎么会有烟；爪印是引得符号，因为它意味着某种动物的出现，作为能指的虎爪印与作为所指事物的老虎也一定同时出现过，有老虎才会有老虎爪印。况且这种认知是以人类的生活经验为前提的：我们的日常经验认为老虎是凶猛的野兽，对人有危险，因此，当我们看到虎爪印（能指）时，就以为看到了老虎（所指事物），并会产生危险的感觉（所指）。

问题是这种认知完全可能被利用，如电视拍摄老虎雪天进村时并不拍摄一只真的老虎闯进村子，而是拍摄老虎爪印，拍摄商场失火时也并不真的把某商场放把火再拍摄，而是拍摄火灾后的浓烟滚滚，否则不仅拍摄成本太大，关键是很多拍摄条件无法成立。但是，爪印和浓烟滚滚是完全可以"造假"的，老虎在雪地上的爪印可以用猫爪印替代，商场火灾后的滚滚浓烟也可以通过点燃一堆柴草来制造。也就是说，对于电视传播来说，引得符号的这种必然特性——能指与所指事物曾经在某一时间同时出现过，完全可以通过替身演员、特型演员、特技摄影、电脑制图、多次曝光等实现，并符合人们看见能指就以为看见了所指事物的这种认知生活经验。如果观众尚能辨别电视剧里的毛泽东是由外貌酷似的演员扮演的，那么对于观众并不熟知的所指事物，电视就可以利用引得符号的这种约定俗成后的自然化特征大做手脚了，而许多电视传播现象恰恰就是以促使我们把电视图像符号当作引得符号来理解的方式制作出来的，如各种灾难后废墟的画面、山雨欲来风满楼的画面等。艾伦·塞特指出，即使是面对新闻类节目，当摄影机的客观性被过分渲染时，观众就会忽略能指的具体产生过程，而只将注意力集中在符号所传达的信息

---

① 隋岩. 从能指与所指关系的演变解析符号的社会化[J]. 现代传播（中国传媒大学学报），2009（6）：21-23.

上。符号学提醒我们注意，由电视传播产生的能指是与它们的约定俗成的所指相联系的。① 所以，引得符号理论告诉我们，无论对于虚构还是非虚构的电视节目，根据电视图像符号的能指（声音和图像）去证实所指事物是不可靠的。因为这种认知也是一种约定俗成后的自然化——烟一定意味着火吗？如果是，那么也是社会习得的，"引得符号与语言符号或图像符号一样，也受人为干预的影响。它们同样需要社群对其进行反复使用，同样需要社群对其加强印象并永志不忘"②。引得符号的思维方式，其实就是换喻的思维方式：看见了部分就以为也看见了整体（部分与整体式的换喻），看见了甲就等于也看见了乙（递进式的换喻），而换喻也是人类被训练出来的一种思维方式、一种认知方式③，被运用在电视传播中就制造了真实性。

总之，电视的真实首先归功于图像符号能指与所指及所指事物的相似；其次，通过替身演员、特型演员、特技摄影、电脑制图、多次曝光等手段大量制造引得符号，又使电视更加"真实"。

---

① 塞特．符号学、结构主义和电视［M］// 罗伯特．重组话语频道．麦永雄，柏敬泽，等译．北京：中国社会科学出版社，2000：9.
② 塞特．符号学、结构主义和电视［M］// 罗伯特．重组话语频道．麦永雄，柏敬泽，等译．北京：中国社会科学出版社，2000：8.
③ 隋岩．元语言与换喻的对应合谋：符号传播意义的深层机制之一［J］．新闻与传播研究，2010，17（1）：63–70, 111.

元语言与换喻的对应合谋*
——符号传播意义的深层机制之一

元语言是符号学所示的建构意义的模式，具有重塑世界、言说神话的功能。那么，这种意义建构模式在传播信息时是如何使人相信的呢？它的深层机制是怎样运行的呢？元语言是如何将新的信息（即含蓄意指的所指）推而广之的呢？认知语言学告诉我们，是借助换喻①这种思维方式。

一、元语言对意义的建构与传播方式

在理解元语言之前，我们先要弄清意指、直接意指和含蓄意指这三个概念。意指就是以能指指向所指、以能指表达所指的组合行为，也即把能指和所指结成一体，成为符号的一种组合过程。例如，把"书桌"这个能指，与"读书写字用的桌子"这个所指组合在一起，就有了"书桌"这个符号，以供懂汉语的人使用；把"desk"这个能指，与"piece of furniture (not a table) with a flat or sloping top and drawers at which to read, write or do business, eg. one for office or school use"这个所指组合在一起，就有了"desk"这个符号，以供懂英语的人使用；这两个例子的组合过程，都是意指行为、意指作用，或者称作意指组合。

---

* 本文原载于《新闻与传播研究》2010年第1期，收入本书时略有删改。
① 换喻也即转喻，为论述中不产生歧义，本文中无论正文还是引文，都一概采用换喻的概念。

罗兰·巴尔特解释说，一切意指组合①都包含一个表达平面（能指 E）和一个内容平面（所指 C），意指作用则相当于两个平面之间的关系（R），如图 1 所示，左边的长方形代表能指 E，右边的长方形代表所指 C，使两个长方形分开的中间那一竖线代表意指行为 R，ERC 组合就是一个符号。

| E | R | C |

图 1

一个单纯的 ERC 组合就是一个直接意指组合。但是，当一个 ERC 组合本身变成另一个 ERC 组合中的某一部分时，第二组合中就包含着第一组合，或者说第二组合就成为第一组合的引申。问题是第一组合成为第二组合中的哪一部分，情况会有两种，即成为第二组合的能指 E 或是所指 C。

第一种情况，当一个组合（E1R1C1）②成为另一个组合（E2R2C2）的能指表达面 E2 时，就有了多层次的复合组合（E1R1C1）R2C2，或者表示为：

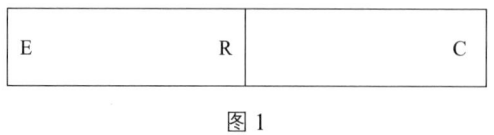

第二层次组合： E2 　　R2 　　C2
第一层次组合：E1　R1　C1

也可以表示为图 2：

| E2 | | R2 | C2 |
| E1 | R1 | C1 | |

图 2

---

① 我认为译成"意指组合"比译成"意指系统"更切合意指本意，也更便于理解，因为意指本身就是一种组合行为。
② 这里及下文中出现的 E1R1C1、E2R2C2、E3R3C3、E4R4C4 并无主次之分，只是按照论述中出现的先后顺序而称之。

这就是含蓄意指组合，它虽然也包含着能指、所指和把二者结合在一起的意指作用，但其中第一层面的组合 E1R1C1 构成直接意指层面，第二层面的组合 E2R2C2 构成含蓄意指层面，换句话说，一个含蓄意指组合的能指表达面 E2 本身，其实是由另一个意指组合 E1R1C1 构成的。可见，含蓄意指是由复合意指组合构成的。无论这个组合怎样复杂，总会有最初的直接意指的能指，而以这些能指为中介的符号，则早已在形成含蓄意指之前被传递它们的直接意指的信息自然化了，这点我们将在后面详述。

第二种情况是，当一个组合（我们暂且称之为 E3R3C3）成为另一个组合（我们暂且称之为 E1R1C1）的所指表达面 C1 时，就有了多层次的复合意指组合 E1R1（E3R3C3），或者表示为：

第二层次组合：E1　　　　R1　　　　C1
第一层次组合：　　　　　　　　E3　R3　C3

也可以表示为图 3：

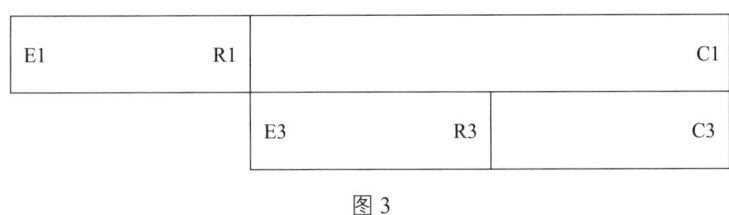

图 3

如此，某一组合 E3R3C3 不像上述在含蓄意指中成为表达平面，而是成为另一组合 E1R1C1 的内容平面或所指。这就是所谓元语言，也即元语言组合的内容平面（C1）本身是由另一个意指组合（E3R3C3）构成的。①

含蓄意指与元语言是两种不同的意指组合，以两种不同的模式建构着意义。含蓄意指的构建，就是通过寻找所指 2 与能指 1 之间的某些能启发人产生联想的相关之处，如图 4 所示，荧屏上的超女李宇春，让人想象着大众歌

---

① 罗兰·巴尔特在《神话——大众文化诠释》中曾把含蓄意指与元语言搞混淆，后来又在《符号学原理》中对二者作了区分，但对元语言的论述不够明晰。

星一夜成名；图 5 所建构的，则是贝多芬的《第九号交响曲》启发人联想人类情感和思想的彻底解放。

E2		R2	一夜成名 C2
E1 电视画面中的李宇春	R1	一个来自四川的 21 岁女孩 C1	

图 4

E2		R2	人类情感和思想的彻底解放 C2
E1 贝多芬《第九号交响曲》	R1	这首曲子本身所有的音符、节奏等 C1	

图 5

元语言则是通过寻找能指 1 与能指 3 之间的相关性，或推理出一种逻辑延伸，或建立一种阐释关系，从而建构意义。

图 6 所示的元语言告诉我们，李宇春暗示着所有参加海选的女孩的明天；在图 7 中，音乐本身作为能指，用于阐释其所指（如悲伤、狂乱、激昂、奔放等）的语言也是一种意指组合，由此成为一个元语言。

E1 电视画面中的李宇春	R1		C1
		E3 所有参加海选的女孩 R3	C3

图 6

E1 贝多芬《第九号交响曲》	R1		C1
		E3 阐释这首交响曲的语言 R3	C3

图 7

如果把上述两种复合意指再组合在一起，即把含蓄意指与元语言再组合到一起，如图8、图9所示，就是所谓的神话。①

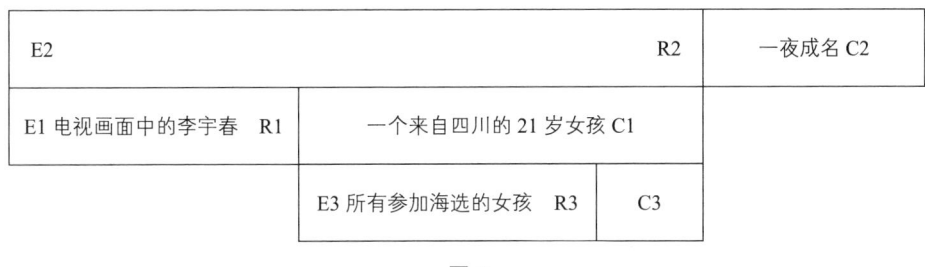

图8

E2			R2	人类情感和思想的彻底解放 C2
E1 贝多芬《第九号交响曲》 R1	这首曲子本身所有的音符、节奏等 C1			
	E3 阐释这首交响曲的语言 R3	C3		

图9

二、质疑罗曼·雅克布逊

很久以来，隐喻和换喻一直是修辞学、语言学、文论乃至哲学等领域争讼不休的难题，许多研究者都将俄裔美籍语言学大师、布拉格学派创立人罗曼·雅克布逊的论断奉为圭臬。雅克布逊通过对失语症的研究，指出了人类语言发展的两个轴向，也即"隐喻和换喻的两极"。雅氏的学说的确为我们理解隐喻和换喻本身、理解含蓄意指和元语言及后面将要论述的自然化机制和普遍化机制提供了启示，但是，他的某些含混之处也为我们区分隐喻和换喻设置了障碍。为了指出雅氏的问题，更为了进一步理解隐喻和换喻，将雅克布逊的大段原文摘引如下：

---

① 罗兰·巴尔特所阐释的神话是在直接意指基础上形成的含蓄意指，本人所理解的神话则是含蓄意指与元语言的再组合。

失语症的表现虽然多种多样，但都不外乎我们刚才描述的两种极端的类型。任何失语症状，其实质都是程度不同的某种损伤。要么是负责选择和替换的官能出了毛病，要么便是组合和结构上下文（contexture）的能力受到了破坏。在前一类型的失语症当中，受到影响的是元语言行为；后一类型则表现为维持语言单位等级体系的能力出现退化。在前者，相似性关系被取消了；在后者，被取消的则是毗连性关系。相似性出现障碍的结果是隐喻无法实现，毗连性出现障碍则使换喻无从进行。

话语段（discourse）的发展可以沿两条不同的语义路线进行；这就是说，一个主题（topic）是通过相似性关系或者毗连性关系引导出下一个主题的。由于这两种关系分别在隐喻和换喻当中得到最集中的体现，看来最好用"隐喻过程"这一术语来称谓前一种情形，而用"换喻过程"来说明后一种情形。在失语症当中，这两个过程非此即彼地受到抑制，甚至会完全停滞——这一事实使失语症研究对于语言学家来说特别富于教益。然而在正常的言语行为当中，这两个过程是始终在发挥效用的；当然，如仔细观察便会发现，在不同的文化模式、个性和语言风格的影响下，往往是其中一方——不是隐喻过程便是换喻过程——取得对另一方的优势。

在一次著名的心理学测试当中，人们把一个名词展示给几名儿童，并要求他们说出在头脑里出现的最初的言语反映。两种截然相反的语言偏好在这次实验过程中始终存在：所有回答，不是对刺激物的替换，便是对它的补足。在后一种情况下，刺激物和补足语一起构成地地道道的某种句法结构，往往为一个语句（sentence）。这两种类型的反应被分别称为"替换型反应"和"谓语型反应"。

对刺激物"棚屋"（"hut"），反应之一是"烧毁了"（"burnt out"）；反应之二则为"是一种蹩脚的小房子"（"is a poor little house"）。这两个反应均为谓语型。然而，第一个反应制造出了一个纯为叙述式的顺序性语境（context），而在第二个反应里则存在与主语"棚屋"相关的双重联系：位置上的毗连性（或句法毗连性）和语义上的相似性。

同一刺激物还引起了下列替换型反应：同言重复"棚屋"；同义词"窝棚"（"cabin"）和"茅屋"（"hovel"）；反义词"宫殿"（"palace"）以及隐喻"山洞"（"den"）和"地穴"（"burrow"）。两个词所具有的相互替代的能力便是位置相似性的例证。并且，所有这些回答均在语义相似性（或相悖性）上与主语相联系。然而，该刺激物所引起的换喻式反应，即如"草屋顶"（"thatch"），"稻草"（"litter"）和"贫穷"（"poverty"）等，则把位置相似性和语义毗连性结合起来，并使之形成对照。①

从罗曼·雅克布逊对失语症的研究可见，失语症的人存在两种问题：或是找不到选择替换的同义词（或反义词），无法建立相似性、替换型反应、隐喻；或是一句话讲不完整，组织语言的能力丧失，无法建立毗连性、相关性、补足性、谓语型反应、换喻。

推而广之，对人类的言语活动，包括使用符号的活动来说，选择和替换的官能依凭相似性关系，即替换型反应，寻找相似性就是隐喻等值的建构；组合和结构上下文（contexture）的能力依凭毗连性、相关性、补足性关系，即谓语型反应，寻找毗连性就是换喻等值的建构。

我同意罗曼·雅克布逊提出的"语言的两个轴向"的论断，为我们追寻语言的意义演变提供了很好的原则与方法，但是，他的某些具体论述却存在问题，混淆相关命题。

问题一是，在他的例子中，他认为棚屋与贫穷是换喻的关系，而我认为贫穷是棚屋的含蓄意指的所指，如图10所示，在某种语境中贫穷与棚屋是隐喻关系。

---

① 雅克布逊.隐喻和换喻的两极［M］//伍蠡甫,胡经之.西方文艺理论名著选编：下卷.北京：北京大学出版社，1985：430–431.

含蓄意指/隐喻	E2		R2	贫穷 C2	
	E1 棚屋	R1	用木板盖成的破旧的房子 C1		元语言/换喻
		E3 某区域	R3	C3	

图10

问题二是，雅氏认为选择和替换的官能，即替换型关系的隐喻，影响的是元语言行为；而我认为替换型关系的隐喻影响的是含蓄意指行为，因为隐喻对应着含蓄意指。影响元语言的应该是换喻。

问题三是，相似性和毗连性是针对词项（符号）之间的语义关系而言，还是针对位置关系而言，雅氏忽而言白，忽而说黑，引发歧义；我认为，所谓相似性或者毗连性是针对词项（符号）之间位置关系而言，也即针对词项的语法功能、结构功能、叙事功能而言，语义上的相似或相悖并不能区分隐喻或换喻。或者说，相似性主要指两个词（符号）所具有的相互替代的能力，在位置上具有相似性，语义上可以相似但也完全可能相悖，与类似体[①]对应；毗连性主要指两个词所具有的相互联结的能力，在位置上具有毗连性（或句法上具有毗连性），与邻接段对应。在正常的言语行为当中，相似性使隐喻得以实现，毗连性使换喻得以进行。隐喻体现的是替换的关系，即替换型反应，与类似体相对应；换喻体现的是补足的关系，某个词项与补足语一起构成某个语句，即谓语型反应，与邻接段对应。

在我与雅氏不同的这三个观点中，主要的分歧是：在罗曼·雅克布逊那里，隐喻对应着元语言，而我认为与元语言对应的是换喻，当然前提是我们同意罗兰·巴尔特对元语言的界定，这种观点在其后将要论述的约翰·费斯克那里也会得到印证。

[①] 邻接段和类似体是符号学中的一对概念，也被称为横组合（syntagm）和纵聚合（paradigm）。横组合（或称邻接段）是一种符号次序安排，是一种在既定的序列中受规则制约的符号组合，通常是线性的，并且必须依照严格的次序。纵聚合（或称类似体）是一组相像到了能够在横组合中互相取代程度的符号。

三、换喻是符号的所指事物之间存在着逻辑延伸

隐喻的相似性,往往是本体与喻体之间没有实质联系,而是符号的含蓄意指的所指之间存在着相似性;换喻则是符号的所指事物之间有着某种"相关性",是现实世界中两类真实的现象之间有某种联系,这种联系在人们的心目中经常出现而固定化,因而看到甲类现象就会联想到乙类现象。例如,我们常说"看中央台""听北京交通台"、"看一套""看二套";中央台、北京交通台、一套、二套是电视台、电台和频道的名称,是电视节目播出的地方,与中央台播出的节目、北京交通台播出的节目、一套播出的节目、二套播出的节目存在着毋庸置疑的相关性,因而人们习惯于用中央台、北京交通台、一套、二套来指称它们播出的节目;也即"中央台"与"中央台播出的节目"两个词项(符号)的所指事物之间存在逻辑延伸,"北京交通台"与"北京交通台播出的节目"两个词项(符号)的所指事物之间存在逻辑延伸,"一套"与"一套播出的节目"两个词项(符号)的所指事物之间存在逻辑延伸,"二套"与"二套播出的节目"两个词项(符号)的所指事物之间存在逻辑延伸,因此,它们之间是换喻关系。当我们说吃"食堂"、喝"燕京"、穿着一身"阿迪达斯"而不会引起误解,皆因换喻在帮助我们表达自己和理解别人——"食堂"与"食堂的饭"两个词项(符号)的所指事物之间存在逻辑延伸,"燕京"与"燕京牌的啤酒"两个词项(符号)的所指事物之间存在逻辑延伸,"阿迪达斯"与"阿迪达斯牌的衣服"两个词项(符号)的所指事物之间存在逻辑延伸。

约翰·费斯克认为,"换喻的基本定义是'部分代表全部'"[①],"换喻是它所代表的事物其中的一部分"[②],并举了很多例子来说明他的观点,如"电视中犯罪连续剧的都市街景就是换喻——被拍摄出来的街并不代表它本身,而是换喻一种特定城市的生活形态——城市内部的卑劣,乡村的可敬或市中

---

① 费斯克.传播符号学理论[M].张锦华,译.台北:远流出版事业股份有限公司,1995:127.
② 费斯克.传播符号学理论[M].张锦华,译.台北:远流出版事业股份有限公司,1995:128.

心的复杂"①。然而，他的观点却很难解释他关于换喻的其他例证："莫纳柯（James Monaco，1977）则以电影为例说明如何运用换喻，例如：拍摄枕头上有一叠支票，支票旁是一名哭泣的女子，即是换喻其工作为妓女。"②在前例中不难理解，被拍摄出来的街景是部分，整个城市是全部；然而在后例里却很难区分哪个是部分、谁又是整体。再如，"烟"是"火"的换喻，"乌云"是"暴风雨"的换喻，"方丈"是主持寺院的和尚的换喻，这里谁又是部分，哪个是整体呢？其实"部分代表全部"只是逻辑延伸之一种，递进关系也是一种逻辑延伸。换喻的逻辑延伸包括费斯克的"部分与全部"，如桌子上有很多水果，有香蕉、苹果、西瓜……符号香蕉、苹果、西瓜的所指事物与符号水果的所指事物存在着逻辑延伸，是"部分与全部"的换喻；也包括递进关系的逻辑延伸，如加拿大海边的海鸟在夏天交配、下蛋，然后抚养它们的孩子，符号交配、下蛋、抚养的所指事物就是一种递进关系的逻辑延伸，符号"烟"的所指事物是符号"火"的所指事物的逻辑延伸，符号"暴风雨"的所指事物是符号"乌云"的所指事物的逻辑延伸；这些逻辑延伸就是罗曼·雅克布逊所说的毗连性，掌握这些逻辑关系就具有组织语言结构上下文的能力，否则就是失语证之一种。

　　凭借逻辑延伸而建构的换喻的传播效果，与符号的使用者对诸多有逻辑关系的相关项的选择密切相关。存在逻辑关系的相关项一定很多，选择哪一个构建换喻则会有不同的传播效果。费斯克在《传播符号学理论》中举了另一个著名的例子：

　　　　最近的电视节目"编辑人"（The Editors），有两幕关于示威队伍的景，其一是井然有序的人们站在一旁，当中有两位和货车司机交谈；另一则是一群工人和警察起暴力冲突。重点是这两景都是在同一天，同样是示威队伍。然而当晚出现在电视新闻上的，当然是

---

① 费斯克.传播符号学理论［M］.张锦华，译.台北：远流出版事业股份有限公司，1995：127.
② 费斯克.传播符号学理论［M］.张锦华，译.台北：远流出版事业股份有限公司，1995：128.

第二景。……常抗议新闻中的换喻引导观众对此类活动建构了非常片面而不完整的印象。①

本章所提的"编辑人"同样也剪辑了音乐家工会罢工时，音乐家在BBC前示威的画面。当中没有半个警察，而示威者都是风趣幽默，并在愈来愈多的围观群众前表演，同时有一群穿着极少的舞娘赶来支持。而他们的发言人是有文化、艺术涵养的中产阶级，整个活动在趣味横生中进行。②

约翰·费斯克指出："换喻包含了一种高度任意性的选择。但选择的任意性通常是被掩饰的，或至少是为人所忽略的。"③无论是电视连续剧对街景的选择，还是电视新闻对示威画面的选择，都是把关人的预设，而信息的接收者与示威者一样都是无辜的。"对现实的再现必定包含了换喻"④，因为符号的使用者只能选择某一部分来再现整个现实，而选择哪一部分，都会影响我们建构事实的其他部分，正如费斯克所忧虑的："如果选择警察或示威的其他符号就会触动其他的迷思⑤。"的确，如果选择的不是快乐的英国警员（bobbies），而是猪猡警察（pigs）、糊涂警察（the fuzz）、贪污警察（filth），就会构建另一个英国警界，如果选择的不是示威中冲突的画面，而是趣味横生的那一景，当然也就会构建另外一个示威的新闻。而无论哪一个新闻或事实的建构，其实都是神话，这一点容后详论。

可见，选择的相关项不同，换喻则不同，而不同的换喻必然会建构出不同的"事实"和神话。如果换喻是选择部分来指称整体的话，那么选择浪漫多情的香榭丽舍大街还是选择肮脏混乱的巴勒维拉来指称巴黎，就是换喻的

---

① 费斯克.传播符号学理论［M］.张锦华，译.台北：远流出版事业股份有限公司，1995：128.
② 费斯克.传播符号学理论［M］.张锦华，译.台北：远流出版事业股份有限公司，1995：132.
③ 费斯克.传播符号学理论［M］.张锦华，译.台北：远流出版事业股份有限公司，1995：128.
④ 费斯克.传播符号学理论［M］.张锦华，译.台北：远流出版事业股份有限公司，1995：127.
⑤ 即myths的音译，译者有意不把这个词译成神话，而译成迷思，目的是与神话的既有含义区分开来。

奥秘所在；如果换喻是选择某一相关事物来指称另一事物的话，那么选择金钱还是选择性病诊所来指称妓女的生活不也体现了对妓女的一种态度吗？无论"部分代表全部"，还是两类现象之间有某种联系，换喻都是我们认识世界、阐述世界的手段，凭借的是符号背后的客观世界中的事物的联系，即符号的所指事物之间的逻辑延伸。

总之，正如很多经济现象要从政治角度才能搞明白，很多政治问题从经济视角才能看得更透一样，修辞学里争讼不休的隐喻和换喻，符号学却可以轻而易举地抓住它们各自的本质。

四、元语言就是换喻话语轴向的等值传播

换喻作为人类的一种认知方式，其构建机制揭示了讯息产生指涉功能的奥秘。根据罗曼·雅克布逊提出的等值原则，换喻是一种相关性、毗连性的等值，正是借助这样的等值，元语言得以建构。

如前所述，元语言是一个复合组合，所指1（第一系统的内容平面本身）是由另一个意指组合（E3R3C3）构成的，能指1与能指3往往是换喻关系，用约翰·费斯克的理解则是部分与整体的关系，如图11所示。

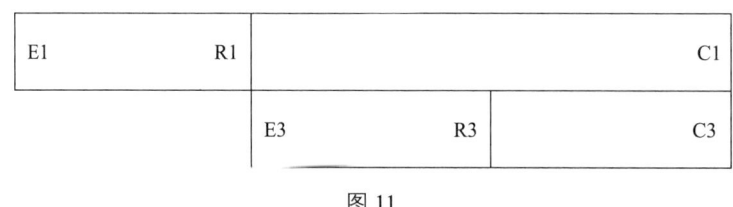

图11

我们把前述罗兰·巴尔特和约翰·费斯克列举的例子以图示的方式分析如下（见图12、图13）。

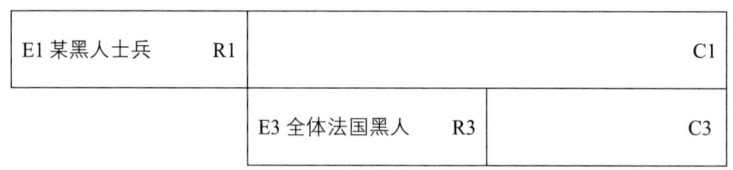

图12

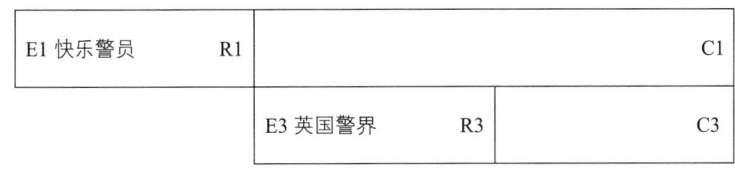

图 13

这里,某黑人士兵的影像作为能指,在该图片所处的文化语境中意指着的不仅是他个人,而是全体法国黑人,同理,快乐警员意指的也不是这个警察个人,而是英国警界,这两个组合无疑都是元语言;而某黑人士兵与全体法国黑人、快乐警员与英国警界又都是部分与全部的换喻关系;可见,元语言和换喻是殊途同归的等值传播,二者互为目的、互为手段。前文论述过的引得符号,也就是依凭换喻建构元语言的意义模式,从而促使信息接受者相信符号的能指与所指事物(而非所指)真的在某一时间同时出现过,如烟是火的引得符号(见图 14)。

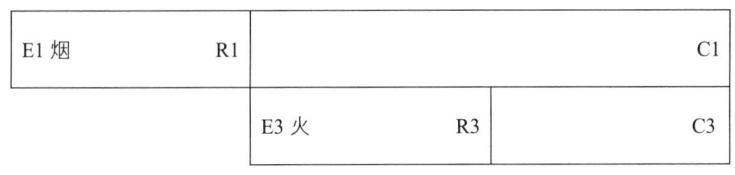

图 14

再如狼爪印是狼的引得符号(见图 15)。

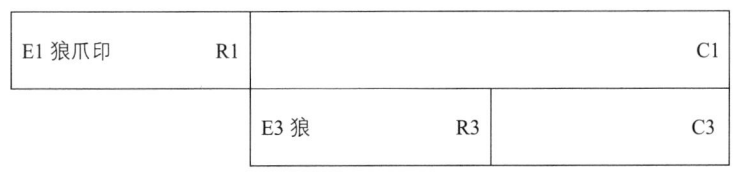

图 15

从上面的等值传播建构中,我们得出的结论是:换喻对应着元语言,或者说换喻与元语言是等值传播的关系。再综合前面对换喻的分析,我们得出彼此等值对应的关系是:

谓语型反应——→在位置上符号(词项)间的毗连关系——→邻接段——→换喻——→元语言。这里的每一个"——→",都意味着"等值"。

作为人类基本的认知方式和信息传播方式,换喻不仅表现在语言及其他符号上,而且深植于人类的思维,时时刻刻影响着人们的思维,帮助人们化抽象为具体,通过人类已知的、熟悉的经验来理解、体验和传播未知的抽象事物。而且,正是借助于换喻,元语言才将新的信息(即含蓄意指的所指)推而广之。换喻和元语言看似等值对应,实则合谋而成普遍化传播机制①,从而将个别的、偶然的信息当作必然的、普遍的信息广为传播。

好的故事总是将它的传播机制隐藏起来。在人类的交往中,某些语言或其他符号现象看似自然而然,背后藏匿的却是高度社会化的思想观念、价值情感和意识形态,要认清这一切,就必须揭示、把握其深层的传播机制。

参考文献:

① 巴尔特.符号学原理[M].李幼蒸,译.北京:生活·读书·新知三联书店,1988.

② 费斯克.传播符号学理论[M].张锦华,译.台北:远流出版事业股份有限公司,1995.

③ 霍克斯.结构主义和符号学[M].瞿铁鹏,译.上海:上海译文出版社,1997.

④ 雅克布逊.隐喻和换喻的两极[M]//伍蠡甫,胡经之.西方文艺理论名著选编:下卷.北京:北京大学出版社,1985.

⑤ 索绪尔.普通语言学教程[M].高名凯,译.北京:商务印书馆,1980.

---

① 隋岩.符号传播意义的机制:对自然化和普遍化的深度阐释[J].新闻与传播研究,2008(3):57-63,96.

⑥ 塞特.符号学、结构主义和电视［M］//罗伯特.重组话语频道.麦永雄，柏敬泽，等译.北京：中国社会科学出版社，2000.

⑦ 巴特.神话：大众文化诠释［M］.许蔷蔷，许绮玲，译.上海：上海人民出版社，1999.

⑧ 隋岩.从能指与所指关系的演变解析符号的社会化［J］.现代传播（中国传媒大学学报），2009（6）：21-23.

⑨ 隋岩.论含指项中的意义移植［J］.国际新闻界，2008（7）：47-52.

⑩ 隋岩.符号传播意义的机制：对自然化和普遍化的深度阐释［J］.新闻与传播研究，2008（3）：57-63，96.

媒介文化篇

受众观的历史演变与跨学科研究*

20世纪初传播学有不同学科背景的研究者介入的时候，受众研究就已经具备了跨学科的色彩，但直到20世纪90年代，学术界才开始从理论上注意到受众研究中的"学科际性"问题。1996年，詹姆斯·海因、劳伦斯·葛思本、艾伦·沃特来主编的《受众与它的图景》[①]一书，通过集结不同学科受众研究的论文，从心理学、社会心理学、社会学、传播学、经济学等不同学科视野分别探讨了受众，展示的正是跨学科建构受众学的理论意图。

一、受众概念的历史梳理与多角度的认知

（一）受众问题的缘起与形成

不同于当下传播学、社会学、心理学的研究目的，最初学界对受众问题展开研究，完全基于传媒工业的发展需求。20世纪二三十年代，许多传媒公司通过一系列的调查研究，希望得到有关受众的可控数据，如规模与范围、构成与消费力、信息的到达率等。他们认为这样的受众调研能够帮助说服广告商投入更多的资金，助推业务发展。这种受众研究通常采用调查与统计的方法，著名传播学者丹尼斯·麦奎尔将其称为"结构性研究"。作为最早的受众研究方法，它与后来的"行为性研究""社会文化性研究"共同组成了受众

---

* 本文原载于《新闻与传播研究》2015年第8期，收入本书时略有删改。
① HAY J, GROSSBERG L, WARTELLA E.The audience and its landscape [M].Colorado：Westview Press，1996.

研究的三大基本类别。

受众研究的开创源于20世纪二三十年代，但受众的雏形在两千多年前便已出现。麦奎尔认为，"媒介受众"起源于两千多年前公开的体育比赛观众、先哲演讲的观众、早期公共戏剧与音乐表演的观众。这些因为种种原因聚集到某个物理场所的观众，与"现代受众"有着许多相似之处，如被观看事件的公众性、表演内容的世俗性、观看行为的自主化等。同时，它们与"现代受众"也有许多不同。最明显的差异是，早期观众对表演的反馈是现场的、实时的，而"现代受众"的反馈大多滞后。这是因为，我们观看的都是被记录下来的内容，如书本、电视、电影。

尽管我们将早期戏剧音乐观众以及当下电视录像机前欣赏同样表演的观众都称作"受众"，但这一能指背后的所指对象是截然不同的。简单说来，他们是通过不同的媒介，有着不同的观看行为的"受众"。"受众"这一能指之所指对象的时间性，为受众问题的研究带来了历史维度。所以，麦奎尔在梳理受众起源时将"媒介受众"与"受众"区别开来使用（或许是无意识的），他在揭示"受众研究"与媒介技术发展乃至社会变革之间关联的同时，也赋予了"受众"更多的历史底蕴与发展含义，"受众"一词变得复杂多变。

（二）受众观念的演变

人类社会生活的不断变化，是受众内涵推陈出新的重要源泉。学界对受众的认知大致经过三个阶段：作为大众的受众、作为群体的受众和作为个体的受众。

20世纪20至40年代，当传媒学界还在"魔弹论"的影响下寻找事件不断验证媒介强大效果的时候，社会学的新观点已悄悄渗透受众研究这一领域。早期芝加哥社会学学者赫伯特·布鲁默认为受众是由现代社会环境所催生的一种集合形式，他将受众称为"大众"，具有规模大、匿名和无限性等特点，与群体、群集、公众有一定的相似之处。[①]

[①] 麦奎尔.受众分析[M].刘燕南，李颖，杨振荣，译.北京：中国人民大学出版社，2006：7.

生活在群体内的成员往往身份明确、互动频繁，相似的价值观使得他们之间的联系十分紧密、稳固。群集由多个群体构成，这些群体间的身份、价值观可能相似又可能相互冲突，但都因为某个事件联系在了一起，他们之间的联系是短暂而不稳固的。布鲁默甚至认为，群体间的不稳定性造成了群集的去道德化和去文化性（至少在表面上）。公众是由一群有着相似政治理想的人群构成的，他们为了改变现状而聚集到某个场所进行公共议题的讨论，提出自己的观点和建议，依据李普曼的观点，公众的出现与民主政治制度的发展有关。

不管是群体、群集还是公众，都是传统社会生活的产物。随着现代工业社会的飞速发展，社会生活天翻地覆的变化带来了固有关系、话题以及交往方式的改变。具有广泛性、匿名性与无限性等多种特征的人群开始出现，这就是布鲁默所说的"大众"。在他看来，大众关系中的人与人之间既没有群体那样的恒定关系，也缺少群集那样临时性的组合意愿，毋宁说像公众那样拥有让世界变得更加美好的意愿与憧憬。他们没有稳定的结构、规则和领袖，是匿名的、难以沟通的、非常庞大的集合体。

布鲁默认为，这种伴随社会发展变化而产生的大众，就是受众。现在看来，这样的观点尽管有些偏颇，但的确为当时的、仅与数据联系在一起的受众研究提供了一种新的视角。遗憾的是，这种观念下的受众同样处于极为被动的地位，不仅难以反馈信息给生产者和传播者，也难以表现出道德感和责任感。这是早期评论人士将受众等同于大众的主要原因。受众在某些方面和大众一样，人数众多、身份匿名、分布广泛，缺乏理性并且易于被操纵。

随着受众研究的进一步发展，特别是一些实证研究者介入后的全新发现，许多人开始重新思考受众中间是否存在"基础团体"。这种对小范围单位的思考，让不少研究者对"魔弹论"产生了怀疑，受众面对传媒信息毫无抵抗力是否真的如此？拉扎斯菲尔德在《人民的选择》一书中对这一学说发起了挑战，通过对1940年美国大选的实证调查，拉氏认为受众中存在"既有政治倾向""选择性接触"和"意见领袖"等多种情况。有趣的是，拉氏写这本书原本是为"魔弹论"寻找现实依据，但经过一系列的数据调查、研究分析之后，意外地发现传媒并不如他们原本所想象的那样强大、有效，受众不仅可以自主地选择媒介信息，甚至在接收信息之前就有人把信息给过滤掉了。拉氏提出的这些全新观点，开创了"大众传播有限效果"的理论先河。

"有限效果论"的发现，证明受众经验是非常个人化的，它与生活方式、地域文化等密不可分，拥有相似价值观、相同媒介选择的受众也会因此聚集在一起。从这点来看，社会的飞速发展并没有加速群体的消逝，相反促使它以一种快速缔结的方式存在于新兴的传媒网络之间。这些群体、群集乃至大众，基于地域、利益、目标和纵横交错的社交网络融合在一起，依托传媒以受众的身份凸显出来。同时，人际交往、意见领袖等因素的介入，使得媒介效果的研究者们将更多的精力放在考察社会环境对人们意见、态度与选择所产生的影响上，目的是更好地引导人们接受信息。

20世纪60年代，有限效果模式逐渐为研究者所重视。遗憾的是，当时的研究者仍然将注意力局限于单一的直线模式，即某类功能性的信息从传媒传递到个体的模式，受众尽管被证实拥有自己的经验与接收方式，与传媒相比仍处于弱势。不过，随着议程设置理论的出现，受众不仅能从新闻媒介中了解一些事实，还能从信息的编排上了解新闻的重要性，对"个体具备对信息的独特认知能力"的考察进入了研究者的视野。受众变得不再概括、抽象，而是被细分的、活生生的、拥有认知力的个体。

这种独特的认知与李普曼在《舆论学》中谈及的拟态环境（pseudo-environment）十分相似。李普曼认为，我们认知的世界是外部客观世界与我们头脑中的图景相互作用的结果。鉴于此，社会心理学家勒温和卡尔·霍夫兰等研究者将认知心理学中的核心概念——"认知结构"纳入受众研究的体系。他们认为，人是不能被操控的主体，作为"问题的解决者"，个体在接收信息时，能够利用原有的知识与经验，对其进行加工与改造。"认知"是人作为主体获取知识和解决问题的先验结构，这一结构不仅包括人的五感，还有内在的思维、记忆等。简而言之，认知心理学中的"认知"指的是人脑对客观事物的主观建构。延伸到受众研究，我们可以认为受众对世界的认知其实就是一种心理现实，是客观现实和媒介现实相互作用的结果。这一心理过程演进的内在驱动，就是认知结构。

那么，大众传媒的最重要效果是不是构建并组织我们认知世界最好的渠道呢？科恩在解释议程设置理论时表达了另一种观点："媒体在告诉我们怎么想方面可能并不成功，但是在告诉我们想什么方面却惊人地成功。"①

（三）受众的多种类型及其媒介使用

英国学者麦奎尔在分析受众起源时，明确指出了受众的第一种类型，即受众是社会发展的产物。社会的群体或公众，在成为受众之前便已经存在，在成为受众之后，他们的社会属性亦没有消失。这是因为，人们的媒介使用习惯与其所处社会环境、地方习俗、时代生活密不可分，许多受众行为都发生于当地社会活动的关系网络中。最典型的受众就是地方报纸的读者或电台媒体的听者。

纸张、广播、电视、电影等媒介技术的发展，赋予了受众第二种类型——媒介及其内容的产物。新技术与新内容的发明推广，总会带来一些新的受众。当我们谈起电影受众时，不仅会依据电影类型分出不同的受众群体，受激烈的市场竞争和营销影响，喜爱某部影片的受众群体也会因为对片中演员的不同偏好，形成不同的"粉丝"团体。

媒介受众的形成与变化从未停止脚步。当下，媒介使用已经成为人们日常生活的一部分，任何试图厘清受众类别的行为也因此变得有些不合时宜。随着研究者对受众主体性的不断挖掘，依据受众的媒介使用动机划分受众类型成为一种新的办法，由此确立了三种主要的受众媒介使用模式："受害者"（victim）——效果模式；"消费者"（consumer）——市场模式；"交易货币"（coin in exchange）——商品模式。②这三种模式满足了受众作为媒介消费者的需求，能够有效地运用数据模型来研究受众的媒介使用情况，如确定受众接触大众传媒的时间、了解受众获得传媒信息的过程，抑或是描述受众对不同媒介的兴趣和使用习惯等，这些信息有利于研究者挖掘受众的潜在消费需

---

① 迪金森，林耐，哈里德拉纳斯，等.受众研究读本[M].单波，译.北京：华夏出版社，2006：27.
② 麦奎尔.受众分析[M].刘燕南，李颖，杨振荣，译.北京：中国人民大学出版社，2006：108.

求,改进现有产品,受到众多传媒公司的喜爱。但是,这样的数据模型并非毫无缺陷,客观呈现的抽象数字,恰恰是其劣势所在。

反对者认为,受众不应该是体现在模型中的简单数字。作为主体,受众有自己的日常社会生活和需要遵循的经验,这些因素不仅会影响他们具体的媒介使用行为,也会影响他们接受和理解媒介信息的过程。因此,受众应该是一个不断学习、有着丰富多样的文化和社会实践形态的动态本体。接受分析学派就是这一受众观的主要倡导者。

通常我们认为,早期研究者对受众主体性的误读("媒介操纵受众"和"受众缺乏辨别力")是促成接受分析学派出现的主要原因。这一学派通过对社会中存在较多的少数群体或亚群体的研究,找到了许多不在媒介控制计划之内的受众。这说明受众的媒介使用并不如原先所设想的那样可以被预测和控制,可控制的信息传输模式往往只存在于实验室假设中,描述的过程是一种理想状态,而多数受众的媒介使用活动带有多重意味,受众的种族、性别、职业、年龄乃至生活方式等都能成为描述和分类媒介使用模式的指标。基于此,麦奎尔指出,受众通常是在一个由期望和评判组成的复杂框架内看媒介的。[①] 社会环境因素对媒介使用的影响无处不在。

(四)国内外受众研究概况

我国的受众研究,主要是基于对受众主体性认知的不断加深而发展起来的,先后经历了受众观念的建立、受众作为宣传教化对象、受众作为传播主体三大阶段。

我国受众研究起步于改革开放初期。1982年,中国社会科学院新闻研究所和首都新闻学会调查组进行了"北京地区读者、听众、观众调查",首次采用国际上通用的抽样调查方法对受众的媒介行为进行调查,确立了受众作为研究对象的观念。同年11月,第一次全国传播学座谈会在北京举行,受众研究成为传播学研究五大领域的重要组成部分。1986年5月,全国第一届受众

---

① 麦奎尔.受众分析[M].刘燕南,李颖,杨振荣,译.北京:中国人民大学出版社,2006:168.

研究学术讨论会在安徽黄山举行。会议总结了"两市两省"受众调研的经验，高度评价受众调研对新闻改革的推动作用。同年 10 月，中国人民大学舆论研究所成立，至此，我国的受众研究结束了原本零散无序的状况。1990 年，亚运会广播电视传播效果研究成为我国受众调研的新起点。同时，本土化的受众理论研究也开始发展起来，受众理论研究逐步深入。

简而言之，20 世纪 80 年代的受众调研注重受众的媒介使用行为，到了 90 年代，理论分析成为研究者深入受众内心的重要工具。1992 年，以"改革开放十余年受众的主体地位正在不断显现"为主标题的全国第二届受众研究学术研讨会在浙江萧山召开，中国社会科学院新闻研究所研究员陈崇山正式提出"受众本位"观念，得到普遍认同，并在此后的实践活动中获得了良好效应。

西方传播学界的受众研究，主要依据研究方法、研究目的的不同进行划分，麦奎尔将受众研究分成"结构性研究""行为性研究"和"社会文化性研究"三大类别，这是麦奎尔基于对詹森和罗森格伦提出的 5 种受众研究传统（效果研究、使用与满足理论研究、文学批评研究、文化研究和接受分析研究）重新分类、整合提出的。

麦奎尔将"结构性研究"纳入受众研究的范畴，是因为这种与统计学联系最为紧密的研究方法在为广告工业、传媒市场提供数据和量化研究结果的同时，可以关注受众的具体规模、人员构成、消费水平、接触媒介途径等信息，一定程度上分析了受众与传媒之间的关系。在国内，最典型的结构性研究方法仍然与传媒业、广告业息息相关。央视·索福瑞便是一家专门从事电视收视市场研究的机构，它通过引入国际上广泛使用的电视（广播）受众收视（听）率分析软件 InfosysPlus，可以对数据库内的收视数据进行详尽分析，如时段收视分析、节目收视分析、观众构成和集中度分析等，使用者可以将具体的数据变化与媒介使用行为、社会背景特征等信息联系起来，分析个体的媒介使用与传媒之间的关系。

"行为性研究"指的是通过各种媒介观察实验来确定受众的反映性行为，测量传播效果。"行为性研究"是早期大众传播研究的主要方式，它关注受众的接受行为不是为了了解受众接受信息的过程与机制,而是为了测量传播效果。它通过挖掘受众对媒介的喜好、态度与选择,为传媒机构经营者的决策提供参考。

"社会文化性研究"通常指批判性的文化研究,它的出发点同样是基于对媒介传播效果的测量。但不同于媒介万能的观点,它倾向于认为受众的信息选择与接收是主动选择的结果,这一接收的机制受到受众所处文化环境的影响。

整体而言,结构性研究和行为性研究是基于"支配、控制受众"来探讨媒介功能的,在这样的传播机制里,信息的制作者与传播者处于统治地位,由此促成了传媒业所需要的量化研究方式。社会文化性研究基于受众主体性的再发现去考察媒介传播效果,更倾向于质化的研究方法。

(五)受众理论的新发展

受众研究经历了从消极被动的受众理论向积极主动的受众理论的转变,这正是基于对受众主体性的重新认识。

美国的效果研究学派把受众当作可以被媒介控制的玩偶。法兰克福学派认为,受众消极被动,极易被媒介影响与控制。哈贝马斯在预测公共空间将被媒介完全控制之后,也同鲍德里亚一样,悲观地认同了受众的消极性与被动性。布尔迪厄则通过揭露媒体内外"互搭梯子"的营销手段,形象地再现了受众易于被控制的事实。

消极受众理论在定量研究帮助下不断完善的同时,强调受众主体性的观点也在发声。本雅明强调了传媒工业中受众作为颠覆性主体的可能,多伦多学派通过对不同时代传媒技术的发展,勾勒出受众参与度日益加深的上扬线。使用和满足理论与威廉斯文化理论对文化的重新定义,则从根本上确定了受众的主体性。到了霍尔的编码/解码理论,受众的主体性成为媒介效果研究不可或缺的变量。此后,莫利的民族志、德赛都和费斯克的抵抗解码方式,使得符号成为确立受众主体性、规避文化独裁的有效手段。在新的媒介环境下,受众研究已经走出主动与被动的二元对立的阶段,新媒介特别是互联网技术的飞速发展，受众"传受一体"的观点大肆流行，一些研究者甚至通过搁置受众主体性的方式，提出了奇观／表演范式。①

二、跨学科的受众研究

（一）受众研究的多元范式与路径

受众作为人，自诞生之初便是社会的一部分，会被种种有形或无形的叙事化身份协调、融合。受众的情感、经验与认知的习得，需要借助他者的参照。受众与他者的天然关联，决定了受众研究不仅在宏观上要与中学、大学、传媒、政府这样的公共领域保持紧密的社会学思考，在微观上还要对最具个人、种族、群体特点的历史、身份、情感和认识的微叙事进行心理学式的深层挖掘。受众研究的兴起，其视角与范式的多元化发展，正是基于对上述微叙事的不断认知与拓展。整体而言，大部分的受众研究范式与路径仍基于传播学两大研究学派——经验学派和批判学派的延续与修补。经验学派采取"行为研究"的范式及路径，批判学派则热衷于"文化研究"的范式与路径。

20世纪20年代初，学科间的界限并不分明，传播学作为刚刚兴起的学科领域，吸引了众多不同学科背景的研究者。当时最为流行的实证主义研究因此进入了研究者视野，运用这一范式展开的一系列研究，催生了传播学最初的研究学派——经验学派的诞生。这一学派有两个显著特点：一是研究上多以行为科学为出发点，采用实验与调查的实证主义方法；二是在指导思想上坚持多元主义的社会观。

经验学派采用的范式主要基于心理学的行为主义范式、认识论范式，以及社会学的功能主义范式。

行为主义范式基于美国心理学家华生于1913年创立的行为主义心理学。华生主张放弃意识，以可观察的行为作为研究对象，用刺激—反应来解释行

---

① 艾伯柯龙比，朗赫斯特.变化的受众：变化的研究范式［M］//陶东风.粉丝文化读本.北京：北京大学出版社，2009.

为，目的是预测和控制行为。"魔弹论"和"有限效果论"就是传媒研究者采用这一范式的结果。

认知论范式盛行于20世纪50年代，与行为主义强调外部刺激相反，认知论是基于认知心理学，强调人脑中已有的知识结构对人的行为和当前的认知活动具有决定性作用。认知论范式强调人的主体性和能动性。基于认知论范式产生了许多以受众为中心的理论，其中，以强调个人不同需求来选择媒介、获取自身满足的"使用与满足理论"最具代表性。

目前，认知论范式作为分析微观传媒现象的重要工具，已经基本取代了行为主义范式。但在宏观层面，认知论对如何解释传媒与人、社会之间错综复杂的现象一筹莫展，成为功能主义范式崛起的契机。功能主义范式出现的背景，源于第二次世界大战后美国愈演愈烈的社会运动，如女权运动、反战运动、黑人民权运动等。社会的动荡不安促使人们开始思考大众传媒对缓和社会矛盾的作用。功能主义假设社会是一个有机整体，由相互依存的多个部分组成，只有当每个部分所承担的功能正常发挥时，社会才能稳定和谐。大众传媒被认为是这一有机整体中不可或缺的重要组成部分。在此基础上，研究者们概括出了大众传媒的多个典型功能：指向和表达、环境监视、社会协调、文化传递、娱乐等。功能主义范式强调人的行为不能脱离社会，这促使媒介效果研究从微观走向宏观，研究者们也开始更多地思考媒介与社会之间的关联。

与注重实证效果研究的经验学派相比，批判学派强调用宏观的眼光考察大众传播与社会环境之间的联系，重视大众传播机制与社会、政治的关联。麦奎尔所说的"文化的"受众研究传统正是对批判学派受众研究方法的整体描述。文化研究学派的主要理论源于德国法兰克福学派和英国伯明翰学派。

"文化的"受众研究是指以人文科学为理论背景，运用定性的、民族志的研究方法，旨在了解信源传播与受众解读之间的能动关系，包括对受众个人社会生活中媒介使用经验的分析。虽然没有直接证据证明法兰克福学派受到了葛兰西"霸权理论"的影响，但他们之间的理论联系是显而易见的，都偏向于揭露统治阶级与传媒工业是如何合谋操纵受众的。受众对法兰克福学派而言是完全被动的、缺乏能动性与创造力的群体。

法兰克福学派对受众的天然悲观源于其理论基础——卢卡奇的物化理论和马克思的异化理论。① 通过对物化理论、异化理论在各种社会现实、文化问题上的批判性应用，法兰克福学派成员发现异化与物化已经成为现代社会的文化景观，异化结构与物化机制业已渗透到现代人活动的所有领域。

霍克海默与阿多诺在他们合著的《文化工业：作为大众欺骗的启蒙》中指出"文化工业"是异化与物化人的典型工厂，同时，受众只是沉浸在文化工业中的傀儡。本雅明肯定了媒介技术的物化、异化作用，认为这种艺术品的机械复制改变了大众对艺术的反应，② 使他们更无力反抗。

与法兰克福学派不同，伯明翰学派通过对文学批评中的"文本研究"与"接受理论"的借用，不仅证明了文化和意识形态的相对独立性，也肯定了受众在传播过程中的能动作用。他们将大众传媒看作一个充满不同利益集团的公共空间，因此在媒介文本中能够体现不同利益集团间的争斗。

威廉姆斯对"文化"的重新定义对伯明翰学派意义非凡，正是在其肯定大众传媒文化地位的基础上，受众的能动性才初现端倪。传统文化研究中"文化"等同于"精英文化"，威廉姆斯通过将文化定义为一种特殊生活方式的描述，不仅给予了大众参与文化建构的权利，也撕去了传统"文化"的精英标签。从伯明翰学派开始，文化不仅涵盖传统经典，还与日常生活息息相关。这种全新定义的"文化"，在赋予受众地位的同时，也暴露了其过度肯定受众能动性的潜在缺陷。斯图加特·霍尔注意到了这一点，他指出这种承接自文化批评的"接受理论"，忽视了受众与媒介之间存在中介结构的可能，意识形态或许是其中最为重要的。他认为要修正这一缺陷，需要借助结构主义的知识景观。早期的葛兰西文化霸权理论（或称领导权理论）很好地填补了

---

① 异化理论：人类实践活动的结果反过来统治和制约人类。
物化理论：20世纪发达的工业文明并没有将人从物的限制中解脱出来，反而陷入更深的异化境地。卢卡奇认为理性，特别是技术理性，对人主体性发展的负面效应揭示了现代社会的物化现象。
② 斯特里纳蒂.通俗文化理论导论［M］.阎嘉，译.上海：商务印书馆，2001：84.

受众与媒介之间的空隙，它将"霸权"视作一种社会形态，"用来指对阶级冲突进行控制和疏导，使之流入安全的意识形态港湾的社会"①。这种霸权，代表着一个抗争、沟通、妥协的循环过程，也最终催生了霍尔的"编码/解码"理论。

通过对葛兰西的文化霸权理论的继承与符号学方法的借用，霍尔将文本意义的生产与受众的解读关联在一起，他认为文本意义的生产可能基于受众三种不同的解码方式，"顺从—霸权立场""协商立场"和"对抗立场"。霍尔指出，尽管传播的文本已经融合了统治者的意图，受众的能动性依然可以发挥作用。

霍尔模式直接导致了新受众研究在20世纪70年代末与80年代初的兴起，其发展大致分成两个方向：一个是作为霍尔学生的莫利，遵循霍尔模式的初衷，通过民族志②的研究方法，不仅证明了霍尔模式中"支配""协商"和"对抗"三种解读模式的存在，也修正了霍尔模式原本忽略的地方，如"话语"。③莫利认为，伴随受众而来的一系列话语，是导致受众的文本解读出现多种状况的主要因素。宜·安的《看〈豪门恩怨〉》同样运用了民族志方法研究观众对电视的解读，他认为观众对节目的批判性评论，其实是一种企图支配媒介的话语，在这种情况下，受众意识形态与媒介编码结构之间原有的冲突就被解构了。

另一个则以费斯克为代表，走向"语符民主之路"。他认为文本是能指（意义的储藏物），它的所指等待着受众通过多种方式来激活。费斯克的媒介研究中着力分析"金融经济"与"文化经济"，金融经济暗示受众的顺从和被动，文化经济展现受众的解码差异。文本的意义只有通过受众消费才能产生，

---

① 斯道雷.文化理论与通俗文化导论[M].2版.杨竹山，郭发勇，周辉，译.南京：南京大学出版社，2006：170.
② 源于人类学的一种田野调查，研究者通过深入研究群体和长期观察，从群体的文化内部说明该文化的意义和行为。民族志受众研究将文化人类学研究方法和文本研究方法相结合，用日常生活的叙事代替了以往文化研究的宏大政治理论，既是一种文本实践，也是一种社会实践。
③ 话语：基于福柯"话语即权力"思想，莫利指出，话语是在社会中产生的理论或思考方式。

意识形态的传输效果不在于文本,而在于消费者通过什么方式来使用文本。费斯克的理论说明,受众基于文本多义性来解码的自由即是受众拥有的"符号的权力",这一权利说明受众才是大众文化的真正生产者。

还有不少学者对费斯克的"语符民主"提出了质疑。麦克盖恩认为,费斯克忽视了现代社会的异化问题,其对个人意识形态的过多投注,忽略了集体的经验。薛德森则指出费斯克的"浪漫化"语符,切断了受众与多种社会关系之间的关联。格雷厄姆·默多克指出,所谓的受众反抗并没有像费斯克设想的那样对霸权阶级造成影响,反而处于被边缘化的尴尬境地。

(二)传播学两大学派的受众观演变

受众研究作为传播学研究众多领域中的一隅,其地位经历了从隐学到显学的变化。在大众传播理论的两大学派中,受众地位同样经历了从被控制到逐渐崛起的过程。在受众研究领域,经验学派的"使用与满足理论"、文学批评的"接受理论"与伯明翰当代文化研究中心的"编码/解码"理论,对提升受众地位的意义重大。

最初的受众研究其实是效果研究的副产品,直到经验学派学者伊莱休·卡茨提出"使用与满足理论",学术界才开始将受众作为研究对象来对待。经验学派的思想发轫于20世纪初的美国,早期经验学派研究主要基于行为主义心理学的刺激—反应模式,认为传媒一旦发出刺激讯息,受众必定会在态度或行为上有所反应,传播研究的任务就在于发现并测量受众的反应。在这种以如何使媒介传播达到最佳效果的研究传统中,受众一直处于被动地位。

自20世纪40年代开始,传播学效果研究经历了从"魔弹论"到"有限效果论"的过程,这也是传播学对受众的认识脱离社会学的"大众"禁锢的过程。无论是梅尔文·德弗勒的个体差异论还是拉扎斯菲尔德的社会关系论,传播效果始终是经验学派研究的核心。这些理论也只是对"刺激—反应"模式的修正和补充。

20世纪60年代,社会结构、文化情景等影响传播效果的中介因素开始为研究者所注意，雷蒙德·鲍尔的《顽固的受众》一文就很有代表性，他认为受众是顽固的，不仅能抵抗宣传，还能依据自己的目的对信息进行重新解释。顽固受众观出现的历史背景，源于第二次世界大战后电视工业的过度增殖，电视媒介选择的增多使得观众拥有了电视节目的选择权。基于此，研究的主角从媒介转向了受众，传播学研究中出现了从"以传播者为中心"向"以受众为中心"的转向。

一些以受众为中心的理论开始出现，其中尤以"使用与满足"理论影响最大。这一理论把受众需求作为传播活动的出发点，认为受众不仅能够主动参与传播过程，传播效果的反馈也依赖受众的配合。此外，还有温德尔的"使用与效果"理论、多诺休·蒂普顿的"信息寻求"理论等，尽管这些理论描述的重点不尽相同，但都基于对受众能动性的认可。

经验学派受众研究的出发点是受众行为，批判学派的受众研究则倾向于从社会哲学的维度对资本主义体制进行价值判断，典型的论点是法兰克福学派所说的"无知受众"，受众是被文化工业异化的群体。受众的被动、屈从和易控制的特性是两大学派早期受众研究的共同观点。

批判学派主要形成于20世纪60年代以后，基于对资本主义传播制度持批判的立场，这一学派通常从社会哲学的角度谈受众。法兰克福学派和伯明翰学派是批判学派受众观的主要来源。

批判学派最初主要由德国法兰克福学派发声，对意识形态持批判的立场，批判指向于资本主义文化对大众意识的控制，认为受众在传播过程中扮演着被动、屈从、单向度的角色。整体而言，法兰克福学派眼中的受众麻木不仁，是被现代资本主义社会任意摆布的愚昧大众。伯明翰学派则对法兰克福学派的受众观作了一定的修正。

随着伯明翰学派的崛起，通过对大众传播过程中传者与受众间文本协商的两个思考——受众如何解读文本、受众如何在日常生活中接受文本，确立了受众在传播活动中的主动性。借助于文学批评中的"接受理论"，研究者们开始关注传播过程中受众隐含的能动力量，他们发现，受众作为传媒信息的消费者，虽然不能控制信息生产，但能控制自己的接受。

英国伯明翰学派基于文化和文本的研究视角,从根本上摆脱了早期受众研究中对于受众权力的看法。雷蒙·威廉姆斯的"文化唯物论"重新定义了文化与大众之间的关联,大众能够参与文化建构,同时改变了受众作为大众的被动地位。霍尔的"编码/解码"理论的提出,宣告受众研究正式摆脱了长期以来从属于效果研究的附属地位。此后,一大批研究者进一步发展了霍尔的"编码/解码"理论,在强调受众能动性的同时,也关注了受众的多重身份与接受心理,并将这些因素与社会环境相关联。

法兰克福学派注重宏观的人文关怀,试图利用哲学批判来达成受众的解放。伯明翰学派则从霸权意识形态入手,用后现代的方式去解构霸权,赋予了受众不同的社会结构与多重身份,提升了受众的地位。

(三)社会学、心理学与传播学联姻下的受众

自笛卡尔开始,人的主体意识便被高度关注。研究者对知识的主体、权力的主体的认知,也促使受众获得了具有主体意味的获益性期待和选择性行为。在大众传播领域,基于社会学、心理学的观点,受众研究需要注意以下两种情形:一是成为群体、公众或大众的受众,是置身于社会环境中的社会学受众;二是成为具有思想、情感、习惯乃至偏见的个人,是心理学视野的受众。

杜威在他的《公众及其问题》中将公众看作"多个个人通过对公共问题和解决方法的共识,形成的作为社会单位的政治集合"[①]。这意味着作为个体的受众能够通过参与传播事件,融入群体化的受众,个体的受众能够组成群体的受众。

李普曼则通过柏拉图洞穴的隐喻,展示了个人受众与集体受众相处的另一种方式。看见真实的单独受众无法说服被欺骗的集体受众,说明受众行为并不完全基于客观真实的环境,多数情况下是内心世界与所谓客观世界共同

---

① 杜威.新旧个人主义:杜威文选[M].孙有中,蓝克林,裴雯,译.上海:上海社会科学院出版社,1997:245-252.

作用的结果。媒介创造的信息环境能够决定他们对世界的认知。这成为后来"议程设置理论""涵化理论""沉默的螺旋理论"以及"知沟理论"共同的理论基础。托克维尔的《论美国的民主》以及勒庞的《乌合之众》同样可以论证受众作为个体与作为集体时的显著差异。简单来说,受众作为个体时富于独立思考的敏锐性,作为集体时则更容易接受一些非理性、简单化的观念。

随着媒介环境的变化,特别是电视、电脑等传播技术的介入,传统的点对点、点对面的传播方式已经不能用来概括高度互动的传播系统。典型的观点是每个人都是传播活动的"参与者"。小群体的受众,如家庭、朋友、邻居间的互动与意义分享是此时媒介研究的重要主题。同时,心理学介入传播学,"认知理论"激活了李普曼的"拟态环境"——"外部世界与我们头脑中的景象",个人心理需求、个人的使用、个人的满足成为展现受众主体性的窗口。但由于心理学在理论和概念上过于强调主体,关注主体对媒介内容选择与满足的同时,缺乏对主体作为个体之间意义分享的说明,因此很难与社会学形成合力。

霍尔的"编码/解码"理论很好地将受众纳入了主体间性、主体差异性的传播关系,其主导、协商、对抗三种不同的解码方式兼顾了受众作为个体受众以及作为集体受众的不同情景。莫利的《"举国上下"的观众》《家庭电视》,伊恩·昂的《观看"达拉斯"》,在霍尔的基础上进一步恢复了受众作为心理学、社会学意义的个体与集体的自由。

(四)接受美学与传播学的殊途同归

在法兰克福学派试图从经典马克思主义的权力维度探讨受众主体性的尝试失败之后,伯明翰学派另辟蹊径,在文学批评理论的帮助下,找到了一条由接受美学通向受众研究的新航道。接受美学作为一种研究读者接受文学作品的方法,与文学批评的文本分析方法一起,成为传播学研究受众的另一重要工具。

接受美学认为文艺作品的意义生产由文本和读者两部分相互作用构成。文本的意义不能单独产生,只有通过读者的阅读、想象与重构,才能体现文本的价值,实现作品的意义表达。这即是说,读者不仅接受文本传达的信息,还会积极地运用自己的感觉和经验参与信息的改造。接受美学赋予了传统文艺理论不曾给予读者的主体性地位，肯定了读者的能动性。

历史上，接受美学的最初提出是基于对当时西方的作者中心论、文本中心论的批评，它的创始人尧斯认为，不论是19世纪中叶出现的"将文本意义限定在作者制造"的社会历史批评、作者批评和精神分析学派，还是20世纪中叶出现的"专注文本内在意义"的俄国形式主义、英美新批评、结构主义、语义学和符号学等流派，都有着过于主观片面的缺陷，忽略了读者作为文本意义生产者的可能。基于此，尧斯提出了以读者为中心的批评模式。最初，接受美学强调作者在完成文本后便已死去，将读者的主体性提升至"至高无上"的地位；到了20世纪70年代，则形成了一种"文本—受众"交流对话的立场。

传播学受众观最初产生的语境，与接受美学读者观十分相似，早期的研究者以传者和媒介为中心，只在研究传播效果时给予受众一个被动的角色，"魔弹论"是这一角色表演的极致。到了20世纪40年代，一批以控制为指导思想的传播理论逐渐出现，反而让研究者注意到了受众反抗的能力，但受众的能动性仍被看轻。随着20世纪80年代伯明翰学派的崛起，受众在传播活动中的地位得到了进一步提升，传者与受众间的文本协商成为意义生产的主要途径。

接受美学中读者、作者的交流互动，与传播学传者、受众的交互方式十分相似。在接受美学中，文学作品意义的生产不仅取决于作品本身的地位与价值，还与读者的能动阅读相关；到了传播学，传媒信息能对受众产生影响，并依赖于受众的文本解读与编码。至此，接受美学和传播学都认为，文本不能单独产生意义，都需要受众的参与、解读和编码，只有了解受众的需求，在文本生产初期便考虑受众的存在，才能取得预期的效果。

三、新世纪受众观的演变和发展趋向

（一）受众本位论与积极受众论

在西方传播学领域，随着受众研究的日益深化，受众研究的模式也逐渐

由"传者本位"发展为"受众本位"。

经验学派的"使用与满足理论""选择性理论"标志着大众传播研究从"传者"向"受者"的转变,"受众本位论"正是基于这两个理论发展起来的。作为一种与"传者本位论"相对的范式,它认为受众才是传播的主导者,媒介应该为受众服务。

在我国,"受众本位论"最早由学者陈崇山提出,在1992年的全国第二届受众研究学术研讨会上,他认为"受众本位"就是指"大众传媒在新信息的传播活动中,应以最大限度地维护受众的根本利益为出发点,以满足受众获取多方面信息的需要为己任,以帮助受众提高思想素质、政治素质、道德素质和科学文化素质为目标,全心全意为受众服务"[1]。

马克思说:"艺术对象创造出懂得艺术和能够欣赏美的大众,任何其他产品也都是这样。因此,生产不仅为主体生产对象,而且也为对象生产主体。"[2] 陈崇山的"受众本体论"是一种基于马克思主义艺术生产观形成的受众理论,文本与受众相互依存、共同发展是其核心。

21世纪以来,在市场经济的大环境中,"受众本体论"早已为传媒工作者所接受,有些甚至走向了另一个极端。他们认为受众的需求,不论低俗与高雅,都应该得到满足,为了讨好市场降低品位,制作了一些格调不高的产品,如对明星私生活过度报道的新闻。[3] 这种迎合受众的新闻现象在曲解"受众本体论"的同时,也暴露了这一受众理论的缺陷——传播目标设置的模糊性以及对个人需求的过度放大与满足,最终瓦解了受众作为个人与集体、社会之间的关联。

霍尔的《电视话语中的编码与解码》一文,打破了受众在传播学领域的"客体"地位,戴维·莫利以此为基础,在他的《"举国上下"的观众》一书

---

[1] 陈崇山.受众本位论[M].北京:社会科学文献出版社,2008:114.
[2] 马克思.政治经济学批判[M]//中共中央马克思恩格斯列宁斯大林著作编译局.马克思恩格斯全集(第2卷).北京:人民出版社,1972:95.
[3] 侯耀文之死的媒体新闻学分析[EB/OL].(2008-09-03)[2015-01-10].https://www.xwpx.com/article/2008/0903/article_898.html.

中不仅验证了霍尔的"编码/解码"模式，还通过挖掘作为主体的受众意识形态的构造，进一步完善了霍尔模式。莫利将这种意识形态的构造称为"话语"，由此，"积极受众论"正式形成。

眼下，"积极受众论"已经成为当代传播学的研究基本，但"受众"如何拥有"积极性"、如何保持"积极性"在莫利那里仍没有答案。这是因为，莫利的受众之"积极"所指涉的只是受众的无意识本能，而忽视了其作为本体的可能。

我国学者金慧敏敏锐地发现了这一点，他认为莫利片面地理解了弗洛伊德的"本能"，错误地将"积极受众"与话语、主体区分开来。[①] 在金慧敏看来，这三者是相互作用、不可分割的。通过对受众研究的"民族志"方法的寻根溯源，金慧敏找到了受众作为个体的依据。他认为，尽管"民族志"方法对霍尔的"编码/解码"模式起到了纲领性的作用，但最初在文化研究中运用"民族志"方法的是霍加特，他的《识字的用途》通过运用"民族志"这种研究方法，考察了特定工人阶级的实际生活状况，探讨了他们如何在其物质生活中创造出文化的意义。金慧敏指出，民族志研究具有将意识统一于现实的本体论或存在论倾向，这说明采用这一研究方法的"积极受众论"在面对"话语"生产、关联个体意识形态的同时，还需要完成一个社会本体论的受众概念。也就是说，"受众"既是主体，又是客体；既是话语的能指，也是话语的所指；既是社会意识，也是社会存在。[②]

（二）群体传播时代的受众研究

麦奎尔依据传播媒介的发展将人类的传播史划分为口语传播、文字传播、印刷传播、电子传播和互联网传播五个时代，肯定了技术作为社会变革力量的作用。威廉斯通过对文化的重新定义，确认了文化的建构不仅包括传统经

---

① 金惠敏.积极受众论：从霍尔到莫利的伯明翰范式［M］.北京：中国社会出版社，2010：44-46.
② 金惠敏.走向社会本体论：试论戴维·莫利的积极受众论［J］.汉语言文学研究，2012，3（3）：111-126.

典，还包括生活日常。阿加瑞·布朗则将文化与技术联系起来，他的《从远处近观：媒体与板球文化》一文，肯定了技术在文化创造中的重要作用。他认为，人们只有在技术出现革命性突破时，才会审视技术在文化创造过程中的中心地位，技术与先前技术之间的巨大差异，改变了日常生活规则，其影响力才可能渗透至文化的各个层面——符号的、工具的、社会的。①

依据传受双方关系的变化，我们能把口语传播、文字传播划分至人际传播时代，把印刷传播、电子传播划分至大众传播时代，互联网时代则是一个群体传播时代。②互联网技术的飞速发展，模糊了传者与受者间的关系，改变了大众传播时代传者为主导的模式，赋予了受众生产并且传播信息的权力。传播主体变化的不稳定性，是互联网时代群体传播区别于大众传播、人际传播的重要特点。

所谓群体传播，指的是群体进行的非制度化、非中心化、缺乏管理主体的传播行为。传播的自发性、平等性、交互性，尤其是信源的不确定性及由此引发的集合行为等是群体传播的主要特征。③需要指出的是，尽管社会学中"群体"的内涵仍存有较大争议，但群体作为人的有机组合体，同时体现个人与集群的特征是得到公认的。这即是说，群体既能在宏观层面表现群体成员共同的目标、价值观与意识形态，也能在微观层面展现个体作为群体成员的独立性、特殊性。前面我们在谈及"有限效果理论"时曾指出，受众经验的个人化往往与生活方式、地域文化密切相关，群体正是个人在这个基础上聚集起来的，并受到人际交往、意见领袖等因素的影响。不同于人际传播、大众传播时期的群体受到物理空间的限制，互联网技术的发展为群体的建立提供了无时不在的聚集与交流网络平台。

也有研究者依据经济学中商品的市场交换原则，指出产能过剩不仅适用

---

① 迪金森，林耐，哈里德拉纳斯.受众研究读本[M].单波，译.北京：华夏出版社，2006：14.
② 隋岩，曹飞.论群体传播时代的莅临[J].北京大学学报（哲学社会科学版），2012，49（5）：139-147.
③ 隋岩，曹飞.论群体传播时代的莅临[J].北京大学学报（哲学社会科学版），2012，49（5）：139-147.

于实体经济,也能用于概括信息文化产业等虚拟经济的产业现状。这即是说,如今的受众生活在一个物质性商品与讯息性商品过剩的时代,原先处于被动地位的受众已经转变为能够主动选择的消费者。[①]在大众传播时代,"受众作为意义生产者"这一观点仍受到质疑,但到了网络时代,技术手段的便捷性赋予了受众可以颠覆传受关系的权力。

群体传播时代的来临,为莫利所说的受众"话语"建构提供了绝佳的试验场,突出表现为受众对经典权威的嘲讽与抵抗。具有说服力的案例是2006年网络短片《一个馒头引发的血案》的爆红,这部短片是网友对2005年陈凯歌导演的贺岁片《无极》和中央电视台栏目《中国法治报道》内容的重新改编剪辑,这位网友通过无厘头的对白和另类的剪辑方式恶搞了《无极》,短片在网络上获得了超过《无极》的关注度与点击量,大众传媒随即对其进行了报道。作为影片本身,《无极》在网络上的口碑并不尽如人意,其艰涩可笑的叙事逻辑饱受观众指责,《一个馒头引发的血案》以意见领袖的身份出现,通过影像空间与网络平台的缔结,迅速将一些对影片持有负面意见的观众聚集起来,形成一股力量,以嘲讽的方式对处于权力中心的内容制造者提出挑战,最终引起《无极》导演陈凯歌的震怒,声称要追究短片作者的法律责任。这一事件的持续升温,足见群体传播具有帮助受众建构"话语"、抵抗精英文化的作用。

群体传播时代的来临,修正了费斯克的"语符民主"对个人意识形态过度投注的缺陷,这是因为网络带来了个人化的"语符"所不具备的社会关联。以2014年初十分流行的韩国电视剧《来自星星的你》为例,这部剧的流行并非瞬间引爆,而是经历了一个从个人到群体再到意见领袖,最后回到大众的过程。具体说来,先是少数《来自星星的你》的尝鲜者借由社交媒体发表个人观感,随后一批韩剧粉丝开始跟进,这些"早期的大多数"形成了该剧最初的受众群体,这一群体的追剧过程在网络上形成了一种连续更新的媒介讯

---

① 隋岩,曹飞.论群体传播时代的莅临[J].北京大学学报(哲学社会科学版),2012,49(5):139-147.

息，吸引了包括高圆圆、杨幂、吴克群等60多位明星以及媒体的加入，最终成为一种流行趋势。尽管这种流行十分肤浅，因为《来自星星的你》只是一部韩国电视剧，但当这种流行以铺天盖地之势席卷而来的时候，大众简单的情感判断就会像勒庞在《乌合之众》中所说的那样替代理智。于是我们看见，该剧被越来越多的人讨论，其中不乏行业精英、社会精英。

群体传播时代的来临，为"沉默的大多数"提供了从幕后走上舞台的机会。依据伊丽莎白·诺尔-诺依曼的"沉默的螺旋"假设，舆论的形成与大众媒介营造的意见气候有关。在大众传播时代，如果个人意见与大众传媒营造的意见气候不符，往往会选择不发声，因为个人无法改变舆论症候，这些不发声的人就是"沉默的大多数"。到了互联网群体传播时代，人人都是传播者，个人的观点不仅能轻而易举地走上传播平台，还会吸引一群有着相似观点的人，形成一股群体的力量，"沉默的大多数"借此走到了台前。不过，由于群体缺乏管理者，多由缺乏判断力的"沉默的大多数"组成，群体传播缺乏把关人，以至于谣言也能够通过群体传播广泛流传，如引起恐慌的"女干部携巨款潜逃加拿大""艾滋病患者滴血传播艾滋病""女大学生求职被割肾"等。有鉴于此，个人作为群体传播者，在实际操作中需要警惕和理性。

（三）建立跨学科视野的受众学

结构主义研究者认为受众"至少总是有几分散漫的结构，它们因具体的制度需要和漂移的研究领域而形成"[①]。受众的复杂性要求我们，要把握受众就要多角度、多视野、多层面、跨学科地关注研究他们的多重社会属性及这些属性与信息之间的复杂关系。

受众研究经历了从传播学的强效果"魔弹论"到弱效果"有限效果论"再到强效果"宏观效果理论"；经历了从政治经济学的"受众商品论"到人类学的"受众权力说"；经历了从社会学的"被动观众"到"积极观众"；经历

---

① 迪金森，林耐，哈里德拉纳斯.受众研究读本[M].单波,译.北京：华夏出版社，2006：328.

了从认知心理学的"使用满足论"到接受美学的"受众期待论",众多研究者们基于不同的研究目的,从不同的学科视角出发,为我们展现了观点各异、精彩纷呈的受众学说。

受众研究学科领域的多元性、不确定性(与受众作为社会人相关),只有通过开放学科的界限才能逐渐厘清。无论是麦奎尔所说的"结构的""行为的"和"文化的"研究,还是效果研究、使用与满足研究、文学批评、文化研究、接受分析和政治经济学视角,都多多少少地有着人文、社会、哲学乃至科学的学科导向,呈现出相互对抗又相互融合的趋势。我们通过社会学的方法,发现可以通过分析媒介文本来推测受众的接受状态;心理学的受众研究则挑战了原本定型的无知受众理念,打通了受众研究中心理学与社会之间的篱栅……在简单梳理受众研究的历史实践之后,受众研究的跨学科性质已经呼之欲出。同时,"受众"作为一个可供认知的概念也明确了受众研究的多元性。

今天,"受众"已经不是我们简单依据主体间性就能判断的客体,这是因为我们对历史上两种极端的受众立场——完全被动的受众与极度活跃的受众已经有了清醒的认识。我们试图在这两极之间开辟一条中间路线,既考虑到媒介信息中预设的内容,又考虑到受众对媒介内容解释与接受的多变性。我们可以假设这条道路能够平衡人、社会环境和媒介内容以及其他因素之间的巨大差异与相互制约,但这条基于实验室假设的理论道路并非光明通畅,因为不论基于什么样的理论与学科框架,都需要面对受众实践的多维度性,以及影响接受行为的不断变化的语境。庆幸的是,每一个基于不同学科视角的受众研究实践,都标志着我们认识与理解受众的能力更进了一步。

大众文化观与大众传播观的并行应和[*]

大众传播与大众文化像两条铁轨，看似并不交集，却有着相似的发展方向。说它们像两条铁轨，是缘于这两个词汇所表述的传播或文化想象描述着或依托于两个学术空间、两个学科领域，但又相依应和、互为影响，乃至交融杂糅，并行指向同一个去处。

一、大众文化是文化衰败的标志——利维斯主义的大众文化观

工业革命后，伴随着城市的繁荣、大众媒介的兴起和技术的革新，以批量生产和机械复制为特点的电影、音乐、流行小说等大众文化商品在社会生活中凸显着越发重要的地位，到 20 世纪初，大众文化的风潮已然不可阻挡，而对此最早作出反应的是文学批评界的人士。

F. R. 利维斯（Frank Raymond Leavis）是剑桥大学学者，《细绎》(*Scrutiny*) 季刊的创始人，20 世纪英国著名的文学批评家。在大众文化崭露头角的 20 世纪二三十年代，利维斯和他的妻子是最早用专著的形式探讨大众文化的学者，其一系列观点和态度代表了早期文化精英们在面对突如其来的大众文化时的典型姿态，这种观念被称为利维斯主义。

早在利维斯写就那本著名的《大众文明与少数人文化》60 多年以前，对利维斯文化观产生深远影响的阿诺德（Matthew Arnold）就将文化视作知识、

---

[*] 本文原载于《社会科学》2015 年第 9 期，收入本书时略有删改。

思想和言论等精神产品，在《文化与无政府状态》一书中，阿诺德将文化视为"所思所言的最好的东西""时代最优秀的知识和思想""通过阅读、观察和思考通向天道和神的意旨"。阿诺德自始至终认为"文化并不企图去教育包括社会底层阶级在内的大众"①，并将传播优秀文化的希望寄托于国家和社会机构，具有鲜明的精英主义色彩。

利维斯继承了阿诺德的文化观念和精英主义传统，1930年出版的《大众文明与少数人文化》，从书名开始就将大众文化与少数精英的文化截然对立起来。利维斯认为，大众文明就是商业化的大众文化，是低劣和庸俗的代名词：电影、广播、流行小说、流行出版物、广告等，它们被欠缺教育的大众不假思索地大量消费；而少数人的文化才是真正具有道德使命感与艺术价值的文化，才是将人类精致体验与深刻思考加以传承、构成时代良心的文化。

利维斯认为，任何一个时代，明察秋毫的艺术和文学鉴赏都常常只能依靠很少的一部分人。除了一目了然和众所周知的案例，只有少数人能够给出独特的第一手判断。他们今天依然是少数人，虽然人数已相当可观，可以根据真正的个人反应来作出第一手判断。流行的价值观念就像某种纸币，它的基础是很小数量的黄金。②

利维斯发现，在大众文明的冲击之下，被他视为黄金的少数人文化面临着前所未有的危机。因为廉价大众文化商品流行，高雅文学被平庸之作取代，不仅使少数人文化的权威和中心地位遭到挑战，消解了对严肃文化的关注和体悟，还极大降低了民众的阅读能力和审美水准。现代读者面临的是一个庞大的符号群，它们的变体和数量多到令人不知所措，以至于除非才能过人，否则委实难于甄别。这就是我们面临的总的文化困境。③

肆虐的、低质的大众文明占据了民众的注意力，增加了民众甄别的难度，

---

① 阿诺德.文化与无政府状态[M].韩敏中，译.北京：生活·读书·新知三联书店，2002：31.
② LEAVIS F R. Mass civilisation and minority culture [M].Cambridge: the Minority Press，1930：3.
③ LEAVIS F R. Mass civilisation and minority culture [M].Cambridge: the Minority Press，1930：30.

铺天盖地的大众文化已经远远超出了普通民众的甄别能力。更重要的是，大众文化多半是无须耗费心力思考的作品，被动消遣令人的头脑时时处于怠惰状态，积极运用心智变得难上加难。以电影为例，利维斯喟叹道，如今电影成为文明世界的主流娱乐形式，使人在催眠状态之下，向最廉价的情感引诱俯首称臣，这些引诱因其栩栩如生的真实生活的假象，更显得阴险狡猾。

利维斯的观点，已经隐约让我们体会到几十年后拉扎斯菲尔德所言的大众传媒的麻醉作用。利维斯将这一切的罪魁祸首归结为技术进步带来的批量生产方式，即机械复制带来的文化的标准化和平庸化。

利维斯主义主要从艺术与审美角度批判大众文化，将大众文化文本与高雅文学作品相对照，暴露出大众文化在美学上的粗疏与庸俗。利维斯更为忧虑的是大众文化对整个社会文化的侵蚀，因为比大众文化更值得关注的是这些平庸的文本占据了本该属于高雅文学的注意力，从而使整个社会的审美和文化水准遭遇了巨大滑坡。

二、对文化工业的批判——法兰克福学派的大众文化观

知识分子对大众文化的鄙夷和批判到 20 世纪三四十年代后更加猛烈和深入，其中，法兰克福学派将大众文化直斥为文化工业，以哲学的深度和批判的视角不遗余力地揭露文化工业充满铜臭及谄媚的嘴脸。

要理解法兰克福学派对大众文化的态度，必须先对其成立背景和研究范式有所了解。法兰克福学派并不是一个严格意义上的学术流派，而是学者后来追加的一个学术称谓，它源自 1923 年正式成立的位于法兰克福的社会研究所，起初致力于政治经济学、工人运动史的研究，20 世纪 30 年代霍克海默执掌研究所后，法兰克福学派开始转向哲学与社会科学研究，其鲜明宏大的批判理论在阿多诺（Theodor Wiesengrund Adorno）、本雅明（Walter Benjamin）、洛文塔尔（Leo Lowenthal）、马尔库塞（Herbert Marcuse）等学者的阐述下产生了巨大影响。

法兰学派又被称作批判学派，因此批判理论是法兰克福学派成员共同的

研究旨趣。霍克海默在《传统理论与批判理论》中这样评价批判理论："批判理论不仅是德国唯心主义的后代,而且也是哲学本身的传人……该理论的目的绝非仅仅是增长知识本身,它的目标是要把人从奴役中解放出来。"美国哲学教授凯尔纳则认为批判理论是一种跨学科的研究,批判理论试图建构一种系统的、综合的社会理论来面对当时的社会与政治问题。"至少批判理论的一些形式是对相关的政治理论进行关注和对受压迫、被统治的人们的解放予以关心的产物,因此,批判理论可以被看成是对统治的批判,是一种解放的理论。"① 不难看出,批判理论是一种思辨的、哲学的、与实证量化的社会研究方法格格不入的宏大理论,它批判权力、警惕统治、关怀个体、心怀天下,无时无刻不致力于为人类的自由和幸福探寻一条康庄大道。

考虑到法兰克福学派对统治的激烈批判和对人类解放不懈的追求,其对大众文化的鄙夷态度似乎也就顺理成章了。因为在法兰克福学派那里,大众文化绝非为人民谋福祉求解放的灵药,甚至算不上无伤大雅、无益亦无害的俗世文化,而是商业社会的文化糟粕,是统治阶级的操纵工具,是奴役人类的撒旦恶魔。

与利维斯主义主要从艺术与审美的单一角度对大众文化进行批判不同,法兰克福学派拓展了对大众文化认识的维度,大众文化中蕴含的商业性与政治性被无情地揭露出来。

(一)商业上的被裹挟与资本逻辑

法兰克福学派刺向大众文化的第一把匕首来自霍克海默与阿多诺合著的《启蒙辩证法》,在这部学术史上赫赫有名的著作中,霍克海默和阿多诺放弃了"大众文化"的称谓,直接改用商业色彩更为浓厚的"文化工业"一词,理由鲜明而充分:"在我们的草稿中,我们使用的是'大众文化'。大众文化的倡导者认为,它是这样一种文化,仿佛同时从大众本身产生出来似的,是流

---

① 赵勇.整合与颠覆:大众文化的辩证法——法兰克福学派的大众文化理论[M].北京:北京大学出版社,2005:2.

行艺术的当代形式。我们为了从一开始就避免与此一致的解释,就采用'文化工业'代替了它。我们必须最大限度地把它与文化工业区别开来。文化工业把古老的和熟习的熔铸成一种新的品质。在它的各个分支,特意为大众的消费而制作并因而在最大限度上决定了消费的性质的那些产品,或多或少是有计划地炮制的。"①

在阿多诺看来,大众文化绝非自发产生于大众或是属于大众的文化,而只是特定机构、集团用来欺骗大众的盈利工具。阿多诺对于文化机械复制的商品化或者商品以某种艺术性作品的面貌出现充满反感,以至于一开始就在措辞上表达了自己的立场。他坚决不认为文化工业制造出来的东西称得上艺术品,而是不折不扣、彻彻底底的商品。这也方便了他从马克思的商品拜物教阐释中汲取理论资源对文化工业进行分析。

马克思把商品的拜物特性解释为对物的崇拜,这种崇拜由于交换价值而被它自己制造出来,同时又使它自身疏远了生产者与消费者——"人类"。② 商品拜物教的直接后果就是"人与人之间的关系转化成为物与物之间的关系,即卡莱尔所说的'现金交易关系',把社会现实转化成交换价值和商品"③。这在资本主义社会,尤其是在垄断资本主义社会中极为常见,消费与购买本身成为令人迷恋的行为,人们从掏钱包的动作中获得快感,从与其他人共同的消费心理和消费行为中获得认同,所购买商品的使用价值却变得不再重要。

如果商品通常是由交换价值和使用价值构成的,那么纯粹的使用价值,在完全资本主义化的社会中必然被纯粹的交换价值取代,而这也正好以交换价值的身份欺骗性地接管了使用价值的功能。④ 由此,阿多诺进一步指出,大众文化产品不再是交换价值与使用价值的统一体,相反,交换价值取代了使

---

① 阿多诺. 文化工业的再思考[M]//陶东风,金元浦,高丙中. 文化研究第1辑. 天津:天津社会科学出版社,2000:198.
② ADORNO T W. On the fetish-character in music and the regression of listening[M]//ARATO A, GEBHARDT E. The essential Frankfurt school reader. New York:Urizen Books,1978:278.
③ 杰姆逊. 后现代主义与文化理论[M]. 唐小兵,译. 北京:北京大学出版社,1997:268.
④ ADORNO T W. On the fetish-character in music and the regression of listening[M]//ARATO A, GEBHARDT E. The essential Frankfurt school reader. New York:Urizen Books,1978:279.

用价值，成为大众文化商品里唯一的价值。这种交换价值为大众制造了情感需求，并制造了使用价值上被满足的假象，而大众对此浑然不知，仍旧乐此不疲地追逐层出不穷的、专门迎合市场口味的、批量生产的大众文化商品。正是由于这个机制，文化商品可以赤裸裸地将定位与诉求对准市场，为市场而生、为利润而活，庞大的文化工业营利机器就此开动。

（二）政治上的被整合与思想控制

文化工业在商业逐利上的赤裸追求只是令法兰克福学派痛心疾首的原因之一，更严重的问题在于阿多诺等人指出，商业逐利的无意识、无原则、无操守，极易被操纵、被利用，使文化工业成为统治阶级自上而下整合大众、控制思想的工具。

作为西方马克思主义的重要一支，法兰克福学派在某些方面自觉汲取了马克思主义的理论资源，但在对阶级社会的认识上却同经典马克思主义背道而驰。法兰克福学派认为，资本主义从自由资本主义发展到垄断资本主义之后，马克思所言的无产阶级与革命动机已经悄然发生了变化。阿多诺称这个社会为"全面管理的社会"，由于统治阶级把统治意识形态推进、渗透到社会方方面面，所以无产阶级也成了被整合的对象[①]；另外，随着资本主义国家开始让渡一些社会发展成果，无产阶级似乎不再无产，从资产阶级的掘墓人演变成资本主义利益的共同分享者，所谓的无产阶级已经名存实亡，丧失了革命动机。马尔库塞指出："在大多数工人阶级身上，我们看到的是不革命的，甚至反革命的意识占据主导地位……工人阶级中的绝大部分被资本主义社会整合，这并不是一种表面现象……说工人阶级可以失去比锁链更多的东西也许听起来粗俗，却是一种正确的表述。"[②] 这也正是法兰克福学派对大众文化进行政治层面批判的认识基础，在无产阶级蜕变为或者说被整合为原子化、无差别化大众的过程中，大众文化扮演了重要而不光彩的角色——与统治阶

---

① 赵勇. 整合与颠覆：大众文化的辩证法——法兰克福学派的大众文化理论[M]. 北京：北京大学出版社，2005：20

② MARCUSE H. Counterrevolution and revolt[M]. Boston：Beach Press，1972：5-6.

级意识形态合谋。一方面,文化工业构建了商品拜物教的意识形态,另一方面,文化工业无时无刻不在承载着、播散着统治阶级意识形态。

文化工业的被操纵的第一个原因是其生产上对大众媒介的严重依赖,而大众媒介,在阿多诺看来,是毫无独立性可言的。"大众媒介这一概念是专门为文化工业打磨出来的……它存在的只是一个使大众自我膨胀的精神的问题,一个他们的主人的声音问题。"① 由主人亦即统治阶级直接或间接控制的大众媒介自然要在文本生产时传递统治阶级意识形态,这只是一个或显或隐、或明或暗、或刚或柔的问题,而不是一个有还是无的问题。阿多诺曾着力批判的好莱坞电影,似乎无可争辩地说明了这一点,美国人自己都很难否认的是,"在整个好莱坞的历史中,各种团体,从州检查部到道德协会到非美活动委员会所做的努力都是试图控制这个讲坛,把它们自己的意识形态强加于它,一般来说,它们要求好莱坞投射一个甚至更为简单化的、赞成社会的美国形象"②。

第二个原因是文化工业与技术的天然亲近性。《启蒙辩证法》中有专门的一个章节围绕"技术合理性就是统治本身的合理性"展开了论述。文化工业的勃兴依赖先进的机械复制技术以及新型的电子传播技术,而这些技术在阿多诺看来,都是统治阶级控制大众的帮凶。阿多诺认为,先进的技术必定率先为统治阶级所用并维护统治阶级的利益,加强统治阶级意识形态,消弭大众的批判与革命精神。文化工业与技术过分亲密的姿态则不会让人觉得它是利用先进技术与统治意识形态做伟大抗争,这也就使得它难以与统治意识形态撇开干系。从另外一个更深层次的角度看,无须附着统治阶级意识,技术与文化工业的结合本身正在成为一种统治与控制的新形式,这种控制是通过源源不断地制造虚假需要实现的,对此马尔库塞作了相当精到的论述。

不同于传统上二元对立的剥削统治模式,文化工业对大众的整合往往是

---

① ADORNO T W. The culture industry: selected essays on mass culture [M]. London: Routledge, 1991: 85-86.
② 沙兹.旧好莱坞/新好莱坞:仪式、艺术与工业[M].周传基,周欢,译.北京:中国广播电视出版社,1992: 185.

潜移默化、润物无声的。对应于阿多诺"全面管理的社会",马尔库塞论述了"单向度社会"的存在。在著名的《单向度的人:发达工业社会意识形态研究》一书中,马尔库塞提出了"虚假需要"和"单向度"两个关键概念。

在马尔库塞看来,为了特定的社会利益而从外部强加于个人身上的那些需要,使艰辛、侵略、痛苦和非正义永恒化的需要,以及休息、娱乐、按广告宣传来处世、消费和恩恩怨怨的需要都属于虚假需要。①这些虚假需要,并不像它的名字那样易于甄别地出现在生活中,而是以巧妙的形式介入报纸、广播、电视、电影、杂志,时而是现代社会发展的文明成果,时而是当代公民美妙的生活方式,时而是先锋人类特立独行的生活态度,是一种个体难以抵御、难以拒绝的力量与影响,于是虚假需要终于成为生存必需。而当个体不得不接受这些追求的时候,不管承认与否,一种新的、个体自愿遵从的控制形式就诞生了。

公共运输和传播工具、衣食住等各种商品、让人着迷的娱乐与信息工业产品,都带有规定的态度与习惯,都带有使消费者比较愉快地与生产者,并通过生产者与社会整体相联结的思想或情绪上的反应。在这一过程中,产品扮演着灌输与操纵的角色,助长了一种貌似真实的虚假意识。但随着这些让人受益的产品在更大的阶级范围为更多的个人所使用,灌输便不再是宣传,而是变成了一种生活方式。这是一种好的生活方式,一种比以往好得多的生活方式,但是作为一种好的生活方式,它却阻碍着质变的发生。②

在这种情势下,单向度的人也就不可避免。虽然马尔库塞并没有明确给出单向度的定义,但我们不难根据他的相关阐述得出结论,单向度的人就是指在技术理性借由文化工业无孔不入的单向度社会中,没有能力也没有欲望辨别真实需要与虚假需要,顺从当下社会选择而被虚假需要裹挟的人。这是一种名副其实的异化状态,只有顺从向度而没有批判和反抗的向度。大众文

---

① MARCUSE H. One-dimensional man: studies in the ideology of advanced industrial society [M]. 2nd ed. London: Beacon Press, 1991: 4-5.

② MARCUSE H. One-dimensional man: studies in the ideology of advanced industrial society [M]. 2nd ed. London: Beacon Press, 1991: 11-12.

化占领了人的本能领域与语言领域,从生理需要到精神追求的各个环节都被文化工业规训和掌控。当虚假需要与所谓"好的生活方式"被接受后,文化工业只需不断强化这种意识,大众就会"在不断滋生的虚假需要的冲动中获得一种真实的心理满足"①。

大众文化在意识形态上对人的整合是无孔不入的,它本身也被整合进了一个更宽泛的统治意识与商业话语当中。人在大众文化的浸染之下身不由己,变成既定深层秩序中无能为力随波逐流的整体的一部分。洛文塔尔认为现代文明的机械化进程所带来的个体衰落导致了大众文化的出现,但其实大众文化的兴盛反过来加速了个体衰落的进程。正是文化工业所渲染的共同生活方式、共同虚假需要、共同审美偏好、共同情感体验等所有的共同将原本自律的个体整合为盲从的大众。一旦成为行为乖巧模式相似的大众,一切将变得易于被统治者掌控。

表面上看,法兰克福学派对大众文化的批判似乎主要集中于商业与政治层面,其实不然,阿多诺等人并没有对大众文化的艺术性置若罔闻,审美层面的救赎更是一直以来法兰克福学派宏大理论的重要出路。阿多诺在关于流行音乐的论述中也有不少篇幅谈到大众文化的艺术特征,谈到高雅艺术与低俗艺术的分野,谈到大众文化将高雅与低俗的强行结合,甚至总结出大众文化具有标准化、模式化、伪个性化、欺骗性等特征,这些都是法兰克福学派在艺术层面对大众文化的剖析,只不过将大众文化从商业与政治层面的角度切入更具开拓意义,因而人们更多记住的也是商业与政治层面的深刻言说。

三、"大众的"文化——早期伯明翰学派的大众文化观

法兰克福学派对大众文化批判的主要观点是,裹挟着商业利益与统治意识的大众文化席卷而来,个体应声而倒,几无还手之力。但在与法兰克福所

---

① 赵勇.整合与颠覆:大众文化的辩证法——法兰克福学派的大众文化理论[M].北京:北京大学出版社,2005:274.

在欧洲大陆隔海相望的小岛上，有几位学者偏偏愿意相信个人在大众文化中的能动作用，几番阐释之下形成了学术史上颇有威望的一个团体——伯明翰学派。

伯明翰学派的根据地是英国伯明翰大学当代文化研究中心，该中心成立于 1964 年，在该中心从事文化研究工作的学者以及与中心关系密切、思想切合的学者都被称作伯明翰学派。早在中心成立之前的 19 世纪 50 年代末 60 年代初，霍加特（Richard Hoggart）、威廉斯（Williams Raymond）、汤普逊（Edward Palmer Thompson）等人就已经做了大量文化研究工作，奠定了伯明翰学派的坚实基础。此处所论述的也正是威廉斯、霍加特等早期伯明翰学派学者对大众文化的态度，而伯明翰学派中后期的霍尔（Stuart Hall）、费斯克（John Fiske）等人皆有与威廉斯等人一脉相承却又明显不同的大众文化观，后文将另辟阐述。

威廉斯最为人津津乐道的是他开辟的"文化作为一种生活方式"的定义，极大地拓展了人们对文化乃至大众文化的理解思路和研究视野。在《漫长的革命》一书中，威廉斯详述了文化的三个层次：理想式定义，文化是"人类完善的一种状态或过程"；文献式定义，文化是"知性和想象作品的整体，这些作品以不同的方式详细地记录了人类的思想和经验"；社会式定义，文化是"对一种特殊生活方式的描述，这种描述不仅表现艺术和学问中的某些价值和意义，而且也表现制度和日常行为中的某些意义和价值"[1]。显然，第一、二个定义侧重文化的知识思想层面和文本文献层面，也是利维斯等精英主义者所关注的经典文化内涵。第三个定义，"一种特殊生活方式的描述"，则前所未有地将物质层面纳入文化观照，而这正是文化精英主义者所未能意识到的。自此，包括社会习俗、民俗民风等所有标志特定群体生活方式的东西均可被称为文化，文化无所不在。这就给大众创造属于自己的文化建立了合法性，扫清了精英主义横亘于前的障碍。既然文化是一种生活方式，没有了创造"所思所言的最好的东西"的脑力门槛，那么大众的任何一种生活方式都

---

[1] RAYMOND W. The long revolution [M]. London: Penguin, 1985: 57-60.

理应作为人类文化的一部分被记录在案。

然而不得不承认的是,即使在威廉斯确立了大众拥有自身文化的合法性之后,我们也很难自欺欺人地认定公共领域中充斥的肥皂剧、广告、电影、漫画是大众自己创造出来的属于大众的文化,毕竟没有天赋或未经专业训练的平民百姓很难创作出广泛流行的文化商品。这种文化商品很难讲是按照工人阶级利益创造的或者显示工人阶级生活方式的。霍加特在《文化的用途》一书中举了许多事例,表达他对大众文化腐败堕落的担心;威廉斯也并不掩饰对这种商业性大众文化侵蚀麻醉工人阶级意志的忧虑:难道不正是大众文化的真正入侵使我们陷入了一种没完没了的喜忧参半、不分皂白、从根本上觉得腻烦的反应之中?一切艺术和娱乐的精神可以变得如此标准化,以至于我们对任何事物都难有专注的兴趣,而只是无动于衷地接受,同时衍生出柯尔律治所称的"对怠惰的沉湎和对空虚的愤懑"。确切地说,你并非在享受它,也没有专门留心它,仅仅在消磨时间而已。①

在这里,威廉斯似乎即将走进法兰克福学派的悲观黑夜,但出身工人阶级家庭的威廉斯仍对工人阶级满怀信心,这也是伯明翰学派与法兰克福学派的根本区别。大众文化顶多是一种占据时间的麻醉罢了,不单大众文化,被任何一种其他的东西占据都会是麻醉。威廉斯坚持认为工人阶级能够抵抗大众文化的控制和操纵,"这不仅仅是消极抵抗的能力,而是积极主动的能力,虽然不是很有力。工人阶级天生有强大的能力,通过适应或吸收新秩序的需要,忽视其他,在变化中生存下来"②。

威廉斯的这种乐观并不虚妄,事实上这也形成了伯明翰学派最重要的一个传统,即强调受众的主体性和创造性。伯明翰学派向来主张把受众还原于社会环境中,考察受众的社会背景与其对媒介产品接受状况之间的关系。包括后来莫利等人在《全国新闻》受众研究中创立的"民族志"研究方法,都

---

① 威廉斯. 传播学[M]//张国良. 20世纪传播学经典文本. 上海:复旦大学出版社,2003:353.
② 斯道雷. 文化理论与通俗文化导论[M]. 杨竹山,郭发勇,周辉,译. 南京:南京大学出版社,2006:48.

是伯明翰学派学者为了应对受众创造性可能产生的分歧而深入一个特定文化群体内部，"自内而外"展示其意义和行为的创造。受众不同的社会地位、文化背景、知识体系与经验阅历等构成了受众接受文本时的不同感知结构和解码方式，这必然导致意义解读的多样性和复杂性。

也许威廉斯等人的乐观正来自于此，伯明翰学派认定，虽然商业性的大众文化往往由专门机构生产，但这并不妨碍大众利用这种文化工业创造属于自己的文化。因为文化工业的符号和影像并不具备实际意义，要想完成意义传递并影响个人，必须经历每个人独有的感知与解码过程，在受众的再创造中完成文本的最终定稿。而受众的权力恰恰存在于这个或认同或抵抗或妥协的解释过程中，大众对文化的创造也恰恰来自这个过程。只有当外在的画面变为头脑中的图景，大众文化才能落地生、根欣欣向荣。

不过，在受众主动性的限度与解码的自由程度上，伯明翰学派内部向来无法统一，这也为后来衍生出霍尔的结构主义倾向和费斯克民粹主义倾向的分野埋下了伏笔。

四、意识形态战略与霸权斗争——结构主义的大众文化观

利维斯看到了大众文化艺术上的粗劣和对审美能力的侵蚀；法兰克福学派指出了文化工业商业的逐利与政治的谄媚，批判了技术理性导致的统治合理性；早期伯明翰学派看到了大众文化对民众意志的麻醉和消磨，但他们更愿意强调大众文化作为一种生活方式的平民性和工人阶级的能动作用。当时间来到 20 世纪 60 年代末 70 年代初，在结构主义思潮深刻影响欧洲人文社科研究的年代，阿尔都塞（Louis Althusser）和霍尔各自从结构主义的角度回应了时代对大众文化的关切。

（一）结构主义的方法论与世界观

结构主义是一个需要稍作解释的名词。结构主义思想最早起源于 1916 年瑞士人索绪尔（Ferdinand de Saussure）去世后出版的《普通语言学教程》，在

这本由其课堂讲义辑录而成的教材中，索绪尔确立了语言作为一个整体性符号系统的认识，为结构主义语言学打下了坚实基础。1929年，布拉格学派奠基人雅各布森（Roman Jakobson）第一次提出"结构主义"这个概念，并解释道，"如果我们要构造当今最为多种多样的占主导地位的观念，我们简直难以找到一个比结构主义更为合适的名称了。任何为当代科学所审视的现象，都不是被作为一个机械的凝聚而是被作为一个结构的整体看待，而且，它基本的任务是揭示系统的内在规律，而无论这样的规律是静态的或发展的"①。列维－斯特劳斯（Claude Lévi-Strauss）、巴尔特（Roland Barthes）、拉康（Jacques Lacan）等人随后各自在人类学、符号学、精神分析学等领域将结构主义理论进一步推向深化。

毫无疑问，结构主义最初是作为一种方法论被提出的，它的主要特征有以下两个方面：

一是强调整体和深层结构，认为任何事物都是一个复杂整体，同时是另一个更繁琐更宏阔系统的组成部分，每个事物的性质都不能孤立地被理解，而只能还原到最初的系统关系网络中才能被认识。因此，结构主义要求研究存在于事物和部分之间的关系，而不是研究一个整体的单个要素。

二是强调共时性，即对系统内某一时间节点存在的各要素间以及各要素与整体间的关系进行研究，而忽视以历史为变量的系统研究。结构主义者认为事物的发展演变过程是次要的，事物某时某刻的内在结构才是主导的，"事物的内在结构是一个封闭的、自足的、处于时间之外的关系网络，因此，结构的演变不是一个时间上有连续性的发展过程，而是不同结构之间的相互转换或同一结构的不同的外在变体"②。这种排斥历史的倾向也使得结构主义明显地缺乏历史感。

结构主义自方法论而来，但又不仅仅是方法论，任何方法论都反映着对应的世界观。结构主义把世界万物都看成一种结构及其关系，而这种结构和

---

① 学者雅各布森［EB/OL］.（2011-03-28）［2015-01-10］. http://www.nnuiiss.com/ArticleShow.asp?ArticleID=105.

② 陈晓明，杨鹏. 结构主义与后结构主义在中国［M］. 北京：首都师范大学出版社，2011：59.

关系的形成是先验的、不受人类控制的，甚至可以表述为"一切社会现实最终可看成迄今未发觉的共同心理结构的相互作用"①。其逻辑链条是这样的：既然最初符号中能指和所指的关系是任意的，那么推广到一切符号体系，所有的文化制度归根结底都不具有天然的合理性，都只是人类的无意识投射于文化现象的产物。从某种程度上讲，结构主义是对存在主义的反动，存在主义把主体作用提升到极端的地步，否定了任何客观的存在。与之相反，结构主义疯狂地从哲学中心驱逐主体，即所谓的"主体移心化"。结构主义者认为，所谓自由独立个体的存在是完全虚妄的，人只是复杂的关系网络与系统结构中的一项，是由结构所决定的被动因子，自由的、完全的主体不过是近代以笛卡尔为肇始的哲学虚构的产物。

（二）意识形态国家机器与主体

阿尔都塞被称为结构主义的马克思主义者，不仅其对社会从经济基础到上层建筑的系统考察方法是结构主义式的，其诸多观点，如历史是个无主体过程、意识形态将个体传唤为主体等理论也深受结构主义影响。

在写于1969年的论文《意识形态和意识形态国家机器》中，阿尔都塞系统地阐释了自己对经典马克思主义中经济基础决定上层建筑和国家机器维持国家政权等论述的思考与补充，提出了著名的意识形态国家机器理论和重新定义的"主体"概念，也让我们窥见了他对大众文化的鲜明态度。

阿尔都塞指明了两种国家机器的区别，强制性国家机器只有一个，或者说有一套统一的组织和规制，大量并且首要地运用镇压（包括肉体镇压）来发挥作用；意识形态国家机器包括但不限于宗教的、教育的、法律的、政治的、工会的、传播机构的、文化的等，是统治阶级意识形态与其他意识形态阶级斗争的场所。②

阿尔都塞随即考察了前资本主义社会镇压性国家机器与意识形态国家机

---

① 库兹韦尔. 结构主义时代 [M]. 尹大贻, 译. 上海：上海译文出版社, 1988：5.
② 阿尔都塞. 意识形态和意识形态国家机器（研究笔记）[M] // 陈越. 哲学与政治：阿尔都塞读本. 长春：吉林人民出版社, 2003.

器的历史，并认为教会在那个时期是集宗教、教育、文化、传播等诸多功能于一身的超级意识形态机器，这也是为什么后来欧洲的资产阶级革命纷纷将矛头直指教会。现在虽然没有像教会那样功能集中的意识形态机构，但阿尔都塞还是对以学校为代表的教育意识形态国家机器对民众的控制表达了担忧。当然，他也没有忘记在现代社会中地位越来越突出且同样具备强大教化功能的传播和文化机构。

政治的机器使个人臣服于政治的国家意识形态，传播机器则利用出版物、广播和电视，每天用一定剂量向每个"公民"灌输民族主义、沙文主义、自由主义和道德主义等。文化的机器也是一样的（体育的沙文主义作用最为重要）。[1] 到这里，阿尔都塞对大众文化的态度也就比较清晰和完整了，大众文化无疑是统治阶级意识形态的良好载体，是重要武器，是教化民众、驯服工人、进行生产关系再生产的重要手段，也是阶级斗争的场所。

我们可以清晰地看到葛兰西霸权理论对阿尔都塞的影响和葛氏"市民社会"（对应意识形态国家机器）与"政治社会"（对应镇压性国家机器）的概念对他的启发。但阿尔都塞所做的不仅是将葛兰西原本零散的霸权理论系统化，而且开拓了更深刻的哲学维度，这种开拓从其对意识形态的分析开始。

意识形态的虚幻性与物质性始终交织在一起，虚幻性是意识形态的根本特征，物质性则使得意识形态得以嵌入社会物质实践而显得确有其物，因此意识形态国家机器以物质的形态体现，意识形态以物质化的形式行使。

在阿尔都塞进一步指出"没有不借助于意识形态并在意识形态中存在的实践"和"没有不借助于主体并为了这些主体而存在的意识形态"之后，他抛出了他的中心论点——意识形态把个人召唤为主体。

这里的主体已经不是主动积极意义上的个体那么简单，而是构成了所有意识形态的基本范畴，因为所有意识形态功能的实现都是通过把个人召唤为

---

[1] 阿尔都塞. 意识形态和意识形态国家机器（研究笔记）[M] // 陈越. 哲学与政治：阿尔都塞读本. 长春：吉林人民出版社，2003.

或者说改造为主体来实现的。阿尔都塞的结论是，真正意义上的主体从来都不是人自己，人只是绝对主体的镜像和反射，而这个绝对的主体是意识形态。阿尔都塞的结构主义倾向在他关于主体的论述中再次显露无遗，并且让我们真正认识了意识形态结构中被召唤主体概念的暧昧与矛盾。一方面，主体代表"一种自由的主体性，主动权的中心，自身行为的主人和责任人"，另一方面，主体又是"一个臣服的人，他服从于一个更高的权威，因而除了可以自由接受这种服从的地位之外，被剥夺了一切自由"[①]，甚至如果不是为了主体的臣服，主体从来不会存在。通过这一系列的理论构建，阿尔都塞论述了意识形态发挥作用的方式和意识形态国家机器实现功能的方式。绝大多数情况下，意识形态国家机器都是通过将个人召唤为自认为自由实际只有臣服能力的主体来承认现实、接受现状，从而实现生产关系的再生产，只有碰到某些不听话的主体，才会动用镇压性国家机器干预。

阿尔都塞的洞察揭开了意识形态隐蔽的运作方式，意识形态从来不会表明自己是意识形态，身处其中接受召唤的个体也难以察觉。大众文化作为上层建筑的重要组成部分，遵循着同样的运作规律，广播电视报纸杂志中充斥的民族主义、道德主义意识无时无刻不在召唤着个体的虔诚回应，电影与体育已融入生命的信念也在传播文化机器的鼓噪中为人所接受，在一场场仪式化的参与中变得不容置疑。大众文化中蕴含了太多绝对主体和太多召唤，大众置身于如此的意识形态结构之中，除了感激而欣喜的应声似乎别无选择。

（三）编码解码与霸权斗争

就在阿尔都塞写作《意识形态和意识形态国家机器》一书的1969年，霍尔开始担任伯明翰大学当代文化研究中心主任一职，以此为起点，霍尔汲取葛兰西霸权理论和阿尔都塞意识形态理论资源，运用符号学和结构主义的方法对文化产品的内容生产与受众接受做了开创性研究，对社会权力的运作方

[①] 阿尔都塞. 意识形态和意识形态国家机器（研究笔记）[M]//陈越. 哲学与政治：阿尔都塞读本. 长春：吉林人民出版社，2003.

式进行了深入探讨。如果说阿尔都塞从哲学的宏观角度阐明了自己结构主义的大众文化观，霍尔则从实践的微观层面给出了自己的思考

在1973年发表的《电视话语中的编码与解码》一文中，霍尔借用符号学的术语提出了著名的编码/解码理论。该理论从马克思主义的政治经济学理论出发，详细阐述了意识形态如何渗入电视文本的编码过程，而受众又以什么样的解码方式理解电视文本，从而提出了霸权的、协商的、对抗的三种解码方式。随后，霍尔在《文化、传媒与"意识形态效果"》《"意识形态"的再发现——在媒介研究中受抑制后的重返》等多篇文章中对大众文化的意识形态功能展开了进一步分析。

霍尔的编码/解码理论是对大众传媒生产、传播、受众接受方式的综合考察。通过这种分析，霍尔否定了线性传播模式，认为生产、流通、分配/消费等各个环节共同构成了一个"主导的复杂结构"，霍尔力图指出的是，所有这些关于传播的实践活动都处于一定的控制之下，并按照某种特殊的规律运行。霍尔以电视文本的制作和受众的意义生产，即编码和解码两个环节作为重点进行了论述。

霍尔认为，在电视文本制作过程中，制作人员不可避免地会把广播机构和自身的意识形态、思想观念融入节目制作。为了表明这种融入，霍尔提出了代码的概念。代码是指"解读符号和话语之前预设的，已经存在于加工者脑海中，就像作为语言代码的语法，被看成自觉自然的过程"[1]。这里霍尔吸收了索绪尔结构主义语言学的资源，即能指与所指的组合是约定俗成的却不是必然的，回溯到能指与所指被绑定之初，他们的关系是任意的，不同社会群体可能对于一个符号有不同的约定俗成的契约，"传播行为依赖（生产商和受众）对语言和文化的共同理解。电视文本体现了生产商和受众之间话语的共享语言领域"[2]，这种共享的语言领域就依赖代码的运作：现实存在于语言之外，但又不断由语言或通过语言表达。我们所知所言必须由话语或通过话

---

[1] 陆扬，王毅. 大众文化与传媒 [M]. 上海：上海三联书店，2000：69.
[2] HELEN D. Understanding Stuart Hall [M]. London and Thousand Oaks: Sage Publications, 2004：63.

语产生。各类"知识"不仅产生于真实语言的清晰表现，而且是语言对真实关系和条件的表达。因此，没有代码的运作，就没有明白易懂的话语。①

更直白一些，代码无非就是文本生产者与观众共同接受或生产者意图观众接受的意识形态。除此之外，电视文本符号化的过程中还受到媒体日常程序、技术技巧、职业观念、制度知识、定义和设想等诸多因素的影响。这一切综合因素的结果是，生产者编码出了一个蕴含"支配性文化秩序"的文本，而这个文本恰恰是受众进行解读和理解的基础。

同其他伯明翰学派学者一样，霍尔看到并承认受众解码的自主权利和能动作用，承认受众可以对文化产品创造出属于自己的意义，因此提出了霸权的、协商的、对抗的三种解码模式。霸权模式下，受众采用和生产者共同的符号进行解码，并且受众完全接受生产者蕴含在文本中的意义；协商模式下，受众基本认同文本中总体的意义表述，但在一些具体的层次上又背离文本生产者的意图，从而产生一种混合的意义效果；对抗模式下，受众完全理解文本的意义和生产者的企图，但却以一种完全相反的方式去解码信息。

在肯定受众解码权利的同时，霍尔也反对过分强调受众解码的自由性，因为经过编码的文本始终是预设了一种最合适的解读方向，"一套占有优先权的价值、信仰、礼节、制度上的程序（游戏规则）"，这些具有优先权的规则已经先入为主地为文本赋予了一定的意义。②

此外，意识形态的凝聚力深深嵌入媒介话语结构，受众的解码本身就是受到规制的。霍尔进一步提出媒介并不是反映（reflection）现实而是表征（representation）现实，媒体对信息的选择、强调和表达不是反射现实而是构造了现实。其实，媒体环境如此广泛而深刻地影响受众的认知和思考，甚至连受众进行对抗性解读的资源和灵感、对抗的思维和能力都需要从媒介中获取，过分地期待受众用从媒介中获得的常识与思想来对抗媒介的想法并不明智。

---

① HALL S. Culture, media, language [M]. London: Hutchinson, 1980: 131.
② 霍尔."意识形态"的再发现：在媒介研究中受抑制后的重返[M]//蒋原伦，张柠.媒介批评第一辑.桂林：广西师范大学出版社，2005：178-179.

媒体信息从根本上表征一种对世界的独特看法和建构被以如此方式加以组织。这些信息通常被用主导性或协商性符码来处理，它们可能会在细节方面而不是整体上受到挑战。那么，就存在一个对世界的霸权性的理解和表征，它有利于有权势的全体，并且作为常识的一种形式，被大多数人共享。[1]

霍尔将一系列的媒体实践和生产都视为象征行为，通过符号的意指过程，将一套体现社会秩序的意义、惯例和信仰，以及对社会结构、权力制度等的常识性了解通通嵌入媒介文本生产，因此，"文本中意义的倾向性就是意识形态权力的构成形态。媒体对整个意识形态环境进行了塑造"[2]。

同葛兰西与阿尔都塞一样，霍尔也强调了意识形态运作的隐蔽性，一种新型的令人愉悦的统治和管制方式是大众传媒通过写实的手法、自然的方式表征世界、界定常识、生产舆论、制造共识。共识的形成过程就是意识形态发挥作用的过程——我跟你是一样的，想得一样、说得一样、吃得一样、唱得一样，总之我们有共同的政治认识、思维方式和文化习惯，我们是一家人，不分彼此。意识形态就是以这种"合乎语法"的、为受众所主动接受的共识的面貌出现，从而实现意识形态对现实的编码。统治阶层通过大众文化隐蔽地释放有利于自己的观念意识，民众也许会经历一番下意识的斗争抵抗，但最终大多会在心甘情愿的同意中完成意识形态的教化全程，实现统治阶级隐蔽的霸权领导。在这一点上，霍尔与阿尔都塞的意识形态将个人召唤为心甘情愿的臣服主体殊途同归。

葛兰西曾提到市民社会是霸权斗争的场所，各个阶级在文化阵线上展开对意识形态领导权的争夺。霍尔的理论既包含文本的意识形态控制，又包含受众一定程度的能动解读，体现出了其对大众文化作为阶级斗争场所观点的暗合。大众文化无时无刻不在进行着文本意识形态与受众意义生产、强势集团与弱势集团的争斗，只不过霍尔倾向于认为两者实力对比悬殊，弱势集团

---

[1] 鲍尔德温，朗赫斯特，麦克拉肯，等.文化研究导论[M].陶东风，和磊，王瑾，等译.北京：高等教育出版社，2004：92.
[2] 位迎苏.伯明翰学派的受众理论研究[M].北京：中国传媒大学出版社，2011：122.

的意义斗争最终难以抵抗意识形态潜移默化的影响和操控，无法从根本上动摇统治阶层的霸权地位。

五、意义的狂欢——民粹主义的大众文化观

霍尔的解码理论已然是对于受众能动作用开创性、系统性的发掘，但费斯克并不满足于此，对于霍尔认为大众文化文本中意识形态性最终会占据上风的"悲观"结论，乐观的费斯克显然有很多话要说。

费斯克出生于英国，在剑桥度过大学生涯，毕业后相继在澳大利亚、美国的高校任教，遍览欧洲、北美洲文化。虽然未曾在当代文化研究中心工作，但费斯克始终同伯明翰学派保持密切联系，并且在学术思想上将伯明翰学派重视受众能动作用的倾向推向了极致。

出版于1989年的《理解大众文化》集中反映了费斯克的大众文化观念。费斯克区分了有关电视的两种经济：金融经济和文化经济。金融经济的链条有两条，一条是节目制作商生产出来的节目被卖给播出平台；另一条也就是广为流传的二次售卖链条，节目生产出来的观众被卖给广告商。在文化经济中，观众在收看节目时生产的意义和快感被观众自己消费。金融经济中流通的是财富和金钱，而文化经济中流通的是意义和快感。在金融经济中，节目生产出的观众被作为商品出售，是经济体系得以运行的重要因素，但始终是被支配的对象，广告商才是主宰者。而在从金融经济向文化经济的转换中，观众获得了空前的自由和活力，由被动的商品转化为积极的生产者和消费者，在文化经济中占据主体地位，既是消费者又是生产者，可以利用大众文化，在躲避和冒犯主流权威中获得快感，形成一种解构现实秩序的革命力量。

受众在金融经济中（受支配）地位的直接标志在文化经济中已经不复存在，从而把他们从金融经济的限制中解放了出来——在文化经济中的出售/消费点上，没有货币的交换，在付出的价格与消费的数量之间没有直接的关

系，人们想消费多少都可以，想消费什么都可以，无须受购买力的限制。①

文化经济中大众在意义生产与消费领域不受限制的创造力让费斯克对大众文化充满乐观，强调文本的多义性、受众的主体性和抵抗性。而对于那个无法回避的，从阿多诺到霍尔一直在担忧的，大众文化的意识形态控制问题，费斯克没有否认，但他坚持认为意识形态对于大众的影响力十分有限。从他后面的论述来看，"有限"这个词实在是拔高了意识形态在费斯克理论体系中的实际地位。

受众的创造力首先来自文本的多义性。费斯克区分了三种层次上的"文本"含义，第一个层次的电视文本只是屏幕上的信号、电波；第二个层次的文本是指以各种形式来写电视，包括对电视节目的述评、推介、招贴画、明星传记等；第三个层次的文本是人们对电视节目的认识和解读。费斯克因此得出结论，制作公司只能完成第一、第二层次的文本，第三层次的文本则要有受众参与才能完成。制作者将要向受众推销的意义隐匿在第一、第二层次文本中，并试图关闭其他可能的意义解读，但受众可以根据自己的经验与知识解读出属于自己的意义，按照自己的意愿完成对电视第三层次文本的构建。费斯克称这种张力为电视文本"闭合力"与"开放力"之间的矛盾，在这场关于意义的斗争中，观众永远不会任人摆布地完全按照生产者的企图创造意义。

费斯克借鉴罗兰·巴尔特"作者式文本"与"读者式文本"的区分，提出了"生产者式文本"的概念。生产者式文本是一种开放式文本，是可以被激活的：文本被视作意义的储藏物，它可以被多种方式激活。当然，潜藏的意义是受限制的，因而既不是无限的也非无拘无束的，与其说文本确定了它的意义，不如说它为这种意义的争夺划定了一个竞赛区域，这种划分的标志是这样一个领域，即不同的解读可以相互协商的领地。②

费斯克还强调了生产者式文本的参与性，即生产者式文本要求主体参与

---

① 费斯克.电视文化[M].祁阿红，张鲲，译.北京：商务印书馆，2005：451.
② 费斯克.英国文化研究和电视[M]//罗伯特.重组话语频道.麦永雄，柏敬泽，等译.北京：中国社会科学出版社，2000：307.

到文本中生产属于主体自己的意义，而且只有受众个性化地参与后，文本才算最终完成，而受众的创造性正体现在这里。如果连文本都是受众参与创造的，那么还有什么理由否定受众创造意义获得快感的能力呢？

受众创造力其次源于其各不相同的社会主体性。费斯克这里所言的主体与阿尔都塞的意识形态将个体召唤为主体的主体概念有相似之处却又完全不同。费斯克认为主体是相对于个体而言的一个概念，个体从根本意义上属于生物学意义的范畴，而当个体处于各种社会关系之中时就具有了主体性，并进一步提出了社会主体与文本主体的区分，社会主体指的是"存在于特定的社会结构（阶级、性别、年龄、宗教等的混合）之中，是由复杂的文化历史组成的"①，文本主体只在阅读文本时存在。或者可以这样理解，社会主体是受众阅读文本前本身已经具备的主体特性，包括人口统计学指标、社会经历、知识结构、文化背景等，而文本主体是文本意义企图在受众身上构建的主体。在受众阅读文本的过程中，两种主体极易产生冲突和交锋，费斯克毅然站在了社会主体一边，他认为受众首先是社会主体，其次才是文本主体，对电视文本的解读主要依赖于受众的社会背景和社会环境而不是文本蕴含的意义本身。

解读电视文本是对现存主体位置与文本提出的位置之间进行协调的过程，在这种协调中，力量的均衡取决于读者。不是读者的主体性服从于文本的意识形态力量，而是文本中发现的意义朝着读者的主体位置偏移。②

费斯克认为电视文本的意义随受众不同的社会主体性而产生不同解读，并以影视剧为例指出，《豪门恩怨》(*Dallas*) 可以是追求名利的快乐，也可以是对资本主义的批判，《第一滴血》(*Rambo*) 可以是对文明社会的嘲讽，也可以是对友谊的歌颂。因此，受众是生产意义中绝对不可忽视的一环，受众的社会主体性决定了受众会产生不同类型的意义解读。

受众创造力最后源自受众的抵抗性。在这一部分，费斯克对法兰克福学

---

① 费斯克.电视文化 [M].祁阿红，张鲲，译.北京：商务印书馆，2005：87.
② 费斯克.电视文化 [M].祁阿红，张鲲，译.北京：商务印书馆，2005：92.

派等悲观理论作出了正面回应，并在对比中阐明了他的大众文化观：悲观学派把大众文化放置在权力模式中，强调了文化工业对大众的"宰制的力量"，从而提出了一种强加在弱者身上的群众文化。因此，文化工业产生了一批"静态的、消极的"人。这些人形成"原子化个体的聚结"，没有阶级意识和社会关系意识，因而"无力且无助"。费斯克进一步指出，大众文化不是强加到大众身上的，而是一个真正的斗争场所，是自下而上由大众在斗争中创造的文化。大众是动态的、积极的、充满创造力的。大众不是与主流文化发生正面冲突，而是采用各种游击战术，借以规避、对付、抵抗文化工业中的"宰制力量"，从而创造出属于自己的大众文化。[①]

费斯克充分吸收了福柯（Michel Foucault）的权力理论、德塞都（de Certeau）的抵制理论和巴赫金的狂欢理论等资源，认为大众文化是一块大众拒绝放弃给帝国主义的领地，因此大众通过有意识地规避主流意识形态、采取抵抗性解读等手段，冒犯主流和权威，产生快感，如流浪汉观看电影时可以为警察局被毁而欢呼。冒犯只是快感来源之一，大众还在以自我为主体的意义生产中获得快感，这种意义的生产一般也是抵抗式的，并以学校中的孩子观看女子监狱肥皂剧《囚犯》时所生产出的自己如同囚犯一般被关在学校的意义为例，说明了这一点。

文化经济中受众是自由而有创造力的主体，因为文本的多义性、受众的主体性、受众的抵抗性。潜藏在文化产品中的意识形态可以被大众通过躲避与多样化解读等战术最大限度地抵消，大众文化因此也就不再是播散统治意识形态的傀儡，而成了弱势阶层自下而上斗争的有力武器。费斯克的理论因为对受众自由、文本多义和受众抵抗的过分强调而备受质疑，英国学者吉姆.麦克桂根（Jim McGuigan）直接称费斯克是一个"不加批判的文化民粹主义"的典型代表[②]。

---

① 费斯克.理解大众文化[M].王晓珏，宋伟杰，译.北京：中央编译出版社，2006：20-21.
② 麦克桂根.文化民粹主义[M].桂万先，译.南京：南京大学出版社，2001：70-86.

六、实证与批判——大众传播观与大众文化观的交织演变

简单而粗疏地回顾西方大众文化观的发展史之后，我们会发现在利维斯、阿多诺、威廉斯、阿尔都塞、霍尔、费斯克的思想演变过程中，隐约可以看到与美国经验学派大众传播观应和的轨迹。

众所周知，美国行为主义的大众传播研究以对传播效果的评价为变量大致可分为魔弹论（皮下注射）时期，弱效果论（有限效果论）时期适度效果论时期和强效果论时期。

魔弹论的社会背景源于第一次世界大战期间的战争宣传实践，希特勒利用广播、报纸等大众传媒教化纳粹思想、鼓动战争狂热。最早对大众传播效果的研究正是始于对宣传效果的关注，因此认为大众传播具有骇人的传播力量并不奇怪，人们也普遍接受了一种笼统含混但又深信不疑的魔力大众传播观——大众传媒的受众在阅听之后如同中弹的靶子一样应声而倒，态度和行为马上发生转变。

揭去大众传播魔幻面纱的是20世纪40年代末的"伊里调查"。拉扎斯菲尔德等人以雄辩的数据证明大众传播在影响、改变人们的态度方面远没有传说中那么强大。两级传播理论、选择性理论都表明在大众传媒与个人之间存在着群体性阻隔和诸多心理过滤机制，受众可以自主地选择接受和过滤信息的同时被固有的群体观念和文化影响。由此对大众传播效果的评价降到一个很低的程度。

20世纪60到70年代，以议程设置理论为代表的研究成果使得人们重新认识到大众传播较为强大的传播效果，大众传播可能无法决定人们怎么想，却可以轻而易举地决定人们想什么。这个时期的主流意见认为大众传播不会像魔弹那样产生直接的、立竿见影的效果，但也不是像有限效果论主张的那么无能，大众传播具有不可忽视的影响，这种影响更多地应该从宏观上和长期上来衡量。

1973年，伊丽莎白·诺尔-纽曼（Elisabeth Noelle-Neumann）以一篇

《重归大众传播的强力观》宣告了强效果论的回归,沉默的螺旋理论再次提醒人们大众传播的基础性作用。与此同时,美国学者的"伟大的美国价值观测验"(the great American value test)似乎也重新证明了大众传播不可低估的力量,推动了大众传播回归强效果的趋势。应当指出的是,这种强力的回归并不是回归到魔弹论时期狂热的恐惧,而是一种理性的回归,指出了大众传播的强大效果依然要通过间接的、复杂的、宏观的、长期的过程来体现。

大众传播实际的发展过程远比这个总结要丰富得多,并且仍在进行之中。我们做这个非常简化甚至有过度概括嫌疑的大众传播观的演变展示,不仅是为了说明大众传播观与大众文化观紧密相连甚至是部分重合的关系,也是为了看清学术思想往往要在时代的洗练中、在历史的多重反复之中迤逦向前。在这一点上,大众文化观与大众传播观具有相似性,因为它们有一个共变量——受众观(大众观)。大众传播观的发展表面上是效果的反复,本质上是受众观的反复;大众文化观的演变表面上是各种不同的文化观念互不相让,实际在某种程度上依然是对大众认识的纠缠。利维斯和法兰克福学派认为大众是原子化个体,对大众文化产品无力抵御和批判,所以才有利维斯精英主义的不屑混杂着担忧,和法兰克福学派对大众被整合的痛心疾首;威廉斯认为文化包含生活方式,并认为大众具有能动力量,所以才有早期伯明翰学派的乐观;阿尔都塞认为大众是意识形态结构中被召唤的个体,除了服从难有自由,所以才有其凝聚结构主义思考的文化认知;费斯克眼中的大众具有强大创造力和抵抗力,所以才敢于宣称大众文化是大众自下而上的斗争武器。大众文化观一直在对大众认识的不断反复中开拓自己的思想进路,并且直到现在都远未到达终点,因为对于受众在意识形态中的能力认识依然存在根本性分歧。

其实除却利维斯主义不谈,大众文化观与大众传播观的各自发展代表了两种研究路径的选择。大众文化观代表的是欧洲的哲学批判传统,主张通过定性方法从宏观角度对资本主义社会传播和文化体制进行分析研究。大众传播观代表的是美国的实证主义传统,重视定量方法,通过对微观现象的观察总结对大众传播效果进行具体的测量和研究。霍尔就曾指出"欧洲方法是历史的、哲学的清理和推断，给出一套丰富的但是过度概括的假设。美国方法则是经验主义的、行为学的、自然科学的"①。

不同的研究方法，基本相同的研究对象，成就了多元繁荣的大众文化与大众传播研究。文化的角度与传播的角度看似互不相干，实际上在许多方面有勾连相通之处，甚至在历史的很多时期都是应和的。利维斯主义认为大众是原子化个体与魔弹论中把受众视为靶子，法兰克福学派倾向大众群氓本质与传播学中的受众盲从研究，伯明翰学派的受众解码权利与传播学语境中的选择性理解，霍尔的媒介是现实表征的判断与传播学研究中的框架理论，费斯克大众生产快感的表述与传播学中的使用与满足研究，等等，都有惊人的契合度，不乏呼应与相似。所以，不管是从文化角度的切入还是从传播角度的开掘，不管是欧洲的批判哲学传统还是美国的实证主义方法，之所以产生殊途同归的效果，是因为他们不仅面对的是同一研究对象，而且即使有些短时段的错位，对于漫长的历史而言，也必然体现出共同历史阶段的共同社会生活与时代精神。当然，比殊途同归更加重要的是殊途不同归，即不同方法、不同维度切入带来的不同领域的思考有助于我们对社会规律更加客观全面地把握，这是从单一视角观察事物所无法做到的多维，也是批判与实证无法取代对方的原因。很多时候，对真理的追寻需要多种角度的尝试，媒介文化与媒介传播相生相伴、彼此互补才成就了一个完满的思想之圆。

---

① 霍尔."意识形态"的再发现：在媒介研究中受抑制后的重返［M］//蒋原伦，张柠.媒介批评第一辑.桂林：广西师范大学出版社，2005：172.

媒介・生活・艺术・异化*

一、媒介改变生活

当我第一次无意间尝试 MSN 时,与 162 年前电报机发明者塞缪尔·莫尔斯感受到了完全相同的震惊——"上帝,你究竟创造了什么!"也许正是传播媒介与生活方式之间的历史呼应,使得人类生活永远激荡着盎然的情趣。

(一)铁路也是媒介

童年的哈尔滨是物资匮乏的地区,大米和面粉的限量供应,使那个时代的东北有"粗粮""细粮"之分。为了让正在长身体的孩子们能多吃几口"细粮",我父母经常求人从上海捎来富强面粉,每次也都会顺便捎来一袋"大白兔奶糖"。当然,那时我真正关心的并不是58次列车带来的"细粮",而是"大白兔奶糖"。

58次列车带来了"大白兔奶糖",更带给远在边疆城市的少年对另一个城市另一种生活的想象和憧憬。高中毕业我来到北京上大学,身边骤然聚集了来自全国各地的吃各种特产长大的女孩,但也许是童年的"大白兔奶糖"的

---

* 本文原载于刘宏主编《电视学(第二辑)》(中国传媒大学出版社 2008 年版),收入本书时略有删改。
① 马尔库塞的所谓"消费控制力",就是通过在需要的层面对人进行再结构,制造并强加给人们一种"虚假的需要",以不断唤起人们对物的欲望,并承诺对物的追逐将给人们带来真正的幸福,进而实现社会控制。

"消费控制"①蕴含了太多的信息和想象,我只对吃"大白兔奶糖"长大的上海女孩情有独钟,把初恋义无反顾地交给了一个上海女孩。

鲍德里亚说:"铁路带来的'信息',并非它运送的煤炭或旅客,而是一种世界观、一种新的结合状态。"①麦克卢汉说,铁路创造了"新型的城市、新型的工作、新型的闲暇"②,也即一种新型的生活。库利也认为,铁路是一种媒介,一种重要的传播手段,是"人与人关系赖以成立和发展的机制","铁路交通是人和物的流通,这种流通也必然伴随着人与人的交往或以物为中介的精神交流和社会互动关系"③。的确,"每一种形式的运输都不只是简单的搬运"④,也许我对世界的懵懵懂懂就始于当年的58次列车和它带给我的"大白兔奶糖"。从这个意义上说,"58次列车"和"大白兔奶糖"就是我认知世界的最早的媒介。

(二) 媒介与拜年

节日为人与人之间交流情感提供了重要契机,比如我们中国人春节拜年的习俗。回想一下吧,当年的拜年大潮虽然使每一个家庭都或忙于接待一批又一批的亲朋好友,或疲于奔走于同事邻里之间,但各种关系各种感觉却被照顾得很周到,友好的信息在这一特殊时刻得到了集中而广泛的传播。当然,并非每个宾客盈门的家庭都有多好的人缘,或都是达官显贵,这之中有着多方面的民俗、社会、历史、文化原因,诸多原因中最重要的一个就是,那个年月中国人传播新春问候的方式只能是面对面的口口相传,而彼时的拜年无疑是面对面人际传播的鼎盛形态,既是"镜中我""社会我"清晰明朗的重要时刻,也是民俗文化得以传承的一种方式。

电话的普及终结了春节里中国人轰轰烈烈奔走于大街小巷去拜年的景观,手机的普及又终结了大年初一电话铃声此起彼伏、刚端起饭碗铃声就响的景

---

① 鲍德里亚.消费社会[M].刘成富,全志钢,译.南京:南京大学出版社,2000:132.
② 麦克卢汉.理解媒介[M].何道宽,译.北京:商务印书馆,2000:34.
③ 郭庆光.传播学教程[M].北京:中国人民大学出版社,1999:2.
④ 麦克卢汉.理解媒介[M].何道宽,译.北京:商务印书馆,2000:127.

象。然而，新媒介①对生活的改变是把双刃剑。一方面，当年，电话这种新的媒介使人们摆脱了春节里大包小裹走亲访友的麻烦，今天，手机这种新的媒介使疲惫的后现代人获得了更为便捷也更为低成本的问候方式；另一方面，当节日问候的短信不是一对一的传播，不是个性化的交流，而是内容一样的一对多的"组发""群发"，轻松便捷的信息传递方式也就蜕变成了搪塞情感交流的绝佳手段，手机短信也不过就是应付了事。"媒介塑造和控制人类交往和行动的规模和形式。"②

当年穿着崭新的咔叽布中山装、一拨一拨结伴而行、奔走在拜年路上的广大中国人也许是在给亲戚、给朋友、给同事、给邻居，或者给自己过年，而今天，似乎是手持移动电话忙于转发短信的国人们在给这种媒介的真正拥有者——电信业巨头过年。媒介的演变不仅轻而易举地改变了生活方式，而且改变了生活的主角。

（三）媒介与距离

其实，名目繁多的节日都有这样一个共同的目的——让忙忙碌碌的现代人有更多的机会在一起，让在实际空间和情感空间中都已经彼此疏远的当代人走得近些。媒介本来是消灭距离的中介，但随着社会的发展，人们之间的距离不是越来越近，而是越来越远：在地铁轻轨纵横交错的现代城市，在塞满私人轿车的国际大都会，人们早已不聚在茶馆里听评书，而是缩在家里看电视，甚至一家三口每个人躺在各自的房间里看"自己的"电视。媒介原初的意义就是征服距离，传递信息，而大众媒介的高速发展使人与人之间不是更接近，而是更疏远：多年前，作为新媒介的新型交通工具的出现本来拉近了人与人之间的现实距离——火车飞机等缩小了空间，然而多年后，比超音速飞机更快的媒介——传真、电话、电视、互联网等的远距离快速传输，却

---

① 本文中所谓新媒介，并非特指某一种或某几种媒介，而是一个相对的概念，是在上下文的语境中指相对于传统媒介的新的媒介。
② 埃里克·麦克卢汉，秦格龙.麦克卢汉精粹[M].何道宽，译.南京：南京大学出版社，2000：310.

使我们进入了大众离散社会。在这样的社会中，人与人之间的实际距离被拉近了——机票打折火车提速，但在新媒介的庇护下，心与心的距离却增加了——一首用于节日问候的打油诗被千万只手机转发来，同时被千万颗不能被打动的心不动声色地迅速转发去，轻触按键之际，心灵早已不如手指那般敏捷。科技在帮助我们超越时空、降低成本、获得一种更为便捷的信息传递方式、创造一种意蕴的同时，也在摧毁着生活中的另一种意蕴（本雅明所谓的 AURA）。当那些顺口溜式的问候语被众多手机不厌其烦地转发的时候，心与心的距离也就在成百上千次的转发中被拉大了。拇指移动的瞬间，删除和转发都那么不厌其烦，但也完全可能不耐其烦。这时，我们突然意识到，手机短信解放了传统节日里疲于拜年的双腿，却宰制着一颗颗濒于麻木的心灵，而媒介正好为心灵戴上了一层面具。

（四）媒介也能使爱情延伸吗？

麦克卢汉认为"媒介是人的延伸"，机械媒介是人体个别器官的延伸，如文字和印刷媒介是人的视觉功能的延伸，广播是人的听觉功能的延伸，电子媒介是人的中枢神经系统的延伸，"一切技术都是肉体和神经系统增加力量和速度的延伸"[①]。麦氏的学说使我们意识到，作为人造客体的一代代媒介的不断出现，延伸了人的视觉、听觉、触觉乃至中枢神经系统的感官统合。那么，媒介是否也能使人类最美妙的爱情绽放出更为绚丽芬芳的花朵呢？

媒介的嬗变引发了新的恋爱方式，当代人已经开始大量地用手机短信、网络 MSN 等种种新的传播方式谈情说爱。新媒介为爱情的表达提供了诸多便利：通过这种传播方式，人们面对面时不方便说的话、电话中不好意思表达的感情，完全可以毫无顾忌地通过手机短信或者 MSN 传递出来；通过这种传播方式，情感的传递更加及时——手指灵活飞舞之际便获得一种"天涯若比邻"的感觉，不再有等待鸿雁传书时的焦虑；通过这种传播方式，情感的传递能得到即时的反馈，反馈又必然对之后的传播产生新的刺激。然而，新的

---

① 麦克卢汉. 理解媒介 [M]. 何道宽, 译. 北京：商务印书馆, 2000：127.

传播方式在使情感的传递更加轻松便捷的同时，也使原本正襟危坐的交流方式突然改变了路径——新媒介无疑也为那种肆无忌惮的交流方式提供了可能，使鸿雁传书式爱情的神圣感荡然无存，不再有"雁字回时，月满西楼"的牵魂动魄；手机短信的便捷同时注定了这种媒介对情感的描绘和呈现方式难以酣畅淋漓；当我们在互联网上以最快的速度接受，又以最快的速度忘却时，网络速成的爱情同样令人怀疑能否刻骨铭心。我们可以用短信嘘寒问暖，但很难想象以洋洋万言的书信打情骂俏——不同媒介承载的文化内容有着本质的区别，书信的珍贵与深刻也许正缘于人们等待中的焦灼——它的偏倚时间的传播特性。

从结绳记事、岩壁绘画到手机短信拜年，人类表达情感的方式获得了极大的飞跃，然而，我们必须思考，媒介的嬗变、新媒介的不断产生、新的信息传递方式的出现，在终结了传统、烦琐、面对面的问候方式和交往方式的同时，是否也会改变人与人之间深层的情感？在新的表达方式的掩盖下，人类情感的交流会不会由此变得只流于形式（如组发、群发的短信）？人类的情感是由此变得更加深沉了还是越发浮泛了（如永远播不完的青春偶像剧）？是更专注了还是不再可靠了（如虚拟的网络感情）？新媒介的不断出现，在为人类带来各种便利的同时，对人类的心灵空间情感圣地又会产生怎样的冲击？

（五）媒介改变生活方式

如上所述，媒介引发了新的世界观，媒介导致了拜年方式的改变，媒介缩短了空间距离加大了心理距离，媒介忽略了偏倚时间的忠贞不渝式爱情而使其获得了偏倚空间的新特性——即时传递的网络爱情短信爱情……总之，媒介改变了我们的生活。

移动电话带给生活的某些新功用，激发了作为小说家的刘震云捕捉生活的敏锐，但艺术家并没有意识到，他以一部艺术作品巧妙地反映了新媒介带给人类生活改变的传播学意义，电影《手机》没有也不需要展示手机这种多媒体的另一个可以使信息变得更为隐蔽的功能——短信，而现实生活却无时无刻不在经历着这种信息交流的独特性!通过手机这个多媒体的不同功能,短信与通话让我们感受着完全不同的交往方式。在这里,文字和有声语言的选择各有各的"韵味",内含着不同的捉摸不定。刘震云的敏感虽然不乏艺术的深刻,但对媒介改变生活的揭示不过是一个侧面。

十几年前,我们咬牙掏出相当于几年收入的5000元钱安装一部电话,足可见彼时我们对通过电话与人交往的渴望;今天,我们又以高昂的价格购买一种可以逃避许多电话打扰的隐形手机。从这之中的变化可以感受到,我们一直在费心费力地追求着一种与人交往的方式、一种通过媒介与社会发生联系的方式、一种生活方式。新的媒介通过改变传播模式、改变人与人的交流方式,改变了人类的生活乃至人的本体性存在。

媒介不仅正在介入融入我们的生活,而且正在改变甚至主导我们的生活。一方面,当我们享受着媒介带给我们的种种便利好处时,又不得不担心我们的下一代会把手机、电话、电视、网络、MP4等媒介所营造的信息环境视同窗外的绿树鲜花,是与生俱来的自然的一部分[1],正如麦克卢汉所言:"新媒介不是人与自然的桥梁,它们就是自然。"[2] 另一方面,当我们把媒介利用到极致时,又担心自然的绿树鲜花乃媒介所为。[3] 由此,自然和媒介就都成了我们忧虑之物,因为我们的生活由于过度媒介化,由于信息环境的过度操控,而远离了现实和真正的自然。

---

[1] 让·鲍德里亚在《消费社会》一书的开篇写道:"今天,在我们的周围,存在着一种由不断增长的物、服务和物质财富所构成的惊人的消费和丰富现象。它构成了人类自然环境中的一种根本变化。……我们生活在物的时代:我是说,我们根据它们的节奏和不断替代的现实而生活着。在以往所有的文明中,能够在一代一代人之后存在下来的是物,是经久不衰的工具或建筑物,而今天,看到物的产生、完善和消亡的却是我们自己。"所谓"构成了人类自然环境中的一种根本变化",表达了鲍德里亚的担心:面对当代社会丰盈的物和无处不有的服务,人们难免会想当然地欣然接受,麻木进而丧失思考和批判;而新媒介的层出不穷正是这种"变化"中的典型。
[2] 埃里克·麦克卢汉,秦格龙.麦克卢汉精粹[M].何道宽,译.南京:南京大学出版社,2000:310.
[3] 南帆在《双重视域》一书的开篇也表示了同样的担忧。

二、媒介改变艺术

每一种新媒介的出现，每一种新的传播与接受方式的出现，都丰富了艺术得以呈现的形式，进而引发了艺术本体的变革，即艺术的媒介呈现方式使艺术本身发生了改变。这是因为艺术的表现及其价值在某种意义上往往取决于其被承载的媒介：钟鼎文的价值不仅是因为这些文字记载了殷周秦汉时期的文化，更是因为这些文字是被铸造在两千多年前的青铜器上；甲骨文的价值在于它保存了史前文化，但更在于使保存流传得以实现的媒介是不易获取的甲骨。关注传播媒介与艺术形态演变之间的历史呼应提出了艺术研究的一个新视角——传播学视角。

（一）媒介既是艺术的形式也是艺术的内容

首先，媒介与它所承载的艺术的形式密切相关。媒介工具形式决定着艺术的呈现方式，而艺术的呈现方式又深刻地影响着艺术的形式，是艺术形式的重要组成部分。因此，媒介对艺术形式的意义举足轻重，甚至可以说，媒介决定着艺术形式，媒介即形式。如此，媒介不同，艺术的表现形式就会不同。不同媒介有着不同的恒定联系的抽象系统，即不同的符号系统。媒介不同，恒定联系的抽象系统不同，即符号系统不同；符号系统不同，信息则不同。例如，小说和电视剧这两种相关相近的艺术形式就有着两种截然不同的恒定联系的抽象系统，有着两种相去甚远的符号系统——印刷媒介的文字符号和电视媒介的画面符号。即使是有着相同故事情节、人物命运乃至细节（如小说和据其改编的电视剧），媒介不同导致的符号系统不同也决定了二者艺术形式的不同。同样是曹雪芹虚构的一个故事，小说《红楼梦》和电视剧《红楼梦》的艺术形式、对受众的影响力、传播效果截然不同。所以，不能脱离媒介工具形式而单纯考察艺术形式，否则电视剧艺术就成为小说艺术的一个简单的延续，而忽略了二者各自独特的媒介特性及其引发的创作、传播、接受过程。

其次，媒介深刻地影响甚至改变着艺术的内容（讯息）。正如麦克卢汉断言"媒介即讯息"。所谓的"媒介即讯息"，其含义是：不仅媒介承载的内容是讯息，决定内容呈现方式的媒介本身也是讯息的重要组成部分，甚至是讯息（内容）的决定性因素——因为它决定着内容如何被传播与被接受，也即媒介决定着内容。换个角度说，内容（讯息）本身只具有势能，势能要通过接受才能转化为动能，也即只有被接受的内容才是有意义的讯息，而决定如何被接受的重要因素之一就是媒介，什么样的媒介引发什么样的被传播与被接受。这与洛特曼的思想遥相呼应；洛特曼认为，不仅语言承载着内容，结构也潜在地承载着内容，结构即讯息（内容）。媒介首先是形式，形式与结构密不可分，根据洛特曼的观点，结构承载内容，那么媒介也是内容的组成部分，甚至决定着内容。媒介不仅是讯息的"容器"，也是内容之所以自我生成的根本原因。所以说，媒介不仅是形式，也是内容（讯息本身）。总而言之，媒介传情达意的特定方式不仅决定着内容呈现方式（形式），也决定着内容本身。

旧金山大学校长早川博士的论文《媒介并非讯息》驳斥了麦克卢汉的"媒介即讯息"观点，施拉姆在他的名著《传播学概论》中也回应了早川博士的观点，认为讯息是讯息，媒介是媒介，媒介不是讯息，"谁能争辩说判断肯尼迪总统逝世消息的影响主要是看它是由电视、广播、报刊传播的还是由口头传播的，或者争辩说，关于肯尼迪的消息同有关家务的连续片所起的不同影响主要是因为人们是通过报刊得知那条消息而连续片则是通过电视看到的？"[①] 其实不然，倘若申奥成功的消息不是全体国人同时通过电视获得，在讯息到达前的那一刻不是全体中国人聚集在电视机前，而是第二天、第三天每个人通过不同渠道分别获得，如施拉姆所说，有人是通过读报纸，有人是听朋友说的，那么这个消息是否还有集束力量？是否还有那么大的震撼力？同样是申奥成功这个讯息，如果它的震撼力减弱，那么讯息本身的存在方式就改变了，2001年7月12日的夜晚就不会成为人们永志不忘的狂欢之夜了。

---

① 施拉姆，波特. 传播学概论[M]. 陈亮，周立方，李启，译. 北京：新华出版社，1984：140.

电视媒介的现场感、声像传播的真实感、直播的即时性，是这个讯息得以产生巨大社会影响力的重要原因。所以，媒介不仅决定着讯息的形式，而且书写着讯息的内容。也有学者认为施拉姆等人笔下的"讯息"是指消息的内涵，而麦克卢汉的"讯息"是指科技的形式。我认为二者的"讯息"概念都是指消息的内涵，否则麦氏的思想就不会石破天惊了。"媒介即讯息"是对内容独尊、内容包打一切的反动，强调的是媒介的科技形式既影响着传播的形式，也影响着传播的内容，这从另一面让我们认识到媒介之所以决定着艺术的本体性存在，是因为媒介既是艺术的形式也是艺术的内容。

（二）媒介改变艺术的创作、传播及接受过程

媒介对艺术的决定性影响，还表现在媒介改变着艺术的创作过程、传播过程及接受过程。艺术的创作过程、传播过程及接受过程又影响着艺术本身的存在方式，也即媒介的传播与接受方式是以该媒介为载体的该种艺术形态生存与发展的决定性因素之一。多年前已被宣判为夕阳产业的广播近年来在北京地区快速发展，就是由于广播媒介的传播方式非常适应于在交通高度拥堵的城市中开车时以听为主的接受方式。张艺谋拍摄电影《一个都不能少》时，拍到一半胶卷用完了，全体摄制人员只好停下工作等待从县城里送来的胶片。如果当时张艺谋是用数码摄像机拍摄，就不用等赶着送来的胶片，媒介就会改变创作过程。当媒介改变艺术的创作过程、创作方式或传播与接受过程时，也必然改变艺术的呈现方式。不是因为足球比赛本身的好看使电视传播的收视率节节攀升，而是因为电视媒介的传播特性、接受特性成就了足球比赛——将临门一脚的精彩、进球后的狂喜、失球时的掩面而泣、球迷虔诚的热泪、教练失态的懊恼等画面，通过近景、中景、远景、长镜头、变焦、蒙太奇、慢动作以及催人泪下的音乐等手段，把无数美妙瞬间组合在一起，造成直观感、现场感、多人同时接受。当我们慵懒地半躺半坐在客厅沙发里一边做着其他事情，一边有一眼没一眼地看着电视时，我们已深刻地感受到，这种艺术的接受方式与我们蜷缩在书房的沙发里静静地捧读长卷的那种接受方式截然不同。看电视似乎可以更随意些，可以多人同时收看，可以边聊天边看，很难想象几个人同时读一本小说的热闹场面。北京东直门内簋街餐厅的火爆，正是得益于众人可以聚在一起吃着喝着同时观看电视足球比赛。有学者认为，电影美学是静观美学，电视美学是评议美学，网络美学是互动美学。这种区分首先是因为承载三种"美学形态"的媒介各有其不同特性，以及由此引发的接收特性不同。这种区分方法无疑是以媒介的传播及接受过程为出发点的。新媒介正在改变传统意义上艺术的存在方式、传播方式和接受方式，使其原有的样式、风格、类型乃至整个形态和传播活动都发生了前所未有的变化，也即艺术的创作过程和传播接受过程改变了艺术的媒介呈现方式，而艺术的媒介呈现方式又改变了艺术自身的存在方式，使其获得独特的传播魅力。

（三）媒介决定艺术魅力

正因为媒介既是艺术的形式也是艺术的内容，正因为传播与接受过程的优势，使得以新媒介为载体的艺术较之以传统媒介为载体的艺术，获得了更大的传播力量，抑或说，媒介的力量决定甚至超越着艺术本身的魅力。名著改编就是最有说服力的：电视剧《红楼梦》比小说《红楼梦》更凄婉动人吗？电视剧《水浒传》比小说《水浒传》更引人入胜吗？支持电视剧收视率的是媒介的力量。小说比电视剧显然更富于审美意蕴，报纸新闻也往往比电视新闻更具深度，但是，当我们无奈地屈从于"世界是电视的反映"时，并非意味着电视承载的艺术内容绝对优越于文字、广播等其他媒介承载的艺术内容，而我们却很难相信"世界是报纸的反映"或"世界是广播的反映"。对于"世界是电视的反映"这种颠覆传统的判断[①]，我们可以从多种学科角度、多个学术侧面予以阐释、评价，但其中一个基本的理解就是，这句话形象而准确地描述了电视这种媒介本身的力量。小说《红楼梦》可以凭借文字产生的想象而使读者生发余音绕梁三日不绝的感觉，但是如果对世界杯足球赛的描述也单凭文字，让读者通过文字去想象比赛现场激烈拼杀的火热、千钧一

---

① 传统的已有观念是"艺术是生活的反映"，推而得之，"电视是世界的反映"。

发的危急，当然远不如电视图像带给观众的身临其境的直观感和现场感。解说员的解说再精彩，如果不是出于特殊的目的和原因，正常的足球迷不可能关闭电视而打开收音机。文字媒介的魅力是引发联想，回味无穷；电视媒介的力量却是直观感、在场感。"杨柳细腰，樱桃小口"不过引导着我们对昔日美女的想象，而电视画面中的美女主持人、美女演员、美女歌星，却直观真实地展现着当代女性的风姿。正如杰姆逊所指出的，"在电视这一媒介中，所有其他媒介中所含有达到与另一现实的距离感完全消失了……"①

（四）电视的魅力缘于能指与所指及所指事物的相似性

媒介的技术化革命，使电视艺术冲破文字艺术的传统束缚而获得了新的表现力，因为媒介不同则符号不同：文字符号的能指与所指事物②之间的距离，在电视符号那里奇妙地消失了。文字符号的能指与所指事物之间没有任何相似性，如写在纸上或黑板上的"牛"字，也即文字符号"牛"的能指，与这个符号的所指——"趾端有蹄、头上长角、尾巴尖端有长毛的反刍类大型哺乳动物"——关于"牛"的概念，以及所指事物——现实世界的某一头牛，没有任何相似性，三者的联系必须依赖符号使用者的想象；而电视的所谓"出现于屏幕的真等同于在场的真"，是因为电视符号的能指（即画面）与所指（即画面在观众头脑中的概念）及所指事物（即符号所指的真实世界）有着惊人的相似性，使观者有一种在场感、亲历感，如施拉姆所说："它无需任何想象上的努力就可以从符号向现实图景飞跃。"③"为了把印刷的文字变为现实的图像所需要的想象力，难道不是可能比电视观众所需要的想象力还要大些吗？"④其实，这种能指与所指及其所指事物之间的相似性，即符号和它所代表的概念及实体之间（或者表述为符面与符意及其符指之间）的相似，

---

① 杰姆逊.后现代主义与文化理论［M］.唐小兵，译.北京：北京大学出版社，1997：211.
② 所指事物这个概念并非所指这个概念，所指是指符号的心理表象，所指事物则是指符号所指的客观事物.
③ 施拉姆，波特.传播学概论［M］.陈亮，周立方，李启，译.北京：新华出版社，1984：139.
④ 施拉姆，波特.传播学概论［M］.陈亮，周立方，李启，译.北京：新华出版社，1984：141.

是被摄像技术制造出来的，是技术将真实的世界转变成能指。当然，这种相似性同时也限制了其所指的无限性，也即正是这种直观性、在场感同时限制了想象力。例如，林黛玉这个经典形象，是曹雪芹妙笔生花的文字功力使读者对这个形象充满了无尽的想象，生发出无数个"第二文本"，并在读者各自的"第二文本"中体验着、想象着什么是"两弯似蹙非蹙罥烟眉，一双似喜非喜含情目。态生两靥之愁，娇袭一身之病。泪光点点，娇喘微微。闲静似娇花照水，行动似弱柳扶风。心较比干多一窍，病如西子胜三分"。可神通而不能语达。电视则使受众对这一形象的想象止于饰演林黛玉的演员的一举一动、一颦一笑。这也是电视艺术不同于文字艺术的另一个方面——它的后现代性，正如杰姆逊所说："在电视这一媒介中，所有其他媒介中所含有达到与另一现实的距离感完全消失了，这是个很奇怪的过程，但这一过程可以说正是后现代主义的全部精华。"① 因此，不能剥离电视艺术的媒介因素（乃至科技因素）来言说这种艺术形态，电视这种媒介不仅改变了传统艺术原有的风貌，甚至使艺术的各种审美元素都发生了裂变和重组。但是，如前文所述，MSN式的谈情说爱在消除等待鸿雁传书时的焦虑的同时，也使爱情的神圣感荡然无存，电视媒介通过声像传播而使信息的获得更具有真实感、在场感、直观性的同时，会使艺术的神秘崇拜气氛所剩无几。

（五）精英艺术与大众文化的媒介偏倚及传播特征

麦克卢汉在令人费解的有佳句无佳篇的巨著《理解媒介》里，将媒介分为冷热两种，并把印刷品、广播、无声电影、照片笼统归结为"热媒介"，把漫画、有声电影、电视、电话笼统归结为"冷媒介"。麦氏的具体分类虽然前后矛盾，逻辑混乱，缺乏科学性和实用价值，但他从信息接受角度出发，将接受者进行信息处理时的主观参与程度作为标准，来对媒介进行分类，却有助于我们理解精英艺术与大众文化之间的不同接受方式及由此引发的对媒介的偏好。

---

① 张首映.西方二十世纪文论史［M］.北京：北京大学出版社，1999：469.

麦克卢汉认为"热媒介只延伸一种感觉,并使之具有'高清晰度'""高清晰度是充满数据的状态""要求的参与程度低"。① 既然"参与程度低","并不留下那么多空白让接受者去填补或完成"②,而传播活动却仍然得以顺利进行,则可见热媒介所传播的信息一定是较为容易理解接受的③,否则传播就不能被接受,传播活动也就不存在。换句话说,热媒介所传播的信息多是平面的、非深度的,甚至是机械性、类型化、重复性的传播。那么,这类热媒介应该更多地为大众文化所偏倚,因为热媒介传播的机械性、类型化、重复性迎合了大众文化的需求和特性,其抑制受众创造性、传播内容平面性的特点又与大众文化进行商业营销和社会控制的目的不谋而合。

所谓冷媒介,麦氏认为"清晰度低","提供的信息非常之少","要求的参与程度高,要求接受者完成的信息多",如此前提势必要求接受者有较高的参与能力,比如能较好地运用该种媒介符号、对传播内容的文化背景有较深入的了解等。那么,这类媒介应该更多地为精英艺术所青睐。

如此,我们可以得出这样的结论:大众文化偏向于采用热媒介,精英艺术更青睐于冷媒介。例如,电视作为热媒介④,要求观看者的参与程度就不高,受众完全可在做其他事情的同时不错过电视剧中的各个细节或是新闻联播中的每个消息,所以电视是大众文化;小说作为冷媒介,就要求阅读者集中精力投入信息接受活动,不可能边包饺子边读《红楼梦》,只有聚精会神地品味才能感受阅读的快乐和深刻,所以小说是精英艺术。

---

① 麦克卢汉.理解媒介[M].何道宽,译.北京:商务印书馆,2000:51.
② 麦克卢汉.理解媒介[M].何道宽,译.北京:商务印书馆,2000:51.
③ 所谓参与,我认为并非显在的直接参与才算作参与,如某些广播电视节目中的被邀请当嘉宾、打入电话、发短信、网络中的上传帖子等。只要是能够使信息的接受者调动起思维,积极思考所接受的信息,就是参与。例如,接受美学所谓的"填空""还原""第二文本""正误""反误""功名""净化""领悟""延留"等,阐释学所谓的"前理解""偏见"等,都是接受信息中的参与行为,甚至是深度参与。聆听一堂学术讲座,聆听者可能一言不发,但只要他用心在倾听,并积极思考,他就是在高度参与。
④ 麦克卢汉虽然将电视归为冷媒介,但根据他的观点和划分标准,电视应该是一种要求受众参与程度低的热媒介。

另一位加拿大学者麦克卢汉的老师哈罗德·英尼斯从传播媒介与时间空间的关系，考察了媒介对社会发展的历史性影响，为我们探究大众文化与精英艺术的传播特征提供了又一途径。

英尼斯的基本观点是：传播的坐标系无非是由时间和空间两个轴向构成的，即跨越时间的传播与跨越空间的传播。所谓偏倚时间的媒介，就是具有穿越时间传播优势的媒介；所谓偏倚空间的媒介，就是具有穿越空间传播优势的媒介。但是，英氏从偏倚时空的角度来区分媒介的理论，远不如凭此来识别精英艺术与大众文化在传播特征上的本质区别更具有可操作性，即通过信息在时空两个方向上的延伸可见精英艺术与大众文化的不同追求。从英氏的媒介时空偏倚理论中似乎可以建立这样的假说：大众文化多看好偏倚空间的媒介，追求偏倚空间的传播；精英艺术更偏好偏倚时间的媒介，向往偏倚时间的传播。例如，作为大众文化的光盘其目标一定是短时间内捕获尽可能多的大众，偏倚的是空间传播，而小说《金瓶梅》近400年的传播历史已经证明它是偏倚时间的精英艺术，尽管它远比光盘更能让人感受到性的诱惑，也完全可能被当作色情小说来消费。报纸之所以能使信息得到延伸，主要是因为它是追求时效性的、具有空间发行优势的媒介，也即是偏倚空间的延伸，随着信息时效性的消失很快就会被当作废纸处理掉，昨天报纸上的头条新闻绝对不会再成为今天的重要话题[①]，因此，作为大众文化的报纸追求的是偏倚空间的传播[②]。小说《红楼梦》之所以能使信息得到延伸，是因为精英艺术更青睐于偏倚时间的传播、偏倚时间的延伸，《红楼梦》所承载的信息不仅不会因时间的流逝而褪色，反而会在漫漫历史长河中被众多接受者无数次再解读再发现，生发出无数不同的绵延不绝的"第二文本"，并担当着精心照料赡养世世代代红学研究专家们的重任；而它一旦追求空间的传播效应，也就必然求助于偏倚空间的媒介——电视，摇身转变为大众文化的艺术形态——电视剧。可见，在使信息向时间或空间两个方向延伸的问题上，同样是印刷媒介，

---

① 追踪报道、深度报道不在此含义内，因为事件有了的进展，也即产生了新的新闻价值。
② 图书馆里收藏的旧报纸也并非偏倚时间的传播，而是一种历史研究意义上的传播。

报纸与小说的诉求和优势是完全不同的。报纸的编辑一定希望他们传播出去的新闻立即引起世人爆炸性的阅读，而小说的作者如果只期望他的故事红极一时，而不介意是否流芳百世，那他一定止于一个流行小说家。一句话，精英艺术抱着"语不惊人死不休"的理想执着于偏倚时间的传播，大众文化倾向于偏倚空间的传播，是想"过把瘾就死"（这也又一次佐证了大众文化的后现代性）。

英尼斯的另一个观点也契合了我们对精英艺术与大众文化的理解。英尼斯认为，偏倚时间的媒介在某种意义上是特权媒介，传播者对媒介具有一定程度的垄断，并在传播中表现出一定的权威性、等级性；而偏倚空间的媒介凭借其科技优势，较偏倚时间的媒介来说使传播更具直观性、在场感、大众化、世俗化，也更为现代化。可见，媒介本身的特性决定了它们在传播中以不同的方式对思想文化进行不同程度的控制和垄断：偏倚时间的媒介以特权性垄断着艺术，而偏倚空间的媒介则以大众化的手段操纵着文化，而艺术和文化都是思想。比如文字媒介较电视媒介来说，是偏倚时间的媒介，即具有特权性的媒介，电视媒介当然就是偏倚空间的媒介，也即更为大众化的媒介。精英艺术多通过偏倚时间的文字媒介而表现其特权性，大众文化大多通过偏倚空间的电视媒介而体现其受众普泛的优势。例如，小说《红楼梦》的特权建立在读者必须具有深厚的古文功底、文学、历史、地理、天文乃至药学、服饰等等各方面的知识，才能对这部古典小说中的顶峰作品中的丰富信息有较深入的理解和接受，并确立一种绝对的阐释权威，如红学家；电视由于不需要更多的知识作为前提，甚至不需要识文断字等基本准入条件，任何人都可以通过电视对足球赛的转播而获得一种在场感的刺激，或是获得收看情景喜剧的直观享乐，可见电视媒介的空间传播优势与大众化特性的相得益彰。正如施拉姆所说，冷媒介是"需要丰富想象力的媒介"，而热媒介"无需任何想象上的努力就可以从符号向现实的图景飞跃"[①]。小说《红楼梦》使世代红学家们永远成为阳春白雪的学术权威——它充分说明了偏倚时间传播的特权性，而电视媒介可以让远隔万里的千百万人聚集在一台台电视机前（实

---

① 施拉姆，波特. 传播学概论[M]. 陈亮，周立方，李启，译. 北京：新华出版社，1984：139.

质就是一台台信息接受的终端机),同时收看某一场足球赛或是某一台小品晚会——这正是偏倚空间传播的大众性。

英尼斯与麦克卢汉师徒二人对媒介各自不同的论述和分类法都不失偏颇,但也都为我们从媒介和传播出发来思考精英艺术与大众文化带来了新的视角。取二位大师可取之处,加上我们新的视角,似可以得出如下结论:

精英艺术提供的信息少而含蓄①,需接受者补充的信息多,参与程度高,发挥的想象力丰富,再创造程度高,因此多倾向于冷媒介,并追求高深莫测、传世永恒,无疑更多青睐于偏倚时间的媒介及传播。

大众文化提供的信息多而直白,需接受者补充的信息少,参与程度低,发挥的想象力少,再创造程度低,因此多倾向于热媒介,并追求一睹为快,以期短期内最快、最大范围捕获大众的眼球,倾向于"短平快"效应,自然偏好偏倚空间的媒介及传播。

当然,媒介的冷与热、具有时间传播倾向还是具有空间传播倾向,都是相对而言的。冷与热,往往与具体的传播内容相关,需要具体问题具体分析;而对于现代传播中的主导媒介来说,征服时空都不在话下,因而常常同时体现出时间和空间的优势。不过,从麦克卢汉与英尼斯二人不乏片面的深刻中,我们可以得出这样的启示:精英艺术与大众文化的不同不仅取决于内容的选择,而且,不同的传播理想,尤其对媒介的不同青睐,导致了两种文化形态的根本差别;这又契合了前文的论述:文化的媒介呈现方式及传播过程改变着文化的状态,甚至改变着文化的本体性存在。

行文至此,似难以逃脱技术决定论的色彩。在科技日新月异、媒介层出不穷的今天,我们的确不能忽视媒介重塑艺术的问题,这无疑为认识当代艺术所表现出来的新现象、新特征、新属性开辟了一个新的角度。"传播媒介……是巨大的社会比喻,它们不仅传递信息而且告诉我们存在着什么样的

---

① 根据接受美学的观点,文本是"空洞的形式",真正的艺术不是填满知识的作品,而是能够激发读者想象的作品。因而艺术作品的文本有意无意地总要留出一些空白,使之有许多意义不确定之处,给读者留下再创造的充分余地。

世界。"①"媒介是社会的先锋……媒介本身就是先锋。"② 媒介开拓着新的世界，引领着我们走向新的生活，重塑着人类新的艺术形态，当代世界已经是媒介化的世界，当代生活也是媒介化的生活，当代艺术更是媒介化的艺术。艺术的世界和世界的艺术在不同的媒介呈现方式中、媒介描绘方式中千差万别。世界和艺术都是随着人类把握媒介的方式不同而不同，世界是媒介的反映，媒介不同，艺术不同，世界不同。

三、媒介改变心灵

如上所述，媒介主导着艺术，主导着世界，主导着我们的生活。新媒介的层出不穷无疑使生活更加便捷舒适，使艺术更加丰富多样，但是，对媒介的过度崇拜和极端依赖却又使其走向了人类的对立面，成了人类创造的又反过来支配人的异化力量。

（一）媒介的双重性：解放与宰制

我们生活在一个科技迅猛发展的时代，科技的日新月异促使新的媒介不断产生，花样迭出的新媒介使信息和艺术的传播都不再单纯地依赖文字，因此这个时代也被称为后文字（post-literate）时代。面对花样迭出的新媒介及这些新媒介以其不同于以往的方式呈现出的新世界，我们在欣喜兴奋的同时也会感受到有些手足无措，甚至感到压迫和惶惑——依托科技的新媒介在改变人类的传播交往方式、艺术表现方式的同时，会不会也使人的本体性存在方式发生改变呢？麦克卢汉虽然预言了"地球村"，但他并没有预料到，媒介在延伸了我们的耳朵、延伸了我们的眼睛、延伸了我们所有感觉中枢的同时，却束缚了我们的心灵。这就是一些有识之士一再强调的新媒介的双重性——

---

① 施拉姆，波特.传播学概论［M］.陈亮，周立方，李启，译.北京：新华出版社，1984：138.
② 埃里克·麦克卢汉，秦格龙.麦克卢汉精粹［M］.何道宽，译.南京：南京大学出版社，2000：410.

解放与宰制，正如科技这把双刃刀。① 媒介本是主体的一种创造，是主体能力和属性的表现，但是，当媒介发展到极致，成为主导时，主体便被异化和消解了，成为媒介（客体）的奴隶。

每一种新媒介都张扬了一种文化的合法性，同时也就削弱了原有文化的权威性。昔日，印刷媒介把权威从教会移向国家，用城市取代乡村，用民族国家取代城邦；今天，各种新媒介以其各具特色的传播优势施展着异化的魔法，电子媒介对时空的共同偏倚，为受众同时邀游时空提供了可能。2005年让许多人国人狂欢难忘的是从海选中诞生的"超级女声"，从电视画面里那些虔诚的泪眼、疯狂的哭喊声中，我们终于明白了，电视几十个频道24小时不间断没完没了的娱乐节目，其实是在给当代人的大脑这个硬盘进行格式化，文化民主化得到发展的同时，电视媒介的淫威也得到了淋漓尽致的展现。网络媒介的异化表征之一就是把虚拟当作现实，甚至虚拟征服着现实，即使有人声称在虚拟与现实之间游刃有余，其灵魂也处于分裂中。手机媒介不仅对人的大脑有辐射，而且如电影《手机》所描绘的，还辐射着人的灵魂。当广播电台的两个主持人躲在狭小的房间里通过电波与广大受众"分享"众多听众朋友发来的短信时，看着不断上升的收听率，暗喜的不仅有降低了节目制作成本的传媒机构，更有短信的运营商。当然，这一切都以传播民主化为名义，这又一次证明民主完全可能是一种策划，只不过这种算计今天又被插上了新媒介的羽翼，演变为另一种更为隐蔽也更为有效的宰制。

媒介异化的另一个集中表现就是培育了新的主体性：新媒介的产生引发了文化转型，新的文化形态出现了，同时，新的文化形态又培育了新的文化主体，来接受和消费这种媒介及其媒介文化。《超级女声》以民主的名义培育着"想唱就唱"的主体，网络春晚以互动的名义召唤着"我参与故我在"的网民，而这些新主体与法兰克福学派所贬抑的被动的客体本质上不无关系。在这种情况下，文化和主体都不重要，重要的只是媒介！"人类之所以制造工具是为了模仿其自身的功能。人类对于身体的机器复制过程已经到达这一

---

① 南帆. 双重视域［M］. 南京：江苏人民出版社，2001：6-7.

时刻：人类正在以电脑和一般意义上的电子媒介交流对人脑进行一点一点的复制。一种智能性的机械身体如今已成为工业、科技和大学圈内许多人士梦寐以求之物。"①马克·波斯的这段话既让我们领略到了新媒介在科技的推动下日新月异的前景，也让我们感受到了其中的可怕——媒介在对大脑进行复制的同时，也必然深刻地改造着社会结构：晚饭后必捧读晚报的市民和不分昼夜趴在网上的网民，把半导体举在耳边摇头晃脑沉醉于京剧的票友与时刻不离MP3耳塞机的新新人类……对媒介的选择不仅是对时尚的选择，更是对不同生活方式的选择，乃至对生活的不同理解和追求。我们的生活、我们的文化、我们的心灵都已媒介化、去现实化。可怕的并不是如人脑一般的电脑，而是媒介使人脑电脑化。由是观之，媒介不仅是人的生物性延伸（视觉、听觉的延伸），而且是人的社会性延伸——区分着生活方式、人群乃至阶层，进行着风格的重塑，改变着社会关系，乃至重建着社会秩序。

（二）普遍化机制是电视媒介宰制的手段之一

电视媒介与印刷媒介、广播媒介的主要区别，在于它以科技含量极高的影像的传播与接受方式获得了存在的独特性和优势，创造了一种新型的视听文化。也正是这种传播与接受的独特优势，成就了电视媒介的宰制；而实施宰制的主要手段之一就是它的普遍化机制。

最有助于理解和揭示普遍化机制的是罗兰·巴尔特对含蓄意指、元语言和雅各布森对转喻隐喻等的阐释，笔者另文专门论述②，这里仅就此概念作一表层描述：简单地说就是在与观众互动的旗号下，将个别现象普遍化。比如我们常见到的，普通观众被邀请上舞台，与身价千万的明星一起演唱那首《朋友》（或其他的什么歌），当被邀请登上舞台的观众唱得比歌星还陶醉时，当激动得手舞足蹈甚至泪流满面的观众打出"某某明星我爱你"的条幅时，似乎明星与台下成千上万的普通受众真的成了"朋友"，真的融合无间了，而

---

① 波斯特. 第二媒介时代 [M]. 范静哗，译. 南京：南京大学出版社，2000：192.
② 隋岩. 符号传播的诡计 [M] // 刘宏. 电视学（第二辑）. 北京：中国传媒大学出版社，2008.

忘记了明星们常常一掷千金，忘记了任何普通受众，无论他是工人、农民还是专家学者，终其一生的收入也难抵明星偷漏的税款。这个时候，个别受众与明星暂时的、瞬间的、特别的融合被电视媒介普遍化了。

电视媒介的普遍化机制也是其大众化手段的另一种表现，或者说二者是狼与狈的关系，其目的无非是彰显伪民主、伪平民化，本质上是非平民立场的。《超级女声》就是普遍化机制与大众化手段里应外合提高收视率的典型，使典型的使个别小人物舞台梦想得以实现的事实普遍化了。《非常6+1》也好，《星光大道》《梦想中国》也罢，这些电视节目能满足所有人的梦想吗？能让所有人都走向布满星光铺着红地毯的人生大道吗？这些电视节目在利用个别观众舞台梦想的同时，关键是满足了电视媒介的梦想——收视率、短信收入、广告收入等。

李宇春唱得好不好不重要，重要的是她代表着千千万万少女一夜成名的梦想在电视媒介的帮助下得以实现。霍尔揭示大众媒介是"普遍赞同"或"一致舆论"的生产者，其实就是通过媒介的普遍化机制使这种生产得以实现——出现在电视舞台上的个别观众成了广大民众的当然代表！

如果我们同意"印刷文化隐含着个体化的接收模式，同时也促进了个人价值主义"①，那么电子文化的接受模式则是大众化的，当然也就助长了大众价值，而这种大众价值是盲目的，是以牺牲个人理性为代价的。

媒介发展与传播活动演变的历史对应表现在多方面，口语媒介、文字和印刷媒介、电子媒介都使人类的传播观念、文化形态、传播效果、历史阶段性文明，展现出各不相同、形形色色的景观。新媒介究竟给我们的生活带来了什么样的变化？这种变化是增加了个人的自由，还是衍生了媒介的控制力？是人在操控媒介还是媒介在控制人？如果媒介作为"居间工具"是中性的话，那么媒介对灵魂的宰制是科技之罪还是人之过？是人对媒介的绝对控制导致了媒介反过来宰制精神的怪圈吗？媒介文化究竟意味着文化的民主化还是极权化？在我们享受着媒介带给我们各种便捷、好处的同时，这些问题

---

① 史蒂文森.认识媒介文化［M］.王文斌，译.北京：商务印书馆，2001：190.

也萦绕着我们，挥之不去。

　　该章结束之时，朋友从火车上发来短信，说没有电视，也不能上网，所以无聊至死，我信手回短信戏说："那就想入非非吧。"回复完朋友的短信，我不禁一怔，我们还有想象的能力吗？新媒介的超真实留给我们想象的空间了吗？视觉传播的时代还需要想象吗？同步传播还允许想象吗？也许，花样迭出的新媒介在体现着科技的创造力的同时正在扼杀人类的想象力。不过，科技再发达，新的媒介具有再神奇的传播魅力，声像视听、即时传播、现场感真实感多媒体……失去了想象，人类生活也就失去了色彩和动力。如此，我们是该朝拜媒介还是该警惕媒介呢？

媒介文化研究的三个路径[*]

一、从"媒介与文化"到"媒介文化"

法国作家米兰·昆德拉在他的一次访谈中,曾表达了传媒之于文化影响力无限增强的忧虑。他认为传媒将文化从精英阶层拉入了大众阶层,因为"大众传媒的精神是与至少现代欧洲所认识的那种文化精神相悖的"[①]。昆德拉不是第一个对精英文化存在方式倍感忧虑的人,早在16世纪末的英国,莎士比亚的戏剧受到伦敦市民的狂热追捧,为了捍卫戏剧作为精英文化的高雅外衣,当时把持着剧坛的牛津、剑桥背景的"大学才子"们试图将莎士比亚描绘成一个"粗俗的平民",有趣的是,时任女王伊丽莎白一世也是其中之一,在被废黜的前夕,她更是自怨自艾地将自己比作《理查二世》中的理查德。

同这段历史中掌握戏剧文化话语权的精英们一样,昆德拉将媒介与文化一分为二完全是出于对文化原本高雅而神圣的尊重,但他们都选择性地忽视了一个事实,精英文化的依存和展现同样离不开文字这一媒介。据雷蒙·威

---

[*] 本文原载于《新闻大学》2015年第4期,收入本书时略有删改。
① 哥德马尔.米兰·昆德拉访谈录[M]//李凤亮,李艳.对话的灵光:米兰·昆德拉研究资料辑要.北京:中国友谊出版公司,1999:515-516.
② 威廉斯.关键词:文化与社会的词汇[M].刘建基,译.北京:生活·读书·新知三联书店,2005:199.

廉斯梳理，媒介一词源自拉丁文 medium，在 16 世纪末被广泛使用，[②]到了 17 世纪初期，medium 开始具有"中介物"和"中介机构"的内涵，而到了 19 世纪，复数的媒介（media）一词才开始被人们认可并大量使用。时下，人们常把媒介看作大众媒介，这是因为科学技术极大地拓展了媒介的外延，媒介已经成为普罗大众日常生活不可或缺的部分。

文学借助笔墨记录生活、再造历史，戏剧则借助演员和舞台等"中介机构"（intermediate agency）再现历史。[①]在这里，演员的语言、表情、服饰、表演和舞蹈，以及舞台上的灯光和道具被称作媒介，每一种媒介都能通过一条或多条途径传送符码。广义而言，文学剧本亦可以是舞台剧的媒介。那么，媒介和文化又是如何产生关联的呢？这与媒介的传播方式相关。

莎士比亚依据历史事件和生活经验改编、创作戏剧，将之打造成一种流行的社会生活方式，成为伦敦市民共同需要的产物。戏剧在兼顾娱乐功能的同时，也为不识字的普通民众提供了了解历史文化的窗口。简言之，戏剧的媒介功能，将供奉在殿堂的高雅文化转化成一种存在于民间的雅俗共赏的文化。这也契合了威廉姆斯将文化定义为一种特殊生活方式的描述。

20 世纪 60 年代麦克卢汉所谓的"媒介即讯息"，就是对文本讯息存在、展现与再现的方式越来越受到人们关注的总结和预言。文化失去原本抽象的外衣，变得愈来愈具象，并与一定的物质符号紧密相连。

大众媒介最重要的特点，是其在传播途径上使用具有复制功能的机器来传递内容。由此，报纸、书籍、杂志、电影、广播、电视，以及依托于互联网的电脑、手机乃至云电视等，都成为大众媒介。现代文化，正是通过各种各样的媒介或大众媒介来传达的。16 世纪末，《理查二世》的上演只能借助于舞台和演员。现在，影像技术能将一切记录下来，并通过互联网或卫星信号发送至各种观看终端。因此无论何时何地，我们都能观看到这部舞台剧。

---

① 费斯克，等.关键概念：传播与文化研究辞典（第二版）[M].李彬，译注.北京：新华出版社，2004：161.

现代传播技术的迅猛发展，极大地降低了诸如戏剧影视等媒介的传播成本，如今，信息无处不在，不论是歌剧、音乐，还是政客、明星们的私生活，还有来自全球各地的社会政治新闻。信息获取的便利性，深刻地改变了现象学意义上的现代生活经验，以及社会权利的网络系统，①也破坏了传统文化的想象空间和形而上的惯性，制造了更多的变种文化。这一契机也成为文化研究中经久不衰的领域，不论是法兰克福学派还是伯明翰学派，他们的研究均使得媒介与文化之间的关系更加紧密。

1995年，凯尔纳在其《媒介文化》一书中率先将媒介文化纳入文化研究的框架，影响了一批后来者的媒介文化研究，如威廉斯的《文化分析》等。依据凯尔纳的观点，所谓的"大众文化"既包括"媒介文化"也包括"消费文化"，②而媒介文化既可以表示文化工业的产品所具有的性质和形式（即文化），也囊括他们的生产和发行模式（即技术和产业）。国内学者则普遍将大众文化与媒介文化联系起来理解，要么将大众文化视作媒介文化的重要组成部分；③要么将大众文化等同于媒介文化，是文化媒介化的结果。④实际上，媒介文化概念的提出，强调的是文化的媒介展现模式，因为媒介的出现与发展极大地影响了社会文化。

结合以上观点，本文将"媒介文化"定义为人们运用传媒技术在特定社会环境下进行的文化产品的生产、流通和消费的活动和过程。基于此，要进行媒介文化的研究，首先，要明确媒介是各种问题展开的平台，也是进入各种问题的基本视角。其次，要明确媒介文化研究是一种深刻卷入社会日常生活、成为整个社会变迁重要表征的文化实践，各种媒介文化现象的背后，是技术变迁所触发的一系列社会思潮演变的结果。

---

① 史蒂文森.认识媒介文化［M］.王文斌，译.北京：商务印书馆，2001.
② 凯尔纳，樊柯.消费社会批判：法兰克福学派与让·波德里亚［J］.首都师范大学学报（社会科学版），2008（1）：44-47.
③ 于德山.当代媒介文化［M］.北京：新华出版社，2005：9-10.
④ 贾明.现代性语境中的大众文化［M］.上海：上海人民出版社，2007：65.

二、将媒介文化置于社会思潮的总体演变中来理解和把握

所谓社会思潮,是"某一历史时期内反应一定阶级或阶层利益和要求的思想倾向而涌现出来的思想感情"①。作为一种思想情感的表达,社会思潮呈现为无机的状态。梁启超谈社会思潮时认为,社会思潮之"思"就是"心理之感召",并非有组织、有计划、有意识的行为。但从总体上看,人们却"不期而思想之进路,同趋于一方向,于是相与呼应汹涌如潮然"②。可见,社会思潮是一种带有普遍性的思想观点、价值判断和行为倾向,与社会心理形成某种互动,并互为支持;与特定的社会环境相联系,巨大的社会变动引发社会心理的大动荡,于是体现各种社会群体诉求的舆论风起云涌,"作为潮流的社会心理与作为潮头的理论体系互为因果"③,最终形成社会思潮,并外化为价值观或意识形态等内容。

现代社会,各种社会思潮此起彼伏、汹涌澎湃,媒介文化置身其中,必然受到各种思潮的纠缠、影响、推动乃至形塑,而媒介文化也会捡拾、吸取、利用各种社会思潮的先锋性、时尚性或颠覆性等来表现自我。因此,媒介文化既是各种社会思潮的反映与呈现方式,又与其杂糅交错,甚至成为各种思潮的一部分,二者互为推动,互为表里。如此,要想厘清错综纷繁的媒介文化,就不能孤立地研究它,而要将其放置于社会思潮及其演变中,只有认清其与社会思潮的复杂关系,才能认清它的本质和来源。

基于社会思潮演变的媒介文化研究范式之一,是媒介文化以生产符号价值为主要手段来助推新的社会分野,从而形成以消费促进生产、解决过剩产能的文化形态,即消费主义思潮的媒介文化研究。"20世纪70年代以来,以信息技术的发展为标志,并由此推动世界经济走向全球一体化的第四次技术革命,将世界带进了后工业化时代。它使人类的文化生活方式发生了前所未

---

① 夏征农.辞海[M].上海:上海辞书出版社,1999:2027.
② 梁启超.清代学术概论[M].上海:上海古籍出版社,1998:1.
③ 陈新汉.评价论视域中的社会思潮[J].思想理论教育,2007(19):14-18.

有的新变化，由此出现了现代人的媒体化生活和消费性艺术。"学术界将这一语境中的文化称为后现代文化，或根据"其媒体及消费特性而称为媒体文化、消费文化，或根据它的主流形态称其为大众文化"①。在这里，后现代文化、媒体文化与消费文化无非是从不同的认识角度、理论体系对同一历史时期文化现象的不同表述。

在消费社会，精英文化逐渐隐没，通俗文化迅速崛起，严肃的思考不再受欢迎，取而代之的是短平快的娱乐性内容。进入21世纪以来，不断进步的科学技术解放了生产力，促进了生产的全面繁荣，社会进入产能相对过剩、需要鼓励消费以促进发展的消费主义时代。消费者的选择性大大增强，消费方式也发生了变化。物质消费不以商品的使用价值为目标，而以品牌的符号价值为核心。社会消费的主要目的，不是满足人的物质需求，而是着力追求消费过程中对身份认同的品牌生产和彰显社会等级的快感。

香港作家深雪讲过一个有关名牌包的故事。20岁出头的单身女子Ellen在百货公司打工，工资虽然微薄，却仍然愿意用几个月的薪水去买一个名牌包。事实上，Ellen除了有名牌包癖外，很是知足，随遇而安，并没有什么特别的奢望。Ellen购买的，是超出物品本身使用价值的"溢价"。或许正如这位作家所评，名牌包可能是Ellen唯一的"尊贵的梦"，能够带她短暂地走出平民世界。这样的Ellen还有很多，如《白领花数百元买名牌纸袋 上班带便当用爱马仕》②，《狗服选GUCCI狗篮选LV白领省吃俭用追名牌》③中提及的形形色色。当以追求使用价值之外的消费成为人们生活的一种习惯时，这就不应该是一种单纯的"遵循享乐主义，追逐眼前快感"的消费文化了。实际上，正是通过广告、大众传媒和商品展陈技巧，消费文化动摇了原来商品的使用价值或产品意义的观念，并赋予其新的符号与价值观，全面激

---

① 张杰.高新技术时代经典艺术的命运［J］.社会科学辑刊，2003（3）：154-161.
② 孙毅.白领花数百元购买名牌纸袋 上班带便当用爱马仕［EB/OL］.（2011-10-16）［2015-01-02］.http：// http：//news.sohu.com/20111016/n322338394.shtml.
③ 狗服选GUCCI狗篮选LV白领省吃俭用追名牌［EB/OL］.（2006-05-28）［2015-01-02］.http：//news.163.com/06/0528/18/2I7THF0I0001124J.

发了人们广泛的感觉联想和欲望。所以，符号的过量生产和现实中相应参照物的丧失，不仅是消费文化中的内在固有趋势，也是物质被赋予全新价值的过程。①

结合以上的分析，可以大体归纳出消费主义思潮的几个特征，首先，消费主义思潮是产能过剩时代的产物，它是基于消费文化产生的自我意识创造生活方式的一部分。其次，消费主义思潮在遵循市场经济逻辑的同时，能够模糊艺术品和商品之间的界限。最后，消费主义思潮的核心内容是消费主义，不仅与享乐主义关系密切，更重要的是能够激发人的想象，创造新的消费理念和地位观念。

在消费思潮的推动下，以文化为原料、信息为商品、创意为特色、产业化生产为手段的文化创意产品层出不穷，刺激了文化产业的繁荣。据报道，2012年12月，第七届中国北京国际文化创意产业博览会签约金额首超千亿，达1089.53亿元。其中，中外文化产业合作项目32个，签约额突破113亿元人民币。②当下，以内容为主导的文化产业已经成为人们最主要的消费对象，其中尤以能够满足为大众提供新的想象和刺激的媒介商品最受喜爱。

媒介文化娱乐化是消费主义思潮影响下的必然结果，也是后现代文化的重要表征。法国思想家利奥塔认为，不同于现代文化的理性原则与现实原则，后现代文化更类似于"形象的"文化，仅仅依据简单的"快乐原则"，感性而张扬。"形象化"或者说为了形象的"戏剧化"其实是从一种意识形态到另一种意识形态的悄然递变。客观而言，这种递变已经不单单发生在传统的娱乐消费领域，一些新闻报道中也出现了个人化、戏剧化、片段化以及权威——无序模式的倾向。③这四种倾向或多或少地都出现在此时中国政治新闻的报道之中，对个人的过度放大，对政治事件的戏剧化、片段化报道以及网友对

---

① 费瑟斯通.消费文化与后现代主义［M］.刘精明，译.南京：译林出版社，2000：165-166.
② 文博会签约首超千亿元［EB/OL］.（2012-12-24）［2015-01-03］.https://news.sina.com.cn/o/2012-12-24/051425876684.shtml.
③ 班尼特.新闻政治的幻象［M］.杨晓红，王家全，译.北京：当代中国出版社，2005.

权威的抵抗式解读使得某些政治新闻处于迷乱之中，一定程度上失去了政治新闻应有的意义。以 2012 年对重庆市北碚区委书记雷政富的报道为例，因政府官员不雅视频曝光，该事件引起媒体和社会的强烈关注。作为政治传播事件，许多新闻的报道标题竟然充满了戏剧效果，如燕赵都市报《雷政富现形记：升任区委书记前曾遇危机》①、新华网《传重庆公司女员工同雷政富上床可获 300 元加班费》②以及网友奇文《雷政富，12 秒感动了中国》，其浏览量至 2013 年 6 月高达 638,121 人次。仅就标题而言，我们不难看到政治新闻娱乐化的影子。美国学者尼尔·波兹曼早在 1986 年就关注到了娱乐精神的泛滥，他在著作《娱乐至死》中警示，现实社会的一切公众话语日渐以娱乐的方式出现，并成为一种文化精神，政治、宗教、新闻、体育、教育和商业都心甘情愿地成为娱乐的附庸，而电视文化腐蚀了人类的理性认识能力，让人们对娱乐的毒效无从抗争，从而面临着"娱乐至死"的风险。我们无意夸大过度娱乐的风险，但在消费主义思潮下，在娱乐与政治、经济、文化界限不再鲜明的当下，的确需警惕娱乐至死的可能。

基于社会思潮演变的媒介文化研究范式之二，是互联网群体传播思潮的媒介文化研究。所谓互联网群体传播，是以社交媒体为凸显平台的传播新现象，是互联网技术带来的传播主体多元化，及其引发的传播新环境、新格局，是群体进行的非制度化、非中心化、缺乏管理主体的传播行为。传播的自发性、平等性、交互性，尤其是信源不确定性及由此引发的集合行为等是群体传播的主要特征。③ 群体传播不仅能够反映媒介传播方式的变化，也反映了社会心理的变化，一定程度上是消费主义思潮与后现代思潮的延续，因为如今的受众生活在一个物质性商品与讯息性商品过剩的时代，受众在群体传播中

---

① 雷政富现形记：升任区委书记前曾遇危机［EB/OL］.（2012-12-02）［2015-01-03］.http://news.sina.com.cn/c/2012-12-02/005925708691.shtml.
② 传重庆公司女员工同雷政富上床可获 300 元加班费［EB/OL］.（2012-11-26）［2015-01-03］.http://news.sina.com.cn/c/2012-11-26/191325666407.shtml.
③ 隋岩，曹飞.论群体传播时代的莅临［J］.北京大学学报（哲学社会科学版），2012，49（5）：139-147.

地位的转变本质上是产能过剩的结果,关乎讯息生产与消费的资源配置。

信息制造者和加工者所进行的自我表达之所以能够吸引众多的关注和认同,汇聚成巨大的声音,是因为其在很大程度上能够代表群体的意愿,是社会愿望的表达。作为一种源自社会各阶层的诉求表现方式,形成群体传播的源泉更像消费主义思潮中"欲望"的一种延续,在得到越来越多人认同的同时,群体传播这一媒介文化现象也变成了一种普适的、能够代表社会各阶层思想观点、价值判断和行为倾向的社会思潮。这即是说,群体传播思潮中裹挟的是受到绝大多数人认可的个人意志,抑或是为数众多而又相似的个人意志。

要进一步了解群体传播思潮,我们可以借助于美国学者凯文·凯利在1994年发表的著作《失控》中提及的"蜂群思维"。凯利认为,"'蜂群思维'的神奇在于,没有一只蜜蜂在控制它,但是有一只看不见的手,一只从大量愚钝的成员中涌现出来的手,控制着整个群体。它的神奇还在于,量变引起质变"[1]。凯文·凯利所说的"看不见的手",其实就是群体传播特有的群体模仿机制,通过模仿,个人的情绪或行为会在短时间内变成群体的集体意志。

一个有意思的群体传播案例是2013年的"汪峰上头条"事件。这一事件始于2013年9月13日汪峰在微博上宣布自己离婚消息后的几个小时,王菲和李亚鹏曝出离婚消息,迅速抢走了网民对汪峰离婚的关注度。到了2013年11月9日,汪峰在演唱会上向章子怡深情表白,原本预期的关注度被恒大夺得亚冠冠军的巨大喜讯卷走。这时,网民们开始嘲笑汪峰每次爆出的新闻总会遇上热度更高的新闻。更巧的是,2013年11月13日汪峰发新歌,本来也有上头条的可能,但是刘诗诗、吴奇隆、杨幂、刘恺威等5对娱乐圈的情侣组团公开恋情,再一次夺走了娱乐头条。似乎只要汪峰出现新动向,总是有"更大的事"发生,让汪峰上不了头条。于是,网友们先是发起了"关爱

---

[1] 舒超逸.娱乐未必至死:非理性时代的曙光[EB/OL].(2012-09-05)[2015-01-04].http://blog.sina.com.cn/s/blog_4136bd4c01018xx9.html#bsh-24-128580630.

汪峰"行动，随后演变成"帮汪峰上头条"，这一舆论热潮最终从网络蔓延到了纸媒，媒体顺势发展了这个话题，"把报纸翻过来汪峰就成头条""汪老师，我们只能帮你到这里了""汪峰不哭、子怡不急，本版友情赠送峰哥头条""如果有一天，我老无所依，请把我留在头条里"……

线上与线下的合谋，让汪峰上不了头条这件事，变成了头条。这也是群体传播时代社会意志的一种典型的生产方式，由个体发声，群体迎合，最终汇聚成一股巨大的传播力，改变宣传导向。一个以全民参与为力量的群体传播时代正在来临，[①] 在这个时代，群体传播不仅仅成为一种外物，其本身亦成为一种媒介文化现象，并与其他社会思潮、社会心理相互影响。

基于社会思潮演变的媒介文化研究范式之三，是文化适应于新的历史发展需求，对历史作出新的文化阐释的一种文化形态，是对传播环境特别是文化机制生成的历史性思考，即新历史主义思潮的媒介文化研究。人类学家克利福德·格尔兹（Clifford Geertz）等人在讨论人类文化属性形成过程时指出，独立于文化的人性根本不存在，这里的文化不是指流传下来的习俗与传统这样的具体行为模式，而是指主宰和控制外在行为的一整套内在制约机制。格尔兹认为，人性是一种个体与所处文化机制反复联系并加以描绘的结果，即"厚描"（thick description）。

受格尔兹的启发，1982 年，斯蒂芬·格林布拉特在为《文类》杂志文艺复兴专号撰写导言时，正式提出"新历史主义"（New historicism）。他通过对历史文学文本的阐释，指出文学形象和文学意义实际上是对人物与其文化环境的关系反复地进行阐释的结果，由此引出历史是不断建构的结论，这一过程充满了断裂、偶然、间断，文化亦如是。"新历史主义"之所以新，很大程度上源于它摈弃了过去对"文学"与"历史"、"文本"与"语境"之间孤立区别的看法，在新历史主义者眼中，作家或作品不是自足独立的统一体，它们无法摆脱社会、政治、文化等外在条件的影响。

---

① 隋岩，曹飞. 论群体传播时代的莅临［J］. 北京大学学报（哲学社会科学版），2012，49（5）：139–147.

"文本的历史性和历史的文本性",被认为是孟酬士对新历史主义最大的贡献,它准确地描绘了新历史主义的特征。所谓"文本的历史性",指一切文本(包括狭义的文字文本和广义的社会文本)都具有特定历史语境的文化性和社会性;而"历史的文本性"不仅指历史作为历史学家撰写历史文本基础的"文献"已经被阐释,还指我们只有通过文本才有可能去了解一个社会的过去。通俗地讲,历史不是"过去的事件",而是"被叙述的"关于过去的事件的故事,①是一种带有主观色彩的"文本历史"。

新历史主义带有明显的消解性和颠覆性等后现代主义特征,影响了一批写于20世纪80年代中后期至90年代的中国当代小说,如陈忠实的《白鹿原》、莫言的《丰乳肥臀》、张炜的《家族》、叶兆言的《1937年的爱情》等,这批小说都虚构了一个近代的历史情境,通过虚拟的人物和事件来展现民族苦难的生命图景和心路历程,颠覆了主流历史观念。还有一批尽管以真实的历史事件和历史人物为依托,却突破了以往的历史定见,大量增加了虚拟的人物与事件,如凌力的《少年天子》、杨书案的《孔子》、唐浩明的《曾国藩》、刘斯奋的《白门柳》、穆陶的《林则徐》等作品,在当时引发了巨大的社会反响。

新历史主义思潮也影响了影视研究领域。1988年美国历史学家海登·怀特教授在《美国历史评论》上发文提出"影视史学"之后②,1992年,中国台湾学者周梁楷在他的《辛德勒选民:评史匹柏的影视叙述和历史观点》中指出影片《辛德勒名单》的视觉影像效果可能远远超过任何书写的历史。1996年,中国大陆学者张广智通过他的三篇论文《影视史学与书写史学之异同——三论影视史学》《影视史学:历史学的新领域》《重现历史:再谈影视史学》,同样借助文本叙事研究了影视史学与史学之间的关系。

在一些影视剧作品中,我们仍可以看到新历史主义联结个人、社会、文

---

① 李勇.新历史主义对近现代通俗文学研究的启示[J].中国现代文学研究丛刊,1997(1):251-258.
② 他认为人们可以"以视觉的影像和影片的论述,来传达历史及我们对历史的见解",影像叙事可以打破文本与历史话语之间的界线。

化和文本之间关系的意图,比如贾樟柯导演的《三峡好人》,通过多重叙事呈现出艺术表达与现实关怀之间的张力:"在虚构与现实之间的游离与不安。"① 国产电视剧《士兵突击》得以广泛流行,主要在于观众观看电视剧时的意义生成,故事不仅再现了大众普遍感受到的复杂生存体验,也隐喻了大众对现代化的生活方式和伦理的接受、怀疑和再次认同的过程,虚拟文本经验和现实社会经验之间的"互相确认",② 使得这部电视剧受到观众的追捧。21世纪以来,还出现了一批在叙事上呈现出"新历史主义倾向"的历史题材纪录片,如《故宫》《复活的军团》《新丝绸之路》《敦煌》《外滩》《圆明园》《大明宫》《我的抗战》等,研究者认为,"这批新历史题材的纪录片抛弃了传统历史主义的宏大叙事模式,融合了新纪录片中强调现实感、个人体验的叙事方式,使得历史题材的纪录片逐渐走向了一个新的空间,既有了一种历史感,同时又具有很强的个人化色彩"③。

意大利著名哲学家、历史学家、文艺批评家克罗齐认为,一切历史都是当代史。历史的现实化想象,就是赋予历史以现实的意义,以批判的眼光和当代的意识发掘历史的意义。一切有关历史的文化艺术文本,都是历史精神、当代精神、意识形态话语的综合表达,这也是"新历史主义思潮"赋予当代媒介文化研究的视点所在。

当然,对于思潮迭起的当代社会,基于社会思潮演变的媒介文化研究范式不仅上述这三种,因为媒介文化的演变取决于社会思潮的之四、之五……取决于纷繁复杂的社会现实。

三、以新的媒介文化现象揭示经典理论的局限性或延展其生命力

麦克卢汉认为,媒介是社会发展的基本动力,每一种新媒介的诞生,都

---

① 杨击.在虚构和现实之间的游离与不安:贾樟柯《三峡好人》的多重叙事[J].上海文化,2009(4):78-84.
② 汪凯.解读《士兵突击》:现代性中的"成长"体验[J].新闻大学,2009(2):150-153.
③ 曾一果,张春雨.当代历史纪录片的"新历史叙事"[J].电视研究,2008(12):44-45.

开创了人类感知和认识世界的方式，不仅会改变人与人之间的关系，还会创造出新的社会行为类型。①而新型的人与人之间的关系，以及新的社会行为类型，必然会催生全新的文化实践。

80年前，本雅明在《机械复制时代的艺术作品》一文中提出了机械复制的概念，引发人们对机械复制改变艺术创作方式和功能的思考，而今，机械复制技术已经为数码技术所替代，相较于机械复制时代的电子媒介，如今的数字媒体复制的功能更便捷、更迅速，其技术核心"bit"能够将影像、文字、声音等信息数字化成无数的数字1和0。正如尼葛洛庞帝在《数字化生存》中所说的，信息传播技术的即刻性无限强化了人们的需求，大众传媒将被重新定义为发送和接受个人化信息和娱乐的系统。②换言之，传统媒介时代的媒介文化现象，在传者、受众、介质、内容及其效果等各方面已经迥异于互联网群体传播时代的媒介文化。

互联网群体传播时代，数字技术在万维网的帮助下，催生出许多值得关注的媒介文化现象，如匿名性引发的言论自由边界、人肉搜索折射出的网络暴力、弱把关条件下的谣言控制、自媒体环境中的情绪疏导等。从媒介演变的角度来看，互联网群体传播时代社会正发生着从大众传播到自媒体传播的转向。因此，研究者要以新的媒介文化现象补充并升华经典理论。

根据拉扎斯菲尔德的观点，社会系统中参与者所企求或寄望的社会功能被称为"显性功能"（Manifest Function），如传播信息、文化娱乐；社会系统中参与者不了解或未企求，但仍存在于社会中的，被称为"隐性功能"（Latent Function），如"议程设置"功能、培养作用等。③大众传播时代，"议程设置"的主体表面上是媒介从业者，实际上由统治阶级所控制，正因为如此，赫伯特·阿特休尔认为，在任何新闻体制中，新闻媒介都是权力的代言人。这种权力可以是政治的，也可以是经济的。

在新媒介环境下，"议程设置""沉默螺旋"等经典理论和惯性思维所表

---

① 郭庆光.传播学教程[M].北京：中国人民大学出版社，1999：148.
② 尼葛洛庞帝.数字化生存[M].胡泳，范海燕，译.海口：海南出版社，1997：24-27.
③ 胡正荣.传播学总论[M].2版.北京：清华大学出版社，2008：113-114.

现出的历史局限性,促使媒介文化主体性建构功能发生转向——从主流意识形态主动唤询到个体意识形态的引导唤询。依据阿尔都塞对个体在意识形态"询唤"过程中双重角色的认知,①受众在新媒介使用过程中,召唤个体的不再是主流意识形态,而是一个个相似的我,这些"落入唤为主体、臣服主体、普遍相识的绝对保证这四重组合系统"的受众②,尽管是"自动工作的"(work by themselves),但唤询他们现身的,往往不是主流的意识形态,而是带有修正的乃至反对现有生产关系以及意识形态社会关系的相关一切。

"议程设置"作为大众传播效果的经典理论,原本强调媒介从业者为受众设定议事日程的功能。互联网低门槛、易操作的特性,弥补了大众传播时代受众弱反馈的缺陷,赋予了普通民众更多设置议程的权力。议程设置不再是大众媒体的特权,一些社会组织甚至个体网民都能够为社会设置议程,并且,媒介议程与政府议程、公众议程之间还呈现出一种互动愈加频繁的趋势。如果说孙志刚事件是传统媒体的议程设置影响政策议程的成功代表,那么"官员减副"事件就是互联网群体传播时代公众议程通过媒介议程左右政府政策的典型案例。2008年11月25日,网友发帖《吓一跳!铁岭竟有9个副市长20个政府副秘书长!!!》引发强烈关注,网民掀起寻找"最多副职"热潮,传统媒体纷纷跟进。一个多月后,中共中央编制办公室发文《关于规范地方政府助理和副秘书长配备问题的通知》,要求地方政府"减副",一个普通网民的网帖成为公共议程的发端。随着社会大众公民意识的提高,普通网民在互联网平台上的个人行为影响媒介议程、影响公共议程进而左右政策议程的情况已经越来越常见。在今天的互联网环境下,新媒介与传统媒介,传统媒介与传统媒介,大众传播与普通民众、政府之间的议程互动更加频繁,互动方式也更加多样,使从传播效果视角出发的传统议程设置理论的发展空间大为拓展。

互联网群体传播时代匿名大众的崛起,对传统的"沉默螺旋"理论也提

---

① 俞吾金.阿尔都塞意识形态理论新探[J].江西社会科学,2004(3):26-31.
② 张一兵.阿尔都塞:意识形态理论与拉康[J].学习与探索,2002(4):1-5.

出了挑战。在该理论中，个体因害怕群体孤立所表现出的趋同行为是社会舆论开启沉默螺旋模式的重要前提。在传统媒介时期，具有压倒性优势的往往是发声的一方，成为一种强势文化。到了互联网群体传播时代，匿名性特征赋予了假定的沉默方能发出声音并且不必担心后果的权利，使得"沉默螺旋"理论的基本假设面临挑战，"个人意见"和"公开意见"的矛盾以及群体压力在网络空间里是否存在成为关键的问题。有研究者基于匿名性使群体压力不复存在的判断，认为"沉默螺旋"理论在网络传播中已经失灵，"网络的匿名传播改变了该理论提出的媒介和社会环境，故呈现出沉默螺旋在网络传播中不再适用的特点和趋势"[①]。还有人认为，网络的匿名性和平等性其实释放了受众的能动性，借助于互联网，个人的观点不仅可能吸引一群有着相似观点的人、形成一股群体的力量，而且"沉默的大多数"也可能借此走到幕前。

人际传播助推群体传播的互联网时代，网络信息生产"把关人"的空缺需要法律填补。在人际传播中，信源身份的确定性带来了消息的可靠性，在彼此相互熟悉的情况下，传播者通常不会故意散布虚假信息，接受者因为社会、人际关系的相对明确，会更容易接受信息，母子、师徒之间的知识传播就是一个极好的例子，长辈、老师嘱咐的"不要跟陌生人说话"才会成为最常见的防骗手段。同理，即使是熟悉社会关系中存在虚假信息传播，碍于人际传播的速率和范围，这种风险也很难在短时间内造成大范围的影响。人际传播过程中对信源身份的反复确认，是传统时代大众传播最好的注脚。对大众传媒而言，信息经过生产者的自我把关以及管理者的层层审查，扰乱社会秩序的信息会被很快发现并剔除，极难进入传播渠道；而受众作为相对分散被动的个体，即使偶然间接触到因把关者失误而放出的敏感资讯，也会因为发声渠道过小以及后续快速跟上的补救措施被控制。

互联网时代的群体传播，由于信源身份的不确定，以及匿名成员间的情绪聚集与叠加，给予未经证实的信息流通、滋生的空间和温床。同时，人际

---

① 罗春."沉默的螺旋"理论在网络传播中的消解[J].现代视听，2008（9）：20-22.

传播的加入，为不确定的信息提供了相对明确的社会关系，人际传播的优势在这里为群体传播中的谣言所利用，如 2003 年"非典"导致的抢药风波、2011 年日本地震后的抢盐浪潮，都是互联网群体传播渗透熟人社交圈的模式。人们习惯于不相信陌生人，却不会不相信亲朋好友、长辈、老师的苦口婆心。所以，起于互联网群体传播的谣言，往往在经过具有高度可信的人际传播后，开始真正产生破坏性的影响。

2013 年 8 月 23 日，网络名人"薛蛮子"被北京警方依法刑事拘留。半个多月后，最高人民法院、最高人民检察院发布《关于办理利用信息网络实施诽谤等刑事案件适用法律若干问题的解释》，薛蛮子成为这一法案颁布后的首位适用者。这位在被捕时粉丝量达千万级的网络大 V，每天要发 80 多条微博，其中有不少类似于"自来水里有避孕药、舟山汞超标"等真假尚不明确的内容。在网络上没有监督、没有规范的情况下，薛蛮子这样的网络名人，反而成了意见领袖，"即使网上有人对他发布的内容提出质疑和反驳，也无需他出面，总会有一些不明真相、盲目追随的粉丝们站出来替他说话"[①]。谣言经过群体传播发酵，再由意见领袖、网络大 V 转发评论，极易造成群体心理恐慌，甚至引发类似于药家鑫杀人案的网络群体事件。[②]

截至 2014 年 1 月 16 日，中国互联网络信息中心（CNNIC）在京发布的第 33 次《中国互联网络发展状况统计报告》显示，中国网民规模达 6.18 亿，其中手机网民规模达 5 亿，远高于其他设备上网的网民比例。在 2013 年，整体即时通信用户规模在移动端的推动下提升至 5.32 亿，较 2012 年年底增长 6440 万，使用率达 86.2%。与传统即时通信工具、社交网站相比，以社交为基础的综合平台不仅拥有更强的通信功能，还增加了信息分享等社

---

① 童曙泉.薛蛮子自称"大 V 像皇帝"新司法解释出炉令其不安［EB/OL］.（2013-09-16）［2015-01-04］.http://econ.taiwan.cn/it/201309/t20130916_4887600.htm.
② 死者代理人在网络发布诋毁药家的"药家有四套房产，药庆卫夫妇道歉是阴谋"、药家鑫父亲"贪腐"是"军界败类"等虚假信息，引发了舆论对于药家一边倒的指责。

交类应用。[①] 新媒介技术的发展，使得人们的日常社会生活已完全被网络渗透，无处不在的低头族，无一不证明了信息的传播活动比以往任何时候都更为便捷和活跃。信息制造和传播速率上升的同时，风险系数也成倍增加。相信相关法规的及时跟进，能够更为有效地引导互联网时代的群体传播与人际传播。

四、借助相关理论聚焦媒介文化，创造新的理论嫁接

将"跨学科"作为研究路径来讨论媒介文化，既是对媒介文化基于文化研究传统属性的延续，也是对媒介文化基于传播学研究视角的拓展。

作为传播学奠基人之一的拉斯韦尔是政治学家，为传播学贡献了"拟态环境"和"刻板印象"两个重要概念的李普曼是专栏作家，提出香农—韦弗线性传播过程模式的C.香农和W.韦弗是通信工程师。传播学的所谓批判学派最初也不是诞生于传播学的学科框架内，而是源于各自原有的学科领域。批判学派中最早的代表流派法兰克福学派原本是以德国法兰克福大学的"社会研究中心"为核心的一群社会科学学者、哲学家、文化批评家所组成的学术社群。另一代表学派文化研究学派发源于半个世纪以前的英国伯明翰大学当代文化研究中心，其成员研究视角涉及政治经济学、社会学、文化人类学、哲学、文学理论等各个领域。可以说，正是缘于这种海纳百川的包容性，传播学才得以在不到一个世纪的时间内，从无到有发展成一门具有广泛影响力的显学。早期经典传播学被定性为以科学主义、实证主义为方法和特征的量化研究，但在这门学科成为显学的发展过程中我们却无时无刻不在看到文化研究的影子。

同时，媒介文化作为一种文化现象，其发展演变离不开特定的政治、经济和社会语境。随着以数字技术为基础的新媒介的不断发展，"融合"成为当

[①] 中国互联网络信息中心. 第33次《中国互联网络发展状况统计报告》[EB/OL].（2014-03-05）[2015-01-04].https://www.cnnic.net.cn/NMediaFile/old_attach/P020140305346585959798.pdf.

下媒介文化的关键词,在传播媒介不断融合,传者与受者角色互换频繁、日趋一体化的情况下,传播理论与文化理论相互借鉴也必然成为趋势。

随着媒介文化在社会政治经济等领域扮演的角色越来越重要,大众传播与国家安全的关系日益密切。约瑟夫·奈的软实力理论虽然在20世纪90年代就已蜚声国际关系学界,但并未受到传播学界和文化学界的关注。2003年,有研究者将传播学中的拟态环境理论、培养理论与国际关系学中的软实力理论进行了尝试性嫁接,较早地运用两个学科理论的嫁接来聚焦国际传播问题,提出了媒介文化所建构的"拟态环境"具有培养作用,是影响国家安全的软实力。[1]2006年11月10日,胡锦涛在中国文联第八次全国代表大会、中国作协第七次全国代表大会上,提出"国家软实力"的概念。一年之后,"国家文化软实力"的概念正式进入党的十七大报告,文化软实力、传播软实力问题由此受到社会各方高度重视。由此可见,学科之间的理论"嫁接"、视角"杂交"是促进学科发展的有效途径。

到了新媒介时代,尽管受众身份匿名,难以集中管理,但让他们合力发声的机制,依旧是某种意识形态和生产关系,他们主体性建构的模型并没有变化,约瑟夫·奈将主体建构的模型称为"软实力,即我们文化和意识形态的号召力"[2]。文化作为与特定生活方式相联系的一整套符号表征系统,是涵盖了意识形态的,一般认为,意识形态是文化体系中含有阶级性的那一部分。而约瑟夫·奈将意识形态的概念单独剥离出来,成为与文化并列的软实力的核心概念之一,是为了强调软实力的作用发挥,一定是通过意识形态对主体性的建构来完成的。作为一种吸引力、感召力和效仿力,软实力发挥作用的方式是"设法吸引、激励、说服,而不是靠发号施令",最终达到"不战而屈人之兵",甚至"不战而屈人之心"的目的。这种"吸引、激励和说服",通过影响人的认知而改变态度。

新媒介文化作为文化现象的重要组成部分,同样是观念、符号的集合体,

---

[1] 隋岩.电视传播与国家安全[J].社会科学,2003(9):114-119.
[2] 郭小聪.约瑟夫·奈软实力说核心概念辨析[J].国际关系学院学报,2010(1):1-8.

它与一定的社会制度、生活方式相联系，不可能绝对地价值中立，或多或少地带有意识形态的性质。其对受众的"吸引"，也是通过自己的符号观念系统去影响甚至替换受众原有的符号系统，让个体对新的符号产生认同，并自觉遵守新的符号系统的运行规则。这种于无形之中通过观念转变完成身份转换的过程，就是建构主体性的过程。将没有主体性的个体召唤为主体，或者颠覆原来的主体，并将其建构成新的主体，使之从认识上和行动上对这种建构力量产生一种自觉的臣服，这正是软实力的作用机制，也是其强大力量的根本体现。

此外，依据斯图加特·霍尔的"编解码"理论，受众的主体性已经成为衡量媒介文化传播效果不可或缺的变量。霍尔的三种受众解码模式，无论是优先解读、协商解读还是对抗解读，都说明意义解读既不会完全按照传播者的意愿进行，也不会完全依据受众的心理得出，而是双方的观点交锋妥协的结果。在传播活动中，受众主体性发挥的程度，影响着外在传播效果，制约着媒介背后权力的意图实现。

在新媒介语境里，借助相关的传播学经典理论，从受众主体性重新架构软实力的传播模式，有助于引导接受者完全理解传播者的意图，使得传受双方拥有一致的意义理解，这不仅是传播实践的最高境界，是大众媒体的理想，也是新时期对国家软实力提出的新要求。作为意义生产者，传媒在通过软实力建构受众主体性的过程中，不但要精准地包装正确的价值观和思想，还要引导受众合理充分地理解文本背后的意义，这才是建构主体的关键。这要求传媒在文本制造过程中，善于平衡权利观点、自身立场和受众心理间的关系，这样传播活动才会得到较好的效果，软实力的意识形态功能和号召力才能得到更好的传播。

当然，跨学科研究会使得媒介文化研究所触及的领域过于宽泛，一定程度上出现一种"稀薄化"现象，因此有学者担忧在传播学基础性理论并不完备的情况下，能否统领起这么多的学科成为现今研究中的一个问题。这种担心不无道理，但是不能因噎废食，不能因为可能存在的风险就拒绝接受跨学科给媒介文化研究本身带来的机遇与发展空间。在夯实传播学、文化学本身理论基础，完善基础理论框架的前提下，媒介文化研究只有与其他相关学科融合，才可能有持续发展的生命力。

媒介文化作为一种传播实践、社会实践，无疑会随着媒介的演变、社会的发展而呈现出错综杂糅、更迭演变的现象，并不断呈现出推陈出新、丰富向前的态势，因此，对于媒介文化的研究当然不能局限于上述三种路径，本文展示的无非是对媒介文化认知的三种可能，唯愿这挂一漏万的三种可能在面对纷繁复杂的文化实践、社会实践时不是歧途邪路，是方法论而不是行之有效的具体方法。